Titel

Wirtschaftsstandort Erfurt

Chancen und Perspektiven einer Stadt

MEDIA TEAM GmbH
Landeshauptstadt Erfurt
1999

Vorwort

Sehr geehrte Damen und Herren,

Weltweit konkurrieren die Städte heute um die Gunst der Investoren. Dabei wird es immer wichtiger, sich von anderen Wirtschaftsstandorten durch seine standorteigenen Vorteile positiv zu unterscheiden. Jeder Unternehmensstandort in Deutschland bietet spezielle Vorteile für die Ansiedlung von neuen Betrieben und nationalen und internationalen Investoren. In der Vielzahl von miteinander konkurrierenden Regionen liegt auch die Chance einer Stadt, durch besondere Qualifikationen die Entscheidung zur Standortwahl positiv für sich zu beeinflussen.

Die Landeshauptstadt Erfurt ist traditionell der wirtschaftliche und kulturelle Mittelpunkt Thüringens, der weit über die Region hinaus ausstrahlt. Vor allem durch die Elektrotechnik und die Mikroelektronik ist die Stadt bekannt geworden. Umformtechnik Erfurt, Thesys oder Siemens beispielsweise sind international zum Synonym für Qualitätsarbeit geworden. Eine vorausschauende Kommunalpolitik, die für rechtzeitige Erschließung neuer Gewerbegebiete sorgte, führte nach der politischen Wende zur Ansiedlung weiterer moderner Unternehmen. In den vergangenen acht Jahren sind vor allem zahlreiche mittelständische Firmen entstanden, auch in den Zukunftstechnologien, die sich auf dem Markt, oftmals über die Grenzen Deutschlands hinaus, durchsetzen.

Dieses Buch will dem interessierten Leser Erfurt aus verschiedenen Perspektiven näher bringen. Es beleuchtet die wesentlichen wirtschaftlich relevanten Faktoren und portraitiert neben einer repräsentativen Auswahl von in Erfurt ansässigen Unternehmen ebenso Kultur, Kunst und Landschaft. Denn der Standort Erfurt ist auch durch ein attraktives Freizeit- und Kulturangebot geprägt. Weimar, die nahe gelegene Stadt Goethes und Schillers, wird 1999 sogar Kulturhauptstadt Europas.

Dieses, in Zusammenarbeit mit der Stadt Erfurt entstandene Werk, soll neben dem informativen und unterhaltenden Stellenwert auch eine praktische Aufgabe erfüllen. Es soll Kooperationen und neue Geschäftskontakte mit den in diesem Buch präsentierten Firmen und Ihnen als Leser dieses Werkes fördern.

Dieses Buch ist ein wichtiger Bestandteil des bundesweiten Standardwerkes zu deutschen Wirtschaftsregionen und international auch im Internet präsent.

Möglicherweise ist Erfurt ja auch Ihr Unternehmensstandort der Zukunft?!

Christian Kirk
Geschäftsführer der MEDIA TEAM
Gesellschaft für Kommunikation mbH

Vorwort

Sehr geehrte Damen und Herren,

Heute produktionsreif machen, was die Märkte von morgen verlangen: Das ist in Erfurt ein Ziel mit hoher Priorität. Forschung, Unternehmen und Wirtschaftspolitik arbeiten Hand in Hand, um das Land als bevorzugten Standort für fortentwickelte Technologie und innovative Produkte zu qualifizieren. Praxisorientierter Fortschritt in Wissenschaft und Technik hat Tradition in Thüringen. Namen wie Carl Zeiss und Ernst Abbe, Schott als weltweit geachtetes Zentrum der Glastechnik, berühmte Unternehmen vom Automobilbau bis zur Büchsenmacherei haben das Herzstück Deutschlands seit anderthalb Jahrhunderten bekannt gemacht.

Heute sind diese starken Stränge der Tradition erfolgreich wieder aufgenommen worden. Ein „Technologiedreieck" mit den Eckpunkten Erfurt, Jena und Ilmenau ist die Kraftquelle für ein Spannungsfeld von Forschung und Entwicklung, das im ganzen Land wirkt. Zukünftig wird eine „Stiftung für Technologie- und Innovationsförderung Thüringen STIFT" als zentrale technologische Kompetenz- und Clearingstelle eine enge Verzahnung von industrienaher Forschung, Entwicklung und Produktion sichern. Sie fördert vor allem die anwendungsorientierte Forschung und kann zur wirtschaftlichen Umsetzung der Forschungsergebnisse in den Thüringer Produktions- und Dienstleistungskapazitäten zurückgreifen auf einen neu eingerichteten Landesfonds, den „Thüringer Beteiligungsfonds". So wird gesichert, daß ein kontinuierlicher Strom vom wissenschaftlichen und technologischen Potential in die Wirtschaft, von der Forschung in das Serienprodukt fließt. Typische Wachstumsbranchen wie Mikroelektronik und Mikromechanik, Informations- und Kommunikationssysteme, Medizintechnik, Produktionstechnik und Optik bilden einen Schwerpunkt, hinzugetreten sind Zukunftsindustrien wie die Umwelttechnik und die Biotechnologie, die in der vom Bund ausgewiesenen „BioRegio Jena" ihr Zentrum haben. Eine zielgerichtete Förderung praktischer Umsetzung von Innovationen in den Betrieben der Wirtschaft trägt dazu bei, daß aus Ideen und Forschungsergebnissen marktreife Industrieprodukte werden. Dies geschieht in großen, namhaften Unternehmen wie Jenoptik, Zeiss, Schott, Intershop, Fujitsu Computer, Finn Telecom im Bereich neuer Kommunikationswege, aber auch in hochinnovativen mittleren und kleinen wie Thesys mit dem Schwergewicht auf der Fertigung von asics, Aesculap Meditec oder Clondiag, die den Biochip produziert. Sie alle wirken an der Frontlinie der aktuellen Technologie. Deshalb ist in zunehmendem Maße auch der Synergieeffekt möglicher Kooperation ein Argument bei der Ansiedlung neuer Unternehmen, die wir nachhaltig fördern. Schon heute hat die Thüringer Wirtschaft mit diesem Konzept dynamisch wachsenden Erfolg auf dem Binnenmarkt und besonders im Export – eine durchschnittliche Exportquote von 20 Prozent, mit branchenspezifischen Werten von bis zu 50 Prozent, weist sie als einen Spitzenreiter unter den ostdeutschen Ländern aus.

Heute kann man Erfolg für die Zukunft sichern – mit Produkten und Leistungen aus Thüringen, oder in Kooperation mit modernen Partnern an diesem sich rasch entwickelnden Standort. Thüringen liegt in der Mitte Deutschlands und auch in der Mitte des sich entwickelnden, nach Osten ausgreifenden europäischen Wirtschaftsraums. Dieser wirtschaftsgeographische Vorzug verbindet sich mit einer ungewöhnlich guten Verkehrsanbindung über zwei Autobahnen und Hauptstrecken der Bahn, die mit zwei weiteren Autobahnen und einer ICE-Strecke weiter ausgebaut wird, damit Thüringen seine Lagegunst voll nutzen kann.

Dieser Band bietet den Benutzern einen Leitfaden zu Erfurt.

Franz Schuster
Thüringer Minister für Wirtschaft und Infrastruktur

Inhalt

Wirtschaftsstandort Erfurt

Christian Kirk	**Vorwort** Geschäftsführender Gesellschafter der MEDIA TEAM GmbH	3
Franz Schuster	**Vorwort** Thüringer Minister für Wirtschaft und Infrastruktur	5
Manfred O. Ruge	**Landeshauptstadt Erfurt – das politische, wirtschaftliche und kulturelle Zentrum Thüringens** Oberbürgermeister der Stadt Erfurt	8
Niels Lund Chrestensen	**Der Wirtschaftsstandort Erfurt – Tradition, Strukturwandel und Zukunft** Präsident der Industrie- und Handelskammer Erfurt	10
Lothar Schmidt	**Erfurt – ein Wirtschaftsstandort mit Zukunft** Hauptgeschäftsführer des Verbandes der Wirtschaft Thüringens	14
Klaus Thomann	**Stadtplanung in Erfurt – Ziele, Pläne und Perspektiven der Landeshauptstadt** Leiter des Stadtplanungsamtes	18
Dr. Roland Baudisch, Eva-Maria Mach	**Ansiedlungsmöglichkeiten in Erfurt – Flächen für spezielle Bedürfnisse von Investoren** Amt für Wirtschaftsförderung	22
Hans-Jürgen Straub, Konrad Herre	**Erfurt – Standort der Mikroelektronik** Thesys Gesellschaft für Mikroelektronik mbH	26
Peter Beckus	**Erfurt – ein Standort für High-Tech-Unternehmen** Geschäftsführer der Technologiezentrum Erfurt GmbH	30
Eberhard Schubert	**Stadtentwicklung – Ausgangssituation, Arbeitsstand und Visionen** Amtsleiter des Amtes für Stadtentwicklung, Statistik und Wahlen	34
Dr. Richard Brändle	**Messe Erfurt – Spiegel und Motor der Wirtschaft** Vorstandsvorsitzender der Messe AG	38
Dr. Ing. Dieter Artymiak	**Erfurt – für Handwerker ein Standort mit Tradition** Hauptgeschäftsführer der Handwerkskammer Erfurt	44
Karin Letsch	**Erfurt – lukrative Einkaufsstadt im Herzen Thüringens** Hauptgeschäftsführerin des Einzelhandelsverbandes Thüringen	46
Klaus Böselt	**Verkehrsentwicklung und Verkehrsplanung der Stadt Erfurt** Leiter des Amtes für Verkehrswesen der Stadt Erfurt	50
Gerd Ballentin	**Flughafen Erfurt – Thüringens Tor zur Welt mit jährlich 800.000 Passagieren** Geschäftsführer der Flughafen Erfurt GmbH	54
Rainer Holzhey	**Das Güterverkehrszentrum Thüringen – Traumstandort in Europas Mitte** Geschäftsführer der GVZ-Entwicklungsgesellschaft	58

Inhalt

Prof. Dr. Peter Glotz	Public-Private-Partnership – Starke Partner für die Universität Rektor der Universität Erfurt	62
Prof. Dr.-Ing. habil Wolfgang Storm	Existenzgründer rekrutieren zunehmend aus Hochschulen Rektor der Fachhochschule Erfurt	68
Dr. Werner Ungewiß	Breitgefächerte Bildungschancen und Angebote für Freizeitgestaltung Amtsleiter des Schulverwaltungsamtes Erfurt	72
Daniela Nuber	Erfurt – mit mehr als 20 Redaktionen Thüringens Medienzentrum Sachgebiet Presse- und Öffentlichkeitsarbeit der Stadtverwaltung Erfurt	74
Albert Schäfer	Der Kinderkanal von ARD und ZDF in Erfurt Programmgeschäftsführer des Kinderkanals von ARD und ZDF	78
Daniela Ott-Wippern	Wohnen in einer Stadt, die gleichzeitig Großstadt und doch überschaubar ist Stadtplanungsamt Erfurt	80
Dr. Gunter Sieche	Erfurt – eine gesunde Stadt, Landschaft und Siedlungsraum der Stadt Amtsleiter des Umwelt- und Naturschutzamtes der Stadt Erfurt	86
Dr. Carmen Hildebrandt	Rendezvous in der Mitte Deutschlands – in Erfurt, dem Tor zu Thüringen Geschäftsführerin der Tourismus Gesellschaft Erfurt GmbH	92
Dr. Eberhard Czekalla	Gartenbau in Erfurt – 1.000-jährige Tradition und neue Chancen Leiter der Lehr- und Versuchsanstalt Gartenbau Erfurt	94
Jürgen Bornmann	In der Stadt von Luther, Gutenberg und Ries leben auch heute die Künste Kulturdirektor der Stadt Erfurt	98
Kathrin Paasch	Die „Bibliotheca Amploniana" mit 979 wertvollen Handschriften Abteilungsleiterin in der Stadt- und Regionalbibliothek Erfurt	102
Heinrich Schneider-Sandahl	Komfort und individuelle Gastlichkeit für Touristen und Geschäftsreisende Direktor des Sleep & Meet Hotel und Seminarcenter	106
Jochen Siebenmark	Erfurt – das vielseitige sportliche Angebot für Aktive und Zuschauer Amtsleiter des Sportamtes Erfurt	108
Dr. Rudolf Benl	Erfurt von den Anfängen bis zur Gegenwart – die Wirtschaftsgeschichte Leiter des Stadtarchivs Erfurt	110
	Verzeichnis der vorgestellten Unternehmen	118
	Impressum	120

Landeshauptstadt

Landeshauptstadt Erfurt – das politische, wirtschaftliche und kulturelle Zentrum Thüringens

Viele Wege führen nach Erfurt. Das bringt die günstige Lage in der Mitte Deutschlands seit eh und je mit sich. Das erklärt auch die wechselvolle und traditionsreiche geschichtliche und wirtschaftliche Entwicklung Erfurts.

Heute kann die Stadt Erfurt – die Landeshauptstadt Thüringens – mit gutem Recht als das politische, wirtschaftliche und kulturelle Zentrum des Landes bezeichnet werden.

Sie ist Sitz der Landesregierung sowie einer Vielzahl großer, bedeutender Wirtschafts- und Dienstleistungsunternehmen.

Erfurt ist regionales Oberzentrum und mit über zweihunderttausend Einwohnern die größte Stadt Thüringens. Hier arbeiten über 112.800 sozialversicherungspflichtige Beschäftigte; davon ca. 27 Prozent im produzierenden Gewerbe und ca. 70 Prozent im Dienstleistungssektor.

Von außerhalb nach Erfurt fahren über 45.600 Pendler, um in der Landeshauptstadt zu arbeiten. Die überwiegende Anzahl kommt aus Thüringen, ca. 3-4 Prozent aus den alten Bundesländern. Über 12.700 Erfurter sind außerhalb ihrer Heimatstadt beschäftigt.

Manfred O. Ruge

Der Autor wurde 1945 in Erfurt geboren. 1970 schloß er das Studium an der Technischen Hochschule in Ilmenau als Diplom-Ingenieur für theoretische Elektrotechnik ab.

Bis 1988 war er als leitender Mitarbeiter im Bereich Forschung/ Entwicklung und Produktion des Schreibmaschinenproduzenten „Optima" tätig, bis 1990 als Technischer Direktor der Ölmühle Erfurt. 1979 trat er in die CDU ein und grenzte sich damit von der SED ab.

Im Herbst 1989 gehörte der Autor zu den Gründern der Bürgerbewegung „Neues Forum" Erfurt.
Im Mai 1990 wurde Manfred O. Ruge zum Oberbürgermeister von Erfurt gewählt. 1994 wurde er in direkter Wahl von der Erfurter Bürgerschaft im Amt bestätigt.

Willy-Brandt-Platz mit dem Erfurter Hauptbahnhof.

Mit dem politischen, gesellschaftlichen und sozialen Umbruch nach der Vereinigung beider deutschen Staaten hat sich ein wesentlicher Strukturwandel in der Wirtschaft Erfurts vollzogen. Der Anteil in den Bereichen Handel, Dienstleistungen und Verwaltung ist zu Lasten des produzierenden Gewerbes gestiegen. Ziel der Wirtschaftspolitik ist aber nach wie vor die gesunde Mischung von Industrie, Gewerbe und Handwerk, Handel, Dienstleistungen und Behörden.

Die Besonderheit der Wirtschaftsstruktur Erfurts besteht nach wie vor in ihrer Vielfalt. Sie war und ist geprägt durch den Mix aus Maschinenbau, Elektrotechnik/Elektronik, Nahrungsmittelindu-

Landeshauptstadt

Restaurierte Gebäude am Benediktsplatz.

Bürofläche für jeden Bedarf mit modernster Infrastruktur vorhanden.

Einkaufen und Übernachten ist in Erfurt ebenfalls kein Problem. Ein umfassendes Handelssortiment, angeboten in über 2.160 Objekten mit ca. 530.000 m² Verkaufsfläche, stehen den Erfurter Bürgern und den Besuchern zur Verfügung.
Gäste der Stadt können unter den Übernachtungsmöglichkeiten aller Kategorien mit ca. 5.000 Betten wählen.
Die Landeshauptstadt Erfurt ist aber auch neues Domizil für die Messe, die sich vorwiegend als Dienstleister für Konsumgüterproduzenten etabliert und bereits jetzt überregionale Bedeutung besitzt.
Aber nicht nur Handel und Kommunikation gehen von der Messe aus; das Kongreßzentrum ist Anziehungspunkt für viele Musik-, Freizeit- und Sportveranstaltungen.
Teile des Geländes der „ega" als größter Blumengarten von Erfurt werden zum Medienstandort des „mdr" ausgebaut.
Erfurt ist auch Standort des Kinderkanals.

Die Wiedereröffnung der Erfurter Universität verspricht einen Aufschwung im wissenschaftlichen Leben der Stadt.

strie, Bau- und Baustoffindustrie bis hin zum Gartenbau und Handwerk.
Erfurt entwickelt sich derzeit immer mehr zu einem bedeutenden High-Tech- und Logistikstandort. Hier haben sich in den letzten Jahren leistungsstarke mittelständische- und Kleinbetriebe angesiedelt. Grundlage für die weitere Entwicklung sind das bestehende Technologiezentrum Erfurt, der sich in der Entwicklung befindliche Technologie- und Innovationspark Erfurt und das Güterverkehrszentrum Erfurt.
Eine wichtige Säule der Wirtschaft in der Stadt Erfurt ist das Handwerk. Es zählt mit zu den größten Arbeitgebern und leistungsstarken Ausbildern.

Insgesamt waren Anfang 1998 über 10.800 Firmen und Unternehmen sowie über 2.100 Handwerks- und handwerksähnliche Betriebe der vielfältigsten Branchen in Erfurt ansässig.
Durch seine zentrale Lage in Deutschland und in Europa garantiert Erfurt mit dem Ausbau des Verkehrsnetzes, wie Bau der ICE-Trasse Nürnberg-Erfurt-Halle/Leipzig, der A 71/A 73 Richtung Nordbayern und Sachsen-Anhalt, dem Ausbau der B 7 und A 4 sowie des Flughafens beste Erreichbarkeit per Schiene, Straße und Luft.
Davon profitierten und profitieren alle Branchen, insbesondere auch der Dienstleistungssektor.
Heute kann gesagt werden, daß der Strukturwandel Erfurts zum Verwaltungs- und Dienstleistungszentrum Thüringens nahezu abgeschlossen ist.

Standort zahlreicher Bundesbehörden

Außer dem bereits erwähnten Sitz der Thüringer Landesregierung mit der Thüringer Staatskanzlei und den Ministerien sowie dem Thüringer Landtag haben neben dem Bundesarbeitsgericht weitere Bundesbehörden, Kammern, Verbände, Banken, die Sparkasse Erfurt, Versicherungsunternehmen, Wirtschaftsberatungsunternehmen u. a. ihren Hauptsitz, Niederlassungen oder Vertretungen in Erfurt.
In Erfurt ist mit ca. 1.430.000 m² ausreichend

Blick auf das neugotische Erfurter Rathaus am Fischmarkt.

Wirtschaftskraft

Der Wirtschaftsstandort Erfurt – Tradition, Strukturwandel und Zukunft

Durch die Lage am Kreuzungspunkt wichtiger Handelsstraßen, wie der „via regia" und der Nürnberger Geleitstraße entwickelte sich Erfurt sehr frühzeitig zu einem bedeutenden Siedlungsschwerpunkt. Bereits im Jahre 742 wurde Erfurt (Erphesfurt) in einem Schreiben des Mönches Bonifatius an den Papst Zacharias als Bischofssitz erwähnt. Durch eine rege Handelstätigkeit, Erfurt hatte bereits um das Jahr Tausend Messeprivilegien, und den Anbau des Färbemittels Waid entwickelte sich die Stadt frühzeitig zu einer der bedeutendsten mittelalterlichen Ansiedlungen. Neben wirtschaftlichem Reichtum war die Stadt Zentrum des Klerus. Beispielsweise zählte die Stadt im Mittelalter 43 Kirchen, 36 Klöster und 14 Klösterhöfe. So sind die Kirche und das Kloster der Augustiner-Eremiten durch Martin Luther berühmt geworden.

An einer der bedeutendsten Universitäten (1392 gegründet und 1816 durch die Preußen geschlossen) wirkten neben Martin Luther auch Adam Ries, Ulrich von Hutten und weitere Persönlichkeiten der Reformation und des Humanismus. Durch die Vergabe von Messeprivilegien an Leipzig und den Niedergang des Waidhandels im Zusammenspiel mit den geschichtlichen Umwälzungen verlor Erfurt Ausgangs des 15. Jahrhunderts seine dominante Rolle.

Mit der Übernahme der Stadt durch die Kurmainzer Erzbischöfe im Jahre 1664 endete die Blütezeit der Stadt.

1802 wurde Erfurt zunächst preußisch, erlebte aber von 1806 bis 1814 die Napoleonische Besetzung und wurde ab 1816 wiederum preußisch. 1920 kam Erfurt zum Land Thüringen, war in der ehemaligen DDR Bezirksstadt des Bezirkes

Niels Lund Chrestensen

Der Autor wurde am 9. August 1940 geboren; von 1959 – 1962 studierte er am Leicester College for Technology and Commerce in England, es folgte von 1962 – 1967 ein fünfjähriges Gartenbaustudium an der Humboldt-Universität in Berlin, mit Abschluß als Diplom-Gärtner. Heute ist er als Unternehmer Geschäftsführer der „N. L. Chrestensen, Erfurter Samen-und Pflanzenzucht GmbH".

Ehrenämter:
- Präsident der Industrie- und Handelskammer Erfurt
- Vizepräsident des DIHT
- Mitglied des Sachverständigenrates beim Wirtschaftsminister Thüringens
- Mitglied des Aufsichtsrates der Deutschen Bahn AG
- Mitglied im Beirat Südost der Dresdner Bank AG
- Mitglied des Aufsichtsrates Aufbaubank Thüringen
- Vorsitzender des Erfurter Gastro Berufsbildungswerk e.V.

Krämerbrücke.

Erfurt und ist heute Landeshauptstadt des Freistaates Thüringen. Durch den Anschluß Erfurts an das Eisenbahnnetz ab der zweiten Hälfte des 19. Jahrhunderts entwickelte sich die Stadt zu einem beachtlichen Industriezentrum. Nach dem zweiten Weltkrieg gingen zahlreiche Betriebe in das sogenannte Volkseigentum über. In den drei größten von ihnen waren bis zur Wiedervereinigung nahezu 20.000 Menschen beschäftigt. Die materielle Produktion prägte vor der Wende die Wirtschaft Erfurts.

Wirtschaftskraft

Das Kammergebäude, Weimarische Straße 45.

Gewerbliche Entwicklungsschwerpunkte seit 1989

Nach 1989 kam es zu einem einschneidenden Strukturwandel innerhalb der Wirtschaft. Die großen ehemaligen Kombinatsbetriebe zerbrachen. Verbunden mit einem immensen Arbeitskräfteabbau, haben sich zahlreiche Unternehmen unter zum Teil großen Schwierigkeiten den marktwirtschaftlichen Bedingungen angepaßt und agieren inzwischen erfolgreich landes- bzw. weltweit. Die meisten der ehemaligen Betriebsstellen – teilweise innerhalb des Stadtgebietes situiert – wurden aus betriebswirtschaftlichen oder logistischen Gründen aufgegeben.

Die Neuansiedlungen erfolgten größtenteils an peripheren Standorten, weil dort die infrastrukturellen Voraussetzungen, insbesondere die verkehrliche Anbindung, wesentlich besser sind. Die Mikroelektronik hat ihre bereits vor der Wende vorhandene Führungsrolle beibehalten, jedoch unter völlig anderen Randbedingungen und Orientierungsrichtungen weiterentwickelt. Zahlreiche innovative mittelständische Firmen drängen in dieser Branche auf den Markt und tragen zur internationalen Akzeptanz von Erfurt als High-Tech-Standort mit Zukunft bei.

Zu den nach Anzahl der Beschäftigten größten in der Stadt angesiedelten Gewerbebetrieben gehören derzeit die Umformtechnik Erfurt GmbH, die Philipp Holzmann AG, die Siemens AG, die Hochtief AG, die Milchwerke Thüringen, die Thesys – Gesellschaft für Mikroelektronik, die Canon Deutschland GmbH sowie die Klöckner-Moeller GmbH.

Für Neuansiedlungen stehen den Investoren zahlreiche neu erschlossene Gewerbe- und Industriegebiete zur Verfügung. Diese zeigen anhand der bisher angesiedelten Unternehmen, daß die Landeshauptstadt ein Anziehungspunkt für zahlreiche Branchen und Industriezweige ist. Problematisch erweist sich allerdings die Nachnutzung von Altindustrieflächen, die größtenteils im Norden gelegen sind. Aber auch einige innerstädtische Flächen, die auf Grund ihrer Lage und des historisch gewachsenen Umfeldes nicht mehr bzw. nur in beschränktem Umfang gewerblich nachnutzbar sind, verlangen nach völlig neuen Entwicklungskonzeptionen. Dabei stehen sie in unmittelbarer Konkurrenz zur „grünen Wiese" sowie den bereits etablierten Unternehmen. Zielstellung ist es, hier einen gesunden Mix aus Gewerbe, Handel und Dienstleistungen, meist in Verbindung mit Wohnen anzusiedeln, der den Bestand sinnvoll ergänzt. Da ein hoher Erschließungsaufwand für diese Flächen erforderlich ist (Altlastenbeseitigung, Abriß alter Bausubstanz, Mediensanierung und -neuinstallation), besteht für die Folgenutzungen unter betriebswirtschaftlichen Gesichtspunkten meist nur ein enger Rahmen. Diesen auszufüllen, ohne das innerstädtische Zentrum in seiner originären Funktion zu stören, erfordert ein hohes Maß an Zusammenarbeit von Projektentwicklern, Stadtverwaltung, Kammern und Verbänden. Eine relativ hohe Arbeitslosigkeit im Vergleich zu den alten Bundesländern, eine geringere Kaufkraft und Produktivität sowie mangelnde Investitionsbereitschaft auf Grund der gesamtwirtschaftlichen Lage sind weitere Aspekte, welche die schnelle Umsetzung der Revitalisierungsprojekte bremsen, so daß erst mittelfristig mit wesentlichen Erfolgen zu rechnen ist. Grundvoraussetzung dafür ist jedoch eine prosperierende Wirtschaft.

Erfurt als logistische Drehscheibe Thüringens

Im Nahbereich Erfurts kreuzen sich zahlreiche überregionale Verkehrswege. Die Bundesautobahn A 4, als eines der Verkehrsprojekte Deutsche Einheit, wird derzeit bis in die Dresdener Region sechsstreifig ausgebaut. Westlich von Erfurt wird sie künftig mit der im Bau befindlichen A 71 (Thüringer Waldautobahn) verknüpft. Damit nähern sich die Wirtschaftsräume Bayerns, Frankfurts, des Ruhrgebietes, Sachsens und Berlins an Erfurt an. Gleichzeitig rücken Thüringen und seine Landeshauptstadt ins Rampenlicht Europas, da sich hier seit Öffnung der innereuropäischen Grenzen das Zentrum der Europäischen Gemeinschaft befindet. Auch die Arbeiten am Aus- und Neubau des Schienennetzes laufen auf Hochtouren, was derzeit im Stadtbild deutlich zu sehen ist. Erfurt wird ICE-Knoten der Strecken Frankfurt-Leipzig-Dresden sowie Nürnberg-Berlin, die ebenfalls im Rahmen der VPDE realisiert werden. Im nächsten Jahr beginnt der Umbau des Erfurter Hauptbahnhofes unter modernsten technischen Gesichtspunkten. Auf Grund der Lagegunst in der Region wurde im Osten Erfurts bereits im Jahre 1992 das Güterverkehrszentrum Thüringen geplant, welches gegenwärtig zu einem der modernsten Deutschlands entwickelt wird. Straßenlogistik wird hier mit einem hochmodernen Bahnterminal für den kombinierten Ladungsverkehr verknüpft. Damit verfügt die Wirtschaft auch über eine Anbindung an das innereuropäische Hochgeschwindigkeitsnetz der Bahn. Das Vorhandensein eines internationalen Flughafens, der weiter ausgebaut wird, verbessert die Standortvorzüge Erfurts wesentlich. Damit ist die Landeshauptstadt verkehrsmäßig optimal mit der Welt verbunden.

Die Industrie Erfurts

Eine Vielzahl von Unternehmern schätzt ein, daß sich die Landeshauptstadt Erfurt, die schon immer ein Zentrum von Wirtschaft, Wissenschaft und Kultur war, zu einem der interessantesten Wirtschaftsstandorte der neuen Bundesländer, sicher sogar ganz Deutschlands entwickelt hat. Die ohnehin günstigen Standortbedingungen kommen erst nach der Umsetzung der Infrastrukturmaßnahmen im Rahmen der Verkehrsprojekte Deutsche Einheit zu einer völlig neuen Qualität. Und diese ist innerhalb der Bundesrepublik als einmalig zu bezeichnen.

Wirtschaftskraft

Der Präsident der IHK Erfurt, Niels Lund Chrestensen, in einem Unternehmergespräch.

Die alte Industriestadt Erfurt weist eine heterogene Wirtschaftsstruktur auf, welche die Bereiche von Handel, Produktion, Handwerk und Dienstleistungen umfaßt. Traditionsreiche Wirtschaftszweige sind u. a. Elektrotechnik/Elektronik, Maschinenbau, Holz, Lebensmittel- und Bauindustrie, ein vielseitiges Handwerk und natürlich Gartenbau und Samenzucht.

Die Förderung von Industrie und Wirtschaft gehört zu den wichtigsten kommunalen Zielstellungen. Neue, zukunftsträchtige Branchen (Hoch- und Computertechnologie, Telemedien, Bio- und Umwelttechnik) sollen verstärkt angesiedelt werden. Arbeitsplätze in der produzierenden mittelständischen Industrie sind weiterhin erforderlich. Dafür setzen sich insbesondere die Industrie- und Handelskammer, die Handwerkskammer, die Landesentwicklungsgesellschaft Thüringen sowie die Stadtverwaltung ein.

Erfurt – auch ein Handelsstandort

Nach der Wende unterlag der Handel einem besonders krassen Umbruch. Alle Versorgungsstrukturen brachen nahezu ersatzlos weg, wurden jedoch sofort durch neue ersetzt. Neben dem sich etablierenden großflächigen Einzelhandel bekam der „kleine" Einzelhändler nach jahrelangen Restriktionen die Chance, sein Unternehmen marktwirtschaftlich zu führen. Trotz aller Schwierigkeiten, mit der die Stadt auch derzeit noch zu kämpfen hat (Leerstände in 1a-Lagen, Mietrückgang, Branchenmix), ist es in Erfurt gelungen, die Innenstadt zu stärken und großflächigen Einzelhandel fast ausschließlich mit Direktanbindung an Wohngebiete zu etablieren. Von Entwicklungen, wie sie beispielsweise im Umfeld Leipzigs stattfanden, ist Erfurt weit entfernt. Die Stadt hat die Chance genutzt, ihr historisch geprägtes Zentrum handelsseitig so zu gestalten, daß ein Nebeneinander der aufgebauten Strukturen langfristig möglich ist.

Die Landeshauptstadt als Dienstleistungs- und Behördenzentrum

Durch den Wandel von der Bezirks- zur Landeshauptstadt kam es naturgemäß zur verstärkten Ansiedlung von Behörden, Ämtern, Ministerien, Banken, Versicherungen etc. Zahlreiche Arbeitskräfte, die durch die industriellen Umstrukturierungen freigesetzt wurden, fanden in diesen Einrichtungen nach der Wende neue Arbeitsplätze.

Der Dienstleistungssektor boomt; überdurchschnittlich viele Neugründungen sind auf diesem Sektor zu verzeichnen. Neben den klassischen Dienstleistungen entstehen vollkommen neue, die den Freizeit- und Erholungssektor als Unternehmensgegenstand haben. Zahlreiche Sport-, Fitneß- und Wellnesscenter sind in Erfurt entstanden, die den gestiegenen Freizeit- und Gesundheitsansprüchen gerecht werden. Spaßbäder und andere großflächige Freizeiteinrichtungen, meist in der Peripherie Erfurts angesiedelt, locken Besucher in die Landeshauptstadt und ergänzen den Städtetourismus. Dieses Potential ist als Wirtschaftsfaktor nicht zu unterschätzen, und die Möglichkeiten sind noch längst nicht ausgeschöpft. Erfurt verfügt z. B. noch nicht über einen offiziellen Golfplatz. Gerade im Handels- und Dienstleistungsbereich spiegelt sich die wirtschaftliche Lage des Gewerbes wider. Unter der Voraussetzung einer hohen Beschäftigungsrate wird in diesen Bereichen ein spürbares Umsatzplus sofort sichtbar.

Messestandort Erfurt

666 Jahre nach der ersten Verleihung der Messeprivilegien ist Erfurt wieder Messestandort, und das seit Juni 1997. Die hier geschaffenen Kapazitäten (insgesamt 21.000 m^2 überdachte Hallenflächen) sind ein deutlicher Wettbewerbsvorteil für die Stadt und die Region. Bisher haben sich einige über das Bundesland hinaus bekannte Messen fest etabliert, und das Angebot wird ausgebaut.

Die steigenden Besucherzahlen zeigen, daß die Akzeptanz für Erfurt vorhanden ist. Auf Grund der Funktionalität des Messegeländes werden dort neben den eigentlichen Messen zahlreiche Ausstellungen, Sport- und Kultur-Events sowie Kongresse durchgeführt. Dadurch rückt Erfurt auch auf wissenschaftlichem, medizinischem und kulturellem Gebiet in den internationalen Blickpunkt. Die gesamte Stadt, aber auch die Region, profitiert von diesem Standort, der durch eine Direktanbindung an die im Bau befindliche A 71 und an den Flughafen Erfurt künftig eine noch größere Bedeutung erlangen wird.

Bildungsstandort Erfurt

Die 1816 geschlossene Universität wurde im Jahre 1994 neu gegründet und 1996 in das Hochschulverzeichnis des Hochschulbauförderungsgesetzes aufgenommen. Die Pädagogische Hochschule Erfurt, die in die Universität integriert werden soll, ergänzt neben Fachschulen und staatlichen berufsbildenden Schulen das breitgefächerte Bildungsangebot. In den genannten Einrichtungen findet die lokale Wirtschaft ihre Partner für die Zusammenarbeit und den Wissenstransfer.

Wir über uns

Die Industrie- und Handelskammer hat ihren Sitz ebenfalls in der Landeshauptstadt. Allein 10.207 kammerzugehörige Unternehmen von insgesamt ca. 50.000 sind in Erfurt angesiedelt. Im industriellen Bereich sind etwa 6.200 Beschäftigte zu verzeichnen, die einen Umsatz von 360.000 TDM erwirtschaften. Die Interessenvertretung unserer Mitglieder ist die uns per Gesetz verordnete originäre Aufgabe, die auch zukünftig durch uns in hoher Qualität im Sinne der Unternehmerschaft erfüllt werden wird. ■

Unternehmensportrait

Sparkassen-Finanzgruppe setzt auf Thüringen

Den Bau des Sparkassen-Finanzzentrums in Erfurt sieht die Sparkassen-Finanzgruppe Hessen-Thüringen als Vertrauensbeweis in die zukünftige wirtschaftliche Entwicklung im Freistaat

Sparkasse Landesbank LBS SparkassenVersicherung

54 Sparkassen in Hessen und Thüringen
mit 29.098* Mitarbeitern,
2.643* Filialen und einer Bilanzsumme von
179,7 Mrd. DM*

Landesbank Hessen-Thüringen
mit 3.096* Mitarbeitern und einer Bilanzsumme
von 188,7 Mrd. DM*

Landesbausparkasse Hessen-Thüringen
mit 456* Mitarbeitern und einer Bilanzsumme
von 5,9 Mrd. DM*

Sparkassen Versicherung
Hessen-Nassau-Thüringen
mit 2.000* Mitarbeitern und einem
Beitragsvolumen von 1,5 Mrd. DM*

* Zahlen per 31.12.1997

Anschrift:
Bonifaciusstraße 15
99084 Erfurt
Telefon: (0361) 2221-00
Telefax: (0361) 2221-260

Das Sparkassen-Finanzzentrum im Erfurter Stadtteil Brühl ist u. a. auch der Sitz der Landesbank Hessen-Thüringen.

Auf dem Gelände der ehemaligen Samenzuchtanstalt Benary hat im Südosten der Landeshauptstadt Erfurt die Sparkassen-Finanzgruppe Hessen-Thüringen, mit der Landesbank Hessen-Thüringen an der Spitze, ihren Thüringer Verwaltungssitz genommen.

Das Sparkassen-Finanzzentrum ist insoweit auch als Spiegelbild der ideenmäßigen und unternehmerischen Geschlossenheit der Verbundeinrichtungen, getragen vom partnerschaftlichen Miteinander auf der Grundlage klarer sparkassenpolitischer Grundsätze, zu verstehen.

Das Engagement in Thüringen, in der Landeshauptstadt Erfurt, ist einerseits ein Vertrauensbeweis in deren wirtschaftliche Entwicklung, und andererseits ist es Ausdruck des Stellenwertes, den dieses Land für die Sparkassen-Finanzgruppe hat.

Waren zum Beispiel Ende 1990 vier Mitarbeiter der damaligen Hessischen Landesbank in Erfurt beschäftigt, so haben heute konzernweit allein in Erfurt 220 Mitarbeiterinnen und Mitarbeiter der Landesbank Hessen-Thüringen ihren Arbeitsplatz gefunden.

Standort mit Zukunft

Erfurt – ein Wirtschaftsstandort mit Zukunft

Erfurt ist die kleinste Landeshauptstadt innerhalb der neuen Bundesländer. Mit etwas über 200.000 Einwohnern hat sie zwar die Bedingungen für die Aufnahme als Großstadt erfüllt, das Flair ist aber viel mehr das einer Kleinstadt, mit anderen Großstädten einfach nicht zu vergleichen. Daß Erfurt die Potentiale hat, zu einer der schönsten Städte Deutschlands zu werden, hat bisher jeder Besucher voller Erstaunen feststellen können.

Mitten im Strukturwandel

Dazu gehört eine Historie, die allein schon ausreicht, um dieser Stadt eine besondere Bedeutung zuzuerkennen. In einer solchen Stadt wohnt es sich sehr gut. Aber alle diese Vorzüge verlieren ihren Stellenwert, wenn das wirtschaftliche Umfeld nicht vorhanden ist.

Der Verband der Wirtschaft Thüringens – die Spitzenorganisation der thüringischen Arbeitgeber- und Wirtschaftsverbände und gleichzeitig auch Landesvertretung der Bundesvereinigung Deutscher Arbeitgeberverbände (BDA) und des Bundesverbandes der Deutschen Industrie (BDI) – sieht in Erfurt einen Wirtschaftsstandort, der nicht nur mit den erforderlichen harten Standortfaktoren überzeugen, sondern dazu auch die sogenannten weichen Faktoren bieten kann.

Dabei befindet sich Erfurt gerade in einer Art Häutung, nicht der ersten übrigens.

In ihrer über 1250-jährigen Geschichte hat die altehrwürdige Domstadt so manche neue Haut bekommen und dafür eine alte, zu klein gewordene abgestreift. Das war nicht immer schmerzfrei und Narben hat es auch hinterlassen. Aber mit jedem neuen Auftreten ist Erfurt ein Stück größer, bedeutender und attraktiver geworden – und das in jeder Hinsicht.

Kriege und Brände haben zerstört, aber der Wille zum Neubeginn hat Größeres und Besseres hervorgebracht.

Auch jetzt befindet sich Erfurt mitten in einem Strukturwandel. Die Wende hat Unternehmen wie das Büromaschinenwerk Optima oder die Mikroelektronik mit Tausenden von Arbeitsplätzen einfach hinweggefegt, nur kleine Unternehmen blieben übrig. Auch die Umformtechnik – ehedem das Herzstück des Schwermaschinenbaus in Thüringen – überlebte nur stark „abgespeckt". Und trotzdem atmet die Stadt heute freier und kräftiger als je zuvor.

Blumenstadt-Tradition

Wer aus dem Norden kommt, erfährt von den großartigen Traditionen, die Erfurt als Stadt des Gartenbaus hat. Blühende Blumenfelder zeigen auch heute noch einen wichtigen Erwerbszweig: die Samen- und Pflanzenproduktion. Gartenbau als wesentliche Erwerbsquelle der Erfurter Bürger wurde zu einem Markenzeichen, und Erfurt als Blumenstadt ist auch heute noch ein Begriff.

Dem von Süden kommenden Besucher zeigt Erfurt sein neues Antlitz sehr überzeugend: Erfurt als Landeshauptstadt von Thüringen ist auch gleichzeitig Verwaltungsstadt und Sitz von Behörden, Institutionen und Verbänden. Damit auch Bundesbehörden hier ihren Sitz haben werden, wird kräftig gebaut. Das Bundesarbeitsgericht erhält eine der schönsten Lagen in Erfurt. Oberhalb der Festung Petersberg, mit einem unvergleichlichen Blick auf den Steiger – die grüne Lunge der Stadt – wird ab 1999 Recht gesprochen.

Zwar gab es nie Zweifel daran, daß das Bundesarbeitsgericht in Erfurt herzlich willkommen wäre, aber daß ein sehr moderner Bau unmittelbar neben der Zitadelle, die als eine der besterhaltenen barocken Festungsanlagen in Deutschland gilt, stehen wird, hat viele Erfurter schon auf die sprichwörtliche Palme gebracht. Und doch erscheint es uns richtig, daß nicht ein historisie-

Lotar Schmidt

Der Autor ist 1945 in Bokel, Niedersachsen, geboren. Nach dem Abitur 1965 studierte er von 1967 bis 1972 in Marburg/Lahn Volkswirtschaft.

Seinen beruflichen Werdegang begann er 1972 in Kassel als Referent bei den nordhessischen Arbeitgeber- und Wirtschaftsverbänden Metall, Chemie und der dortigen Repräsentanz der Vereinigung der hessischen Unternehmerverbände. 1976 wurde er stellvertretender Geschäftsführer und wirkte ab 1990 beim Aufbau der thüringischen Arbeitgeberverbände mit.

1996 wurde er zum Hauptgeschäftsführer des Verbands der Metall- und Elektro-Industrie in Thüringen, des Allgemeinen Arbeitgeberverbandes Thüringen und zum Hauptgeschäftsführer des Verbandes der Wirtschaft Thüringens berufen.

Haus der Arbeitgeber- und Wirtschaftsverbände in Erfurt.

Standort mit Zukunft

Das Info-Mobil der Metall- + Elektro-Industrie wird vom Verband zur Werbung von Auszubildenden eingesetzt.

render, sondern ein moderner Bau entsteht. Gerade er paßt wunderbar in unsere Zeit, in unser Leben und in unsere Vorstellung von Fortschritt und Entwicklung.

Hoffnungsfrohe Ansätze

Erfurt ist und bleibt eine bezaubernde Schönheit im historischen Kleid, aber leben kann die Stadt nur durch eine moderne Wirtschaft, mit einer modernen Infrastruktur, mit innovativen Ideen, die den Bewohnern Arbeit und Wohlstand bringen.
Und unübersehbar sind die hoffnungsfrohen Ansätze überall in dieser Stadt, die zeigen, daß jeder Niedergang auch ein Neuanfang ist.
Wir können das an den Betrieben sehen, die sich zu hochproduktiven Produktionsstätten entwickelt haben, wie zum Beispiel die Siemens AG Dampfturbinen und Generatorenwerk, Klöckner-Moeller, die Thesys GmbH, die TechnoTrend GmbH und, und, und ...
Es sind nicht mehr die Großbetriebe, die das Bild der Industrie in Erfurt prägen, es sind vielmehr die kleinen, aber hochinnovativen Produktionsstätten, die Erfurts Industrie bestimmen werden.
Mit der Erfurter Universität werden nicht nur junge Menschen das Bild der Stadt beleben, es werden auch wesentliche Impulse von ihr ausgehen, die die Richtung der Entwicklung vorgeben.
Vieles spricht dafür, daß Erfurt in Zukunft weniger mit Industrie, dafür aber mit viel mehr Dienstleistungen aufwarten wird; Dienstleistungen allerdings, die sehr hochwertig sind und vor allem im High-Tech-Bereich angesiedelt sind. Beispiele dafür sind viele kleine Unternehmen, die sich im Software-Bereich schon einen Namen gemacht haben.
Dabei ist das erst der Anfang; gerade hier wird in Zukunft der größte Wachstumsschub einsetzen.
Aber auch als gute Adresse für den Handel wird sich Erfurt profilieren. Manches dauert ganz einfach, für gute Entwicklungen braucht es Zeit. Aber daß Erfurt seine Chancen auch da nutzen wird, ist gewiß.
So, wie Thüringen kein Standort für die Schwerindustrie werden wird, sondern sich vor allem im Hochtechnologiebereich weiterentwickeln muß, wird auch Erfurt seinen Weg finden.
Die neue Messe ist schon jetzt Beispiel für eine gelungene Investition, deren Konzept angenommen wird. Neben der Messe wird das neue Landesfunkhaus des MDR dafür sorgen, daß Erfurt sich auch als attraktiver Medienstandort profilieren wird. Hat das ZDF eines der schönsten alten Häuser inmitten der Altstadt als Landesstudio ausgebaut, so wird auf dem ega-Gelände der MDR für einen modernen Bau als gelungenen Kontrast sorgen.
Alles das beweist den Aufbruch und den Willen zur positiven Veränderung. Wenn im Dezember 1998 die erste Teilstrecke der A 71 übergeben und damit Erfurt vom Durchgangsverkehr der B4 entlastet wird, so zeigt das auch die Anstrengungen für eine moderne Infrastruktur. Noch platzt der Verkehr aus allen Nähten, aber auch hier zeigen die zahlreichen Bauvorhaben, wie schnell sich Veränderungen ergeben haben.
Erfurt wird durch die Anbindung an die ICE-Strecke Nürnberg-Leipzig-Berlin nicht nur zu einem wesentlichen Verkehrsknotenpunkt auf der Schiene, sondern hat in Zukunft auch durch eigene Autobahn-Anschlüsse von Nord nach Süd und von Ost nach West beste Bedingungen für Investoren. Das Güterverkehrszentrum ist der beste Beweis dafür.
Daß auch der Tourismus zum Wirtschaftsfaktor werden kann, machen die immer zahlreicheren Besucher in Erfurt deutlich.
Neben der unbestritten schönen und liebenswerten Altstadt ist das kulturelle Angebot mit viel Gespür für wirkliche Attraktivität entwickelt worden. Auch das trägt dazu bei, in Erfurt neue Arbeitsplätze zu schaffen, Gäste zum Wiederkommen zu verführen und Investoren zu überzeugen. Denn neben allen genannten Faktoren hat Erfurt sein größtes Argument zu bieten: hervorragend ausgebildete Fachkräfte in fast allen Bereichen, deren Wissen und Können als „Humankapital" zur Verfügung steht.
Martin Luther hat Erfurt als „ein gar fruchtbar Bethlehem, ... als rechte Schmalzgruben" bezeichnet und meinte damit die florierende Wirtschaft, den sehr einträglichen Handel und das fruchtbare Umland.
Das alles hat Erfurt auch heute noch und es wird seine Potentiale als Wirtschafts- und Wissenschaftsstandort wohl zu nutzen wissen. ■

Unternehmensportrait

X-FAB GESELLSCHAFT ZUR FERTIGUNG VON WAFERN MBH

Geschäftsführer:
Roland Duchâtelet

Gründungsjahr:
1992

Mitarbeiter:
160

Kunden:
Europa, USA

Geschäftstätigkeit:
Herstellung von mikroelektronischen Schaltkreisen für die Industrie

Anschrift:
Haarbergstraße 61
D-99097 Erfurt
Telefon (03 61) 4 20 53-0
Telefax (03 61) 4 20 53-11
e-Mail: vwi@xfab.com
Internet: www.xfab.com

Mikroelektronische Schaltkreise, made in Erfurt

X-FAB Gesellschaft zur Fertigung von Wafern liefert ihre High-Tech-Produkte an Kunden in zahlreichen Ländern

Die X-FAB GmbH ist Hersteller von mikroelektronischen Schaltkreisen. Schaltungs-Entwürfe der Kunden werden als Mikro-Chips auf Silizium-Scheiben (sog. Wafern) „materialisiert". Das bezeichnet man auch als „Silicon Foundry".

Dazu gehören neben der Produktion in industriellen Stückzahlen
- schneller Prototypen-Service,
- Technologie- und Produktberatung,
- Technologieentwicklung gemeinsam mit dem Kunden oder nach Kundenwunsch.

Die X-FAB bietet eine breite Palette modular aufgebauter Halbleiter-Technologien an. Damit können zwar auch rein digitale (nur logische Funktionen ausführende) Schaltkreise gefertigt werden, die Prägung dieser Technologien wird aber durch andere, spezielle Produktmerkmale bestimmt:

Herstellung von Wafern im Reinstraum.

Technologie – Module	Anwendung (Beispiele)
Integrierte Sensoren: Mikromechanische, Hall-, Temperatur-, optische Sensoren	Messung von Druck (absolut und relativ), Drehwinkel, Beschleunigung, Temperatur, Magnetfeld
Hochvolt-Transistoren	Spannungs- und störfeste IC's für Automobilanwendungen
Analoge Elemente	Gemischt analog – digitale IC's für alle Anwendungen, z.B. Signalverarbeitung, Steuerung/Regelung
EEPROM, EPROM	Nichtflüchtige Betriebsdatenspeicherung, Anwender-Konfiguration von IC's, Auto – Wegfahrsperren, ID-Chips
VDMOS, IGBT	Leistungsmodule für hohe Spannungen/Ströme

Damit wird eine ungewöhnlich flexible Technologiepalette angeboten. Das wird durch den modularen Aufbau der Technologien ermöglicht: Spezielle Technologie- „Module" werden mit einer C-MOS Basis-Technologie kombiniert.

Der Schwerpunkt der Technologie-Entwicklung der X-FAB liegt auf neuen und verbesserten Sensorik-Elementen und deren Integration in einen CMOS-Standard-Prozeß. Dazu wird eng mit den Kunden, aber auch mit Instituten – sowohl am Standort als auch europaweit – zusammengearbeitet.

Die modernen Fertigungsanlagen für 150mm-Wafer befinden sich in einem ca. 1.800 m² großen Reinstraum der Klasse 10.

In der X-FAB sind 160 hochqualifizierte Ingenieure und Facharbeiter tätig. Das sind fast 100 Mitarbeiter mehr als zur Gründung der Firma 1992. Allein 1998 wurden mehr als 25 Mitarbeiter neu eingestellt – ein Beleg für die erfolgreiche Entwicklung des Unternehmens.

Seit 1992 wurden fast 100 Mitarbeiter eingestellt.

Die Tätigkeit erfordert hohe Konzentration.

Unternehmensportrait

Die Thesys Gesellschaft für Mikroelektronik

Eine Halbleiterfirma mit Tradition und ein Designhaus mit neuen Ideen in der Umsetzung von Systemlösungen

Thesys Gesellschaft für Mikroelektronik mbH

Geschäftsführer:
Hans Jürgen Straub
Konrad Herre

Mitarbeiter:
ca. 450

Gründungsjahr:
1992

Geschäftstätigkeit:
Elektronische Systemlösungen
Fertigung von integrierten Schaltkreisen (ICs)

Anschrift:
Haarbergstraße 67
99097 Erfurt
Telefon: (0361) 427-6000
Telefax: (0361) 427-6111
e-mail: info@thesys.de
http://www.thesys.de

Die Thesys Gesellschaft für Mikroelektronik mbH ist ein innovatives Unternehmen, das Mikroelektronikprodukte entwickelt, produziert und weltweit vertreibt. Die Firma baut auf jahrzehntelange Halbleitertradition am Standort Erfurt auf. Erfahrungen bei Qualitätssicherung, Sicherheit und Umweltschutz wurden ständig weiterentwickelt und in die Firmenstrategie übernommen. Beim Aufbau des neuen, modernen Standorts wurde das vorhandene Wissen mit dem stetig wachsenden Umweltbewußtsein ge-

Der Firmensitz in Erfurt.

koppelt und ein Managementsystem aufgebaut, das die Belange des Umweltschutzes beachtet und konsequent durchsetzt.
Es ist erklärtes Ziel der Thesys, Umweltbewußtsein und Verantwortung für alle Prozesse bei der gesamten Belegschaft zu entwickeln und zu einem Element der Firmenkultur zu machen.

Der Sitz der Thesys Gesellschaft für Mikroelektronik mbH ist Erfurt. In Deutschland bestehen Vertriebs- und Entwicklungsbüros in Düsseldorf, Frankfurt / Bad Camberg, München und Stuttgart. Die weltweite Präsenz ist durch den gemeinsamen Vertrieb der Unternehmen der AMS-Gruppe sowie durch ein Netz von Repräsentanten und Joint Ventures gesichert.
Von 1992 bis 1995 war der Freistaat Thüringen Mehrheitsgesellschafter bei einer Beteiligung des amerikanischen Halbleiterherstellers LSI Logic Corporation, Milpitas. Im November 1995 hat die Firma Austrio Mikro Systeme International AG (AMS) mit Sitz Schloß Unterpremstätten, Österreich, einen Mehrheitsanteil an der Thesys GmbH erworben. Die verbleibenden Anteile hält der Freistaat Thüringen.

Die Thesys Gesellschaft für Mikroelektronik mbH ist eine Halbleiterfirma mit Tradition und ein Designhaus mit neuen Ideen in der Umsetzung von Systemlösungen. Thesys besitzt eine hochmoderne 6" Wafer-Fabrik. Durch die Konzentration auf ausgewählte Anwendungsbereiche ist die Thesys in der Lage, technisch und wirtschaftlich ausgereifte Systemlösungen mit den und für die Kunden verwirklichen zu können. Konzipierung und Umsetzung basieren auf Expertenwissen – sowohl auf Chip- als auch auf Systemebene – und werden durch den Einsatz modernster Designwerkzeuge unterstützt. Außerdem gehört zu einer Systemlösung ein umfassendes Produktangebot vom Standardschaltkreis bis zum ASIC (ASIC = für spezifische Anwendung maßgeschneiderter Schaltkreis). Die Thesys ist seit November 1993 im Besitz des ISO 9001-Zertifikats, seit 1996 des Umwelt-Zertifikats ISO 14001 und arbeitet zur Zeit an der Erfüllung des für die Zulieferer der internationalen Automobilindustrie geforderten Qualitätsstandards QS 9000.

Staubfreies High-Tech-Labor.

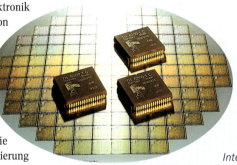
Integrierte Schaltkreise (IC's) auf einem Silicium-Wafer.

Stadtplanung

Stadtplanung in Erfurt – Ziele, Pläne und Perspektiven der Landeshauptstadt

Die Stadtplanung ist eines der wichtigsten Steuerungsinstrumente für die Entwicklung einer Stadt. Die Stadt Erfurt besaß als Landeshauptstadt des Freistaates Thüringen bis zur Gebietsreform am 01. Juli 1994 201.000 Einwohner. 17 bzw. 18 Gemeinden mit ihren Gemarkungen haben die Stadtgebietsfläche von 107 km² auf 269 km² anwachsen lassen.

Die erste urkundliche Erwähnung von Erfurt liegt mit dem Jahr 742 über 1250 Jahre zurück. Die günstige Lage an den großen Heeres- und Handelsstraßen, der „via regia" und der Nord-Süd-Verbindung von den Hansestädten bis in die Länder südlich der Alpen, ließ die Entwicklung eines großen Marktes zu. Am Ausgang des Mittelalters ist schließlich eine Stadt entstanden, die im Kern mit einer Fläche von 2 km² doppelt so groß ist wie Frankfurt am Main, größer als Hamburg und etwa 2/3 der Größe von Köln erreicht, der damals größten deutschen Stadt. Mit ihren 25.000 Einwohnern gehörte Erfurt im 15. Jahrhundert zu den größten deutschen Städten.

Erfurt mit seinem großen Altstadtkern und seinen vielen wertvollen Baudenkmalen, vor allem dem Dom und der Sankt-Severi-Kirche auf dem Domhügel, ist in seiner städtebaulichen Erscheinungsform einmalig in Deutschland.

Die Stadt von heute mit ihren ca. 204.000 Einwohnern hat als einzige Großstadt im Raum zwischen Kassel, Göttingen, Halle und Leipzig immer schon eine führende Rolle im Thüringer Wirtschaftsraum gespielt. Die Landeshauptstadt Erfurt ist wie viele andere ostdeutsche Städte und Regionen von einem tiefgreifenden Wirtschaftsstrukturwandel nach der Wiedervereinigung der beiden deutschen Staaten betroffen worden, der sich hauptsächlich in Erfurt mit der Stärkung des tertiären Bereichs zu Lasten der Industrie vollzogen hat. Unterstützt wird die Entwicklung als modernes Dienstleistungs- und Logistikzentrum durch die geographische Lage der Stadt im Mittelpunkt Thüringens und damit auch Deutschlands sowie die Herausbildung des Verkehrsknotenpunktes von Schiene und Straße.

Die Geschichte der Stadtentwicklung von Erfurt wurde im Wesentlichen von drei großen Stadterweiterungen geprägt. Die erste große Stadterweiterung fand im Mittelalter in der Zeit vom 12. bis 15. Jahrhundert statt. Dann folgte in der Gründerzeit vom ausgehenden 19. Jahrhundert bis zum Beginn des 20. Jahrhunderts die zweite große Stadterweiterung und die letzte große, dritte Stadterweiterung begann in den 60-er Jahren des 20. Jahrhunderts. Sie dauerte bis

Dipl.-Ing. Klaus Thomann

Der Autor wurde am 23.11.1936 in Häselrieth / Thüringen geboren.
1955 – 1961 Architekturstudium an der Technischen Hochschule Dresden,
1961 – 1966 Architekt und Stadtplaner bei der Stadt Erfurt,
1966 – 1968 Wissenschaftlicher Mitarbeiter an der Hochschule für Industrielle Formgestaltung Halle-Burg Giebichenstein, Bereich Umweltgestaltung,
1968 – 1990 Leitender Architekt und Stadtplaner im Büro des Stadtarchitekten und Stadtplanungsamt Erfurt
Seit 1990 Leiter des Stadtplanungsamtes Erfurt.

Ende der 80-er Jahre und ließ die Großwohnsiedlungen im Norden und im Südosten entstehen.

Charakteristisch für den denkmalgeschützten Altstadt- und Citybereich ist der Wechsel enger Gassen, schmaler Straßen und kleiner Plätze mit den Funktionen Wohnen, Handel und Gastronomie. Die City ist funktionell von Verwaltungs- und Dienstleistungseinrichtungen sowie von groß- und kleinteiligen Geschäftsbereichen um den Citybereich Anger bis hin zum Bahnhof geprägt.

Alle bedeutenden kulturellen Einrichtungen der Stadt befinden sich in diesem Stadtgebiet. Der Bereich der übrigen Innenstadt wird im wesentlichen durch den Gründerzeitgürtel aus dem 19. Jahrhundert gebildet. Diese bauliche Erweiterung konnte sich erst nach der Entfestigung 1873 entwickeln und zeigt sich in einer Nutzungsmischung von Wohnen und Gewerbe.

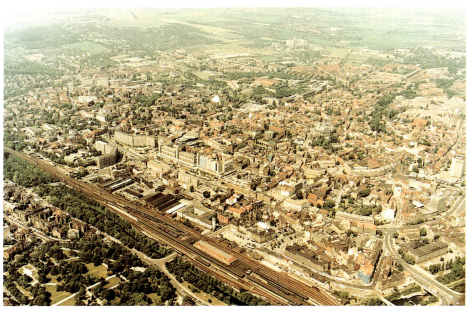

Blick von Südosten über die Innenstadt.

Stadtplanung

Die äußere Stadt hat sich vorwiegend aus den Vorstädten entwickelt. Im Norden der Stadt hat sich ab dem 19. Jahrhundert vorwiegend die Industrie angesiedelt. In der nachfolgenden Wohnbebauung wohnten hauptsächlich Arbeiter und Angestellte.

Erst ab den 60-er Jahren des 20. Jahrhunderts entstanden in der DDR-Zeit die Großwohnsiedlungen in industrieller Bauweise, Johannesplatz, Rieth, Nordhäuser Straße und Roter Berg mit über 20.000 Wohnungen im Norden der Stadt, mit dem städtebaulichen Ziel, neben der Verbesserung der Wohnbedingungen günstige Wegebeziehungen zwischen Wohnstätten und dem traditionellen Industriegebiet herzustellen. Dabei wurde der Ortsteil Gispersleben in den Stadtkörper eingebunden.

Im Südosten wurden mit der Errichtung der Großwohnsiedlungen Herrenberg, Wiesenhügel, Drosselberg und Buchenberg mit insgesamt ca. 14.500 Wohnungen die ehemaligen Dörfer Melchendorf und Windischholzhausen in das Stadtgebiet integriert.

Ordnungs- und Entwicklungsfunktion

Mit Leitbildern für ihre Stadtentwicklung und ihren Städtebau gibt die Stadt Erfurt sich im Rahmen der Flächennutzungsplanung Ziele, die sie in Planungen und Maßnahmeplänen zum Teil schon verwirklicht hat oder in der nächsten Zeit realisieren wird.

Die Stadt Erfurt übernimmt aufgrund ihrer historischen Bedeutung und ihrer Funktion als Landeshauptstadt des Freistaates Thüringen die besondere Ordnungs- und Entwicklungsfunktion eines Oberzentrums. Entsprechend dieser Bedeutung wird die Wirtschaft vornehmlich in den Bereichen Handel und Dienstleistung sowie Logistik weiterentwickelt. Dem produzierenden Gewerbe ist dabei weiterhin ein hoher Stellenwert innerhalb der gesamten Wirtschaftsentwicklung beigemessen. Ziel ist es, außerdem die weitere zügige Verbesserung der sozialen und technischen Infrastruktur der Stadt und des Großraumes voranzutreiben, um die Anforderungen, die an ein Oberzentrum und ein hochrangiges Kommunikationszentrum gestellt werden, zu erfüllen.

Die Gunstbedingungen der zentralen Lage in Deutschland werden mit dem zügigen Ausbau der verkehrlichen Infrastruktur, wie dem ICE-Zentrum, dem Neubau eines ICE-Bahnhofes, dem Güterverkehrszentrum, dem Autobahnkreuz und dem internationalen Flughafen, mit regionaler Bedeutung verfolgt.

Für alle Wirtschaftsbranchen ist in den Planungen der Stadt sowohl an den traditionellen Standorten im Osten und Norden als auch in den geplanten Erweiterungsgebieten ein vielfältiges Flächenangebot ausgewiesen. Gefördert werden muss in Zukunft eine gewerbliche Ansiedlung auf den Industriebrachen bzw. das Finden von neuen Zielen für deren Umnutzung. Der für Erfurt so traditionelle gewerbsmäßige Gartenbau wird erhalten und weiterentwickelt.

Er hat in der Vergangenheit den Namen von Erfurt in der Welt bekanntgemacht. Dabei müssen die wertvollen Böden im Osten und Westen der Stadt vorrangig für diesen Erwerbszweig gesichert werden.

Aufgrund seiner schönen und wertvollen Altstadt, welche die Identität der Gesamtstadt prägt, wird der Tourismus als eine wichtige Wirtschaftsform der Stadt im Zusammenhang mit einem intelligenten Stadtmarketingkonzept gefördert.

Die Lage von Erfurt in der Region und ihre gut ausgebaute Infrastruktur machen die Stadt zu einem besonderen Wohnstandort. Das vielfältige Angebot an Wohnungen wird durch das Wohnen in der reizvollen Altstadt, in den angrenzenden Gründerzeitgebieten und in den ausgedehnten Großwohnsiedlungen am Rande der Stadt sowie in den dörflichen Ortsteilen geprägt. Diese Potentiale werden erhalten, erneuert und weiter ausgebaut.

Die Stadt ist in allen Bereichen durch ein ÖPNV-System gut erschlossen; sie gilt als „Stadt der kurzen Wege". Mit dem Ausbau der Erfurter Stadtbahn und dem Ausbau der innerstädtischen und randstädtischen P + R-Anlagen wird eine weitere Qualitätssteigerung erreicht.

Die Innenstadt von Erfurt mit ihrem großen, mittelalterlich geprägten Altstadtkern hat eine

Kirchgasse.

hohe Anziehungskraft und lebendige Urbanität. Das Ziel der Stadt wird sein, die zentrumsbildenden und -prägenden Einrichtungen zu stärken, d.h., daß neben groß- und kleinflächigen Handelseinrichtungen auch die strukturbestimmenden Kultur- und Freizeiteinrichtungen erhalten und zum Teil neu angesiedelt werden müssen.

Die Entwicklung der wieder gegründeten Universität als vorwiegend geistes- und sozialwissenschaftliche Einrichtung neben der schon existierenden Fachhochschule, die Entwicklung der Messe und die Ansiedlung des Landesfunkhauses des

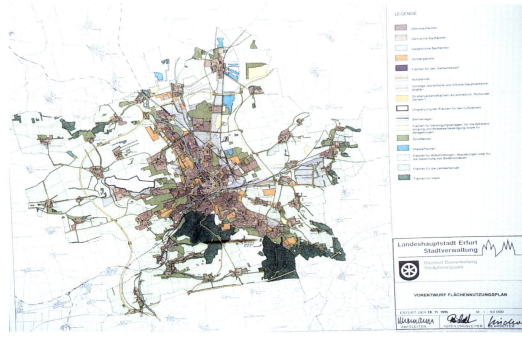

Vorentwurf des Flächennutzungsplanes.

Stadtplanung

Altstadt, Ziegengasse: Neubau und Sanierung.

mdr auf dem ehemaligen iga-Gelände sowie der Umzug des Bundesarbeitsgerichtes auf das Gelände neben dem Petersberg als entwicklungsfördernde Faktoren werden zukünftig das Image der Stadt weiterprägen.

Erfurt liegt im sich nach Norden weitenden Geratal und wird eingerahmt von den Hanglagen der Fahnerschen Höhn im Westen und im Osten von den Ausläufern des Erfurt-Kranichfelder Hügellandes. Diese charakteristische Morphologie soll trotz einer weiteren Besiedlung immer erlebbar gehalten werden.

Die Stadtgestalt von Erfurt wird geprägt von dem über 1250 Jahre gewachsenen Stadtkörper und den ihn umgebenden Kranz der Dörfer und Ortsteile, die in ihrer Bau- und Raumstruktur erhalten bleiben sollen.

Die in sich geschlossenen Landschaftsstrukturen, wie der Steigerwald im Süden, der Petersberg in der Stadtmitte oder die Cyriaksburg im Westen mit dem ega-Park, sind ein wesentliches Potential für die Erholung der Stadtbewohner. Zur Steigerung seiner Wirksamkeit und Attraktivität ist eine weitere Vernetzung im Zuge bestehender und zu entwickelnder Grünverbindungen vor allem entlang der Gera-Arme geplant.

Zur Sicherung einer menschenwürdigenden Umwelt, zum Schutz der natürlichen Lebensbedingungen und zur Schaffung gesunder Wohn- und Arbeitsvoraussetzungen ist die vorrangigste Aufgabe für die Stadt, die Frischluftschneisen und Freiflächen, insbesondere des Steigers und der Auengebiete der Gera im Südwesten und Norden, zu erhalten und zu sichern. Im Sinne der Agenda 21 wird aus diesem Grunde eine nachhaltige Stadtentwicklung angestrebt.

Um ihre wirtschaftliche, soziale und ökologische Entwicklung zu steuern und zu forcieren, hat die Stadt Erfurt nach der Wende sehr schnell gehandelt. Nach Prüfung der vorhandenen städtebaulichen Planung aus der DDR-Zeit musste festgestellt werden, dass aufgrund der neuen rechtlichen Grundlagen ein großes Planungsdefizit bestand.

Schon 1990 wurde deshalb ein Rahmenplan zur Flächennutzung erarbeitet, der als erstes Steuerungsinstrument für Neuansiedlungen und für den wirtschaftlichen Aufbau diente.

In der Zeit bis Ende 1997 wurden insgesamt 37 informelle Planungen zur Ermittlung der Konflikte und von Potentialen von unterentwickelten und unbeplanten Stadtgebieten und Ortsteilen erarbeitet, als Grundlage für die Erstellung des Flächennutzungsplanes, der als Vorentwurf 1997 der Öffentlichkeit zur Diskussion gestellt wurde. Gleichzeitig waren diese Planungen auch die inhaltliche Voraussetzung für die Erarbeitung von verbindlichen Bauleitplänen und Sanierungssatzungen.

Die Stadt Erfurt nutzte ein Notsicherungsprogramm des Thüringer Innenministeriums, um 300 Häuser vor dem Verfall zu retten. Mit der Festsetzung der 300 ha großen „erweiterten Altstadt" als Sanierungsgebiet konnte mit Hilfe der Städtebauförderungsmittel die Erneuerung und Sanierung der Innenstadt ausgebaut und beschleunigt werden.

Für die wichtigsten stadtbildprägenden Bauvorhaben im Stadtzentrum, z.B das C&A-Kaufhaus, das Breuninger-Kaufhaus, die gesamten innerstädtischen Hotelbauten sowie die sonstigen innerstädtischen Geschäfts- und Wohnungsbauvorhaben wurden gemeinsam mit den Bauherren und den beauftragten, eingesetzten Architekten die städtebaulichen und gestalterischen Voraussetzungen geschaffen.

Die ca. 200 ha große gründerzeitliche Oststadt um den Leipziger Platz und die Leipziger Straße wurde mit dem Ziel untersucht, die dort vorhandenen städtebaulichen Missstände zu erfassen und ein Maßnahmeprogramm zu entwickeln, das dieses Stadtgebiet als innerstädtischen Wohnungsstandort wieder belebt und stabilisiert. Für dieses Gebiet kam die Stadt 1995 in den Genuss des europäischen Förderprogramms URBAN.

In der Zeit von 1990 bis heute wurden für ca. 2.500 ha unbeplante Stadtfläche mit rechtskräftigen Bebauungsplänen und Bauvorhaben- und Erschließungsplänen die Voraussetzungen für die Durchführung von Erschließungsmaßnahmen und die Realisierung von baulichen Vorhaben für den Wohnungsbau, für die gewerbliche Entwicklung und für sonstige bauliche Anlagen geschaffen. Damit wurden ca. 50 % des bebaubaren Stadtgebietes planerisch untersucht. 114 Bebauungspläne und 37 Vorhaben- und Erschließungsplanungen wurden zur Rechtskraft geführt.

Zur Erlangung von städtebaulichen Ideen für gestaltungswichtige Stadtbereiche und von Architekturentwürfen für bauliche Vorhaben, wie z.B. die Süd- und Ostringbebauung, den ICE-Bahnhof, das Bundesarbeitsgericht, das Katholische Krankenhaus, die Universität, das mdr-Landesfunkhaus, die Bauten der Landesregierung sowie neuer Wohngebiete wurden von der Stadt und zum Teil vom Freistaat Thüringen bzw. von der Bundesrepublik Deutschland 20 städtebauliche Ideen- und Realisierungswettbewerbe durchgeführt.

In den letzten beiden Jahren konzentrierte sich die Planungsarbeit der Stadt auf den Flächennutzungsplan. Der Entwurf soll Anfang 1999 offengelegt werden. Dafür waren ungefähr 16 Rahmen- und Strategieplanungen sowie Entwicklungskonzeptionen für Stadtbereiche und Ortskerne zu erarbeiten.

Die Prioritäten

Mit höchster Priorität wurde an den städtebaulichen Planungen und der Planrechtschaffung für den Neubau der Messe, den Neubau der Universität und der Universitätsbibliothek, den Neubau des mdr-Landesfunkhauses und den Neubau des ICE-Bahnhofes gearbeitet. Für die stadtentwicklungsprägenden Vorhaben, wie z.B. die Umgestaltung des Brühl-Geländes, den Theaterneubau, die Umgestaltung des Bahnhofsquartiers, den Neubau des Katholischen Krankenhauses und für die Wohnungsbaugebiete am Ringelberg im Osten der Stadt sowie im Ortsteil Marbach, im westlichen Teil der Stadt, wurden die planungsrechtlichen Voraussetzungen eingeleitet bzw. geschaffen.

Um die Aufwertung der Großwohnsiedlungen in industrieller Bauweise im Norden und Südosten der Stadt weiterzubringen, hat die Stadt Erfurt in Zusammenarbeit mit kompetenten Planern und unter Einbeziehung der Wohnungsgesellschaften ein Strategiepapier entwickelt. Dieses wird als Zielstellung und Grundlage für die weitere, vertiefende planerische Bearbeitung der Gebiete dienen und die Grundlage für die Durchführung von notwendigen Sofortmaßnahmen schaffen, um die soziale Entmischung und Entleerung in diesen Großwohnsiedlungen zu verhindern.

Alle genannten Planungsmaßnahmen sind auf das große Ziel gerichtet, Erfurt als Stadt und besonders als Wohn-, Arbeits- und Investitionsstandort im europäischen Wettbewerb so attraktiv wie möglich zu gestalten.

Unternehmensportrait

Der Marktführer prägt das Bild Thüringens

Hochtief hat mit der neuen Messe, modernen Büro-, Wohn- und Geschäftsbauten Maßstäbe gesetzt

Messe Erfurt.

 **HOCHTIEF**

HAUPTNIEDERLASSUNG
SACHSEN-THÜRINGEN

Gründungsjahr:
1991

Schwerpunkte der Tätigkeit:
Errichtung von
Wohnhäusern
Kliniken und Heime
Industriebauten
Eisenbahnanlagen
Kläranlagen und Deponien
Straßen und Brücken

Anschrift:
Schmidtstedter Straße 30 a
99084 Erfurt
Telefon: (0361) 67 33-0
Telefax: (0361) 67 33-413

HOCHTIEF, als größtes Bauunternehmen heute Marktführer, realisierte in den vergangenen Jahren Bauvorhaben, die heute das neue Bild Thüringens entscheidend prägen.

Dazu gehört die neue Messe in Erfurt. An der Hallenkapazität gemessen, die zweitgrößte in den neuen Bundesländern. Durch detaillierte Arbeitsvorbereitung, durchgängigen 2-Schicht-Betrieb, gleichzeitiges Arbeiten an allen Gebäuden und einen hohen Vorfertigungsanteil wurde der Neubau in einer erstaunlich kurzen Bauzeit von nur etwa einem Jahr realisiert.

Der Gesamtentwurf ist im Rahmen des Thüringer Architekturpreises 1998 mit einer Anerkennung ausgezeichnet worden. Ihr ganz besonderes Ambiente bekommt die neue Messe durch großzügig angelegte und klar strukturierte Glasfassaden. Den architektonischen Höhepunkt bildet die Dachkonstruktion der Mehrzweckhalle mit ihren rund 30 m hohen Pylonen und Stababhängungen, die durch ihre Prägnanz zum Wahrzeichen der Messe geworden sind.

Prägend für das Erfurter Stadtbild ist auch das von HOCHTIEF errichtete Bank- und Geschäftshaus am Südring in Erfurts Zentrum, in dem u. a. die Commerzbank ihren Sitz hat. Der Gebäudekomplex hat eine Bruttofläche von ca. 34.000 m² und 360 PKW-Stellplätze in den Untergeschossen. Für den Bau wurde die bisher tiefste Baugrube Erfurts mit 12 m Tiefe, davon 6 m im Grundwasser, mit Hilfe eines Schlitzwandbaugrubenverbaus einschließlich geschlossener Wasserhaltung, hergestellt. Wegen des anstehenden Grundwassers wurden die drei Untergeschosse mit wasserundurchlässigem Beton in „weißer Wanne" hergestellt. Die fünf Obergeschosse zuzüglich Dach-Technik-Geschoß sind in Stahlbetonskelettbauweise errichtet worden. Ein bemerkenswertes Gestaltungselement ist die Betonwerksteinfassade, kombiniert mit einer Aluminium-Glas-Fassade.

Am östlichen Rand der Thüringer Landeshauptstadt entsteht derzeit der größte flächenmäßig neu erschlossene Stadtteil einer deutschen Stadt. Das Gebiet liegt zentrumsnah auf einer Fläche von insgesamt 130 Hektar und wird durch eine neue Straßenbahnlinie an das Erfurter Nahverkehrsnetz angeschlossen. An exponierter Stelle dieses Stadtteils hat HOCHTIEF, überwiegend als eigene Projektentwicklung, eine geschlossene Wohnanlage mit 180 Eigentumswohnungen errichtet, die aus neun Stadtvillen, fünf Doppelhäusern und einem kombinierten Wohn- und Geschäftshaus mit fünf behindertengerechten Wohnungen und einer Tiefgarage besteht.

In Weimar, der europäischen Kulturhauptstadt 1999, errichtet HOCHTIEF für rund 100 Millionen Mark das neue Kultur- und Kongreßzentrum.

Standortplanung

Ansiedlungsmöglichkeiten in Erfurt – Flächen für spezielle Bedürfnisse von Investoren

Erfurt mit seiner homogenen Wirtschaftsstruktur hat seine Attraktivität als Wirtschaftsstandort auch nach der Wiedervereinigung nicht verloren und auf Grund seiner zentralen Lage in der Mitte Deutschlands noch dazugewonnen. Trotz erheblicher Einbrüche auf dem industriellen Sektor – 60 ha Industrie- und Gewerbeflächen wurden bzw. werden umgenutzt – wurden industrielle Kerne erhalten, so z. B. der Schwermaschinenbau, der als Umformtechnik Erfurt weiterbesteht und die Mikroelektronik, die in Erfurt neben Dresden den wichtigsten Standort in den neuen Bundesländern hat.

Nach der Wiedervereinigung herrschte ein großer Entwicklungsdruck sowohl auf die Nachnutzung vorhandener betrieblicher Einrichtungen als auch auf den Ausweis von Bauland im Außenbereich und den Ausbau der gesamten Infrastruktur mit den Bereichen Verkehr, Energieversorgung und Telekommunikation.

Als erstes stand vor der Stadt die Aufgabe, dem massiven Abbau von Industriearbeitsplätzen u. a. durch Ansiedlung von neuen Unternehmen entgegenzuwirken und die große Zahl der Arbeits(platz)losen wieder in Festanstellung zu bringen.

Zur damaligen Zeit war durch die Kommune Erfurt für die Gewerbeansiedlung nur der Ausweis von Gewerbeflächen auf der grünen Wiese möglich, da die Stadt nicht Eigentümer der brachliegenden Betriebe war, sondern die Treuhand, oder es bestanden Restitutionsansprüche. Eine Reihe von Betriebsstandorten in der Innen- und der Südstadt sollte eine andere Nutzung – hauptsächlich für den Wohnungsbau – erhalten, auch die nicht geklärten Fördermöglichkeiten bezüglich der Kosten für die Altlastenentsorgung brachten die Entwicklung von Altstandorten nur zögerlich in Gang.

Durch die Stadt Erfurt wurden deshalb in den ersten Jahren nach der Wende zwei Gewerbegebiete, die stadtnahe „Kalkreiße" mit ca. 15 ha und das Gebiet „Nördlich Sulzer Siedlung" mit ca. 30 ha Nettofläche, mit Anschluß an die geplante A 71 Schweinfurt/Nürnberg/Magdeburg erschlossen, um ausreichend Flächen zu vertretbaren Bedingungen für Investoren, insbesondere des produzierenden Gewerbes, bereitstellen zu können.

Dr.-Ing. Roland Baudisch

Der Autor wurde am 7.08.1937 im heutigen Tschechien geboren. Nach dem Abitur in Erfurt studierte er von 1956 bis 1961 Maschinenbau und Technische Mechanik an der TH Magdeburg. Ab 1961 war er in der Forschung und Entwicklung in Büromaschinenfirmen in Chemnitz, Sömmerda und Erfurt tätig. 1984 erfolgte die Promotion an der TU Ilmenau mit einem Thema der Antriebstechnik. Danach war Dr. Baudisch in der Automatisierungstechnik tätig. 1990 wurde er Amtsleiter des Amtes für Wirtschaftsförderung in der Stadtverwaltung Erfurt. Dazu gehören: Industrie, Gewerbe, Handel, Freiberufler, Landwirtschaft und Gartenbau, Stadtwald und Investitionsvorrang.

Eva-Maria Mach

Die Autorin studierte an der Hochschule für Ökonomie Berlin-Karlshorst, Fachrichtung Volkswirtschaft. 1969 Abschluß als Diplom-Wirtschaftler. Seit 1969 bei der Stadt Erfurt in verschiedenen Bereichen beschäftigt, u. a. Bereichsleiterin Standortplanung.
Leiterin der Abteilungen Neuansiedlung und Gewerbliche Wirtschaft im Amt für Wirtschaftsförderung.

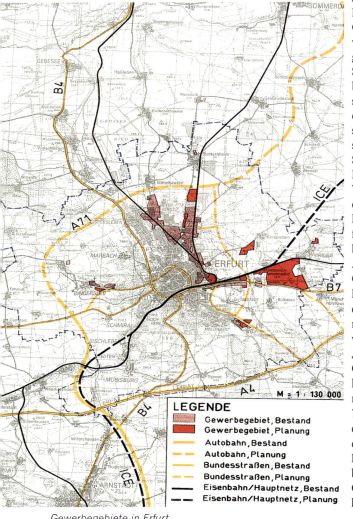

Gewerbegebiete in Erfurt.

Standortplanung

Gewerbegebiet „Sulzer Siedlung".

Diese vertretbaren Bedingungen wurden nur durch die Bereitstellung von Fördermitteln für die Erschließung der Infrastruktur dieser Gebiete möglich. Mittel von Land und Bund, z.B. aus der Gemeinschaftsaufgabe „Verbesserung der regionalen Wirtschaftsstruktur" sowie aus dem „Europäischen Fonds für regionale Entwicklung"(EFRE) konnten eingesetzt werden und stehen heute noch für Flächenerschließungen zur Verfügung.

Mit der Gebietsreform am 1. Juli 1994 kamen weitere vier erschlossene Flächen wie
- das Güterverkehrszentrum Thüringen mit ca. 200 ha Nettofläche,
- das Gewerbegebiet „Unterm Fichtenwege" im Ortsteil Kerspleben mit 39 ha Nettofläche,
- das Gewerbegebiet „Schwanseer Straße" im Ortsteil Stotternheim mit 7,9 ha Nettofläche

und
- das Gewerbegebiet „Vor den Streichteichen" im Ortsteil Vieselbach mit 21 ha Nettofläche

mit zur Stadt.

Gerade in den letzten Jahren wurden verstärkt in Zusammenarbeit zwischen der Stadt, der Treuhand Liegenschaftsgesellschaft und der Landesentwicklungsgesellschaft Thüringen das potentielle Wirtschaftsgebiet der Stadt durchleuchtet und eine Reihe von Industriebrachen über Bebauungspläne einer Wiederverwertung für gewerbliche Zwecke zugeführt. So wurde z. B. auf dem ehemaligen Mikroelektronik-Standort das Technologiezentrum errichtet.

Die restliche Fläche (13,70 ha) steht für die Ansiedlung von technologieorientierten Unternehmen zur Verfügung.

Eine weitere für die Wirtschaft interessante erschlossene Gewerbefläche ist das Gelände des ehemaligen Betonwerkes im Norden der Stadt (17 ha), das ca. 1 km von der geplanten A 71 entfernt ist.

Damit verfügt die Stadt heute über 747 ha vorhandene und besiedelte sowie über 254 ha in Erschließung und Besiedelung befindliche Gewerbeflächen. Für eine weitere Ansiedlung stehen davon noch ca. 100 ha bereit.

4.300 neue Arbeitsplätze

Diese vorhandenen, erschlossenen Flächen ermöglichen es, dem potentiellen Investor in nahezu jedem Fall eine auf seine Bedürfnisse und seine Möglichkeiten zugeschnittene Lösung zu günstigen Preisen anzubieten.

Die Attraktivität des Wirtschaftsstandortes Erfurt zeigt sich nicht zuletzt in der Ansiedlung von ca. 140 Unternehmen in den neu erschlossenen Gewerbegebieten, die ca. 4.300 Arbeitsplätze geschaffen haben.

Das Amt für Wirtschaftsförderung der Stadtverwaltung Erfurt, als wichtigster Ansprechpartner für Investoren, verfügt über umfangreiche Materialien und Datenbänke, die jedem Investor die Auswahl von Flächen für eine Ansiedlung in Erfurt erleichtern und darüber hinaus über die verschiedenen Förderprogramme für die beabsichtigten Investitionen Auskunft geben.

Dazu kommt eine eingehende Betreuung der weiterhin interessierten Investoren bei Abstimmungsbedarf mit den Ämtern der Stadtverwaltung und weiteren Behörden. Diese Begleitung erfolgt bis zur kurzfristigen Ausreichung der Baugenehmigung für erschlossene Gewerbeflächen. ■

Gewerbegebiet „Kalkreiße".

Unternehmensportrait

MACON BAU GmbH Erfurt

Gründungsjahr:
1994

Geschäftsführer:
Dipl.-Oec. Reiner Hüsgen

Mitarbeiter:
13 kfm.- und Ing.-techn. Personal

Umsatz (vorauss. 1998):
24,0 Mio.

Geschäftstätigkeit:
Modernisierung und Instandsetzung industriell gefertigter Gebäude,
Altbau- und Fassadensanierung,
Gesamtsanierung von Wohngebieten,
Umbau/Ausbau/Neubau/Eigenheimbau,
Projektentwicklung/Projektsteuerung,
Gebäudekomplettierung,
Haus- und Umwelttechnik,
Wärmedämmung und Isolierung,
Baustoffhandel, Baustoffproduktion,
Finanzierung und Refinanzierung,
Design und Gestaltung von Bauwerken,
Farbleitplanung,
Architektonischer Stahlbau,
Verkehrsbau,
Industrie- und Hallenbau.

Anschrift:
Lagerstraße 23/24
99086 Erfurt
Telefon: (0361) 7 30 75 - 0
Telefax: (0361) 7 30 75 - 27

MACON –
„Können schafft Vertrauen"

Sanieren und Modernisieren von Wohnraum – eine Aufgabe für Spezialisten

„Man braucht Sicherheit nicht erst am Ziel, sondern auf dem Weg."

Janusz Reiter

In der Architekturlandschaft Erfurts und Thüringens gibt es bemerkenswerte Beispiele dafür, wie Substanz erhalten und Wohnqualität verbessert wird.

Die MACON BAU GmbH Erfurt, ein ortsansässiges Unternehmen, hat durch ihre Sanierungs-und Modernisierungslösungen als Generalübernehmer mitgeholfen, diesen Prozeß voranzutreiben. Mit unserem innovativen System-Know-how und unserem effizienten Zeitmanagement hat sich die MACON BAU GmbH Erfurt als Spezialist für komplexe Wohnraumsanierung bzw. Wohnraummodernisierung bei Wohnbaugesellschaften, -genossenschaften, Hausverwaltungen, privaten Investoren und nicht zuletzt bei den von der Sanierung betroffenen Mietern einen guten Namen erworben.

Das Leistungsspektrum der MACON BAU GmbH Erfurt umfaßt folgende Punkte:
- Modernisierung und Instandsetzung industriell gefertigter Gebäude,
- Altbau- und Fassadensanierung,
- Gesamtsanierung von Wohngebieten,
- Projektentwicklung/Projektsteuerung,
- Gebäudekomplettierung,
- Haus- und Umwelttechnik,
- Wärmedämmung und Isolierung,
- Finanzierung und Refinanzierung,
- Design und Gestaltung von Bauwerken,
- Farbleitplanung.

Unternehmensportrait

Ingenieur-Kompetenz für Verkehrsanlagen

Mit gesichertem Fachwissen und umfangreichen Erfahrungen wurde INVER zum begehrten Partner beim Bau von Verkehrsanlagen

INVER-Ingenieurbüro
für Verkehrsanlagen GmbH
Beratende Ingenieure

Hauptgeschäftsführer:
Dieter Bensch

Geschäftsführer:
Sigrid Büntig
Dr. Dieter Feistel
Jürgen Krüger
Dr. Thomas Räder-Großmann

Mitarbeiter:
ca. 70

Geschäftstätigkeit:
Verkehrsplanung
Objektplanung Verkehrsanlagen
Objektplanung Ingenieurbauwerke
Tragwerksplanung
Tiefbau
Bodenmechanik Erd- und Grundbau
Verkehrstechnische Untersuchungen
Immissionsschutz
Projektsteuerung
Örtliche Bauüberwachung
Bauoberleitung

Anschrift:
Alfred-Hess-Straße 23
99094 Erfurt
Telefon (0361) 22 38-0
Telefax (0361) 2 25 09 96
e-mail INVER.Erfurt@t-online.de

Arnstädter Straße Erfurt – Straßenbahnhaltestelle.

Das Unternehmen wurde bereits 1950 als „Entwurfsbüro für Straßenwesen Erfurt" mit zehn Mitarbeitern gegründet. Das Aufgabengebiet war seit jeher die Projektierung von Straßen und Brücken, vorrangig im klassifizierten Straßennetz. Beispiele für Leistungen der ersten beiden Jahrzehnte sind Studien zu einem Autobahnneubau Halle-Magdeburg (1969) und zu einer Autobahnanbindung Suhl (1972), die Verlegung der B 247 Schwarzwald-Wegscheide für den Bau der Ohra-Talsperre (1957), die Ortsumfang Oberhof mit planfreien Knotenpunkten (1968) sowie der vierstreifige Ausbau des Juri-Gagarin-Ringes in Erfurt (1966). Auch Gleisanlagen für Straßenbahnen wurden bereits in dieser Zeit geplant, u. a. in Jena (1956) und Gotha (1967).

In den 60er und 70er Jahren wurden Verkehrspläne für Erfurt, Gera, Jena, Weimar, Eisenach und weitere Städte entwickelt und Untersuchungen zum innerstädtischen Nahverkehr in Erfurt, Gera und Jena durchgeführt.

Das Büro erfüllte ab Anfang der 50er Jahre auch Aufgaben eines wissenschaftlich-technischen Zentrums des Straßenwesens. Etwa zehn Prozent der Kapazität wurden für die Erarbeitung von technischen Vorschriften und Projektierungskatalogen sowie für Softwareentwicklung eingesetzt. Das Büro beschäftigte in dieser Zeit in Erfurt und Suhl bis zu 175 Mitarbeiter. In den 70er und 80er Jahren war das Büro an wichtigen Bauvorhaben in Thüringen beteiligt. Es wurden effektive Bautechnologien im Brückenbau entwickelt.

Nach der Wiedervereinigung hat sich das Unternehmen unter dem Namen INVER – Ingenieurbau für Verkehrsanlagen GmbH auf dem Wege eines Management-Buy-Out privatisiert und fortan seine Fachkompetenz unter neuen Rahmenbedingungen eingebracht. So wurden mehrere „Verkehrsprojekte Deutsche Einheit" begleitet, wie Streckenabschnitte und Brücken im Zuge der A 4, A 38 und A 71. INVER beschäftigt heute mit breitem Leistungsprofil über 70 Mitarbeiter. Auftraggeber sind Straßenverwaltungen, Kommunen sowie private Verkehrs- und Baugesellschaften. ■

Arnstädter Straße Erfurt – Einmündung Martin-Andersen-Nexö-Straße.

Mikroelektronik

Erfurt – Standort der Mikroelektronik

Erfurt, die Landeshauptstadt Thüringens, ist das politische, wirtschaftliche und kulturelle Herzstück des Landes. Im Südosten der Stadt, in unmittelbarer Nähe einer prosperierenden wirtschaftlichen Tangente, deren Verlauf durch die Bundesautobahn A4 bestimmt wird, befindet sich der High-Tech-Industriestandort Erfurt-Südost. In einer Zone zwischen einem städtischen Wohngebiet und den Ausläufern des Thüringer Waldes mit landwirtschaftlichen Nutzflächen und Naturflächen eingebettet, fügt es sich ökologisch gesund in die Landschaft ein.

Der Industriestandort Erfurt-Südost gehört historisch gesehen zu den jüngsten Industrieansiedlungen von Erfurt. Die hervorragenden infrastrukturellen Voraussetzungen, das große Reservoir an hochqualifizierten Menschen und die saubere Umwelt waren die Voraussetzungen, die diesen Standort für den Aufbau einer elektronischen Industrie geradezu prädestinierten.

Obwohl dieses Gebiet nicht zu den traditionsreichen Industriegebieten des Maschinenbaues und der feinmechanisch-elektronischen Fertigung der Stadt Erfurt gehört, hat es mit seiner geistigen und materiellen Konzentration an Menschen und Ausrüstungen das größte Innovationspotential auf wissenschaftlich-technischem Gebiet. Über 160 Unternehmen und Dienstleister sind hier tätig und repräsentieren zur Zeit ca. 1500 Arbeitsplätze. Das Unternehmensspektrum stellt sich aus einer gesunden Mischung an wissenschaftlich-technischen Dienstleistungen und elektrisch-elektronischer Fertigung dar. Viele Aktivitäten sind darauf gerichtet, diese Struktur zu einer durchgehenden Prozeßkette – vom mikroelektronischen Bauelement bis zum fertigen Gerät, begleitet von

Hans-Jürgen Straub

Der Autor wurde am 23. Mai 1954 geboren. Nach dem Abitur studierte er Volkswirtschaft. Geschäftsführer der Thesys ist er seit 1992.

Konrad Herre

Der Autor wurde am 26. September 1955 geboren und studierte Physik. Seit 1996 ist er einer der Geschäftsführer bei Thesys.

der Softwareentwicklung und den notwendigen Qualifizierungsmaßnahmen – weiterzuentwickeln und in diesem Sinne neue Industrieunternehmen anzusiedeln.

Engagierte Unternehmen fördern hier innovative Projekte durch optimale Nutzung der entstehenden infrastrukturellen sowie produkt- und marktbezogenen Synergieeffekte. Beispielhaft dafür sind die Firmen Thesys Gesellschaft für Mikroelektronik mbH und X-FAB; sie haben sich in den letzten Jahrzehnten zu einem der Zentren der Mikroelektronik im Osten Deutschlands etabliert. Aus dem ehemaligen Kern der DDR-Mikroelektronik-Industrie, damals allein am Standort

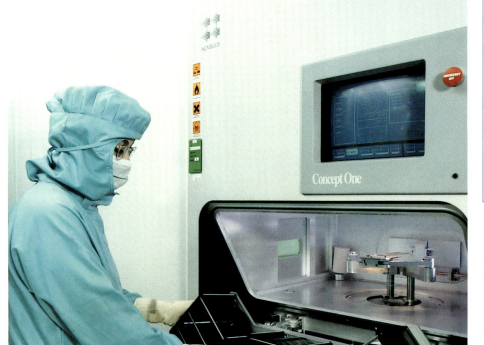

Arbeitsplatz im Reinraum der Thesys-Waferfab.

Mikroelektronik

Luftaufnahme des Areals der Firma Thesys – Gesellschaft für Mikroelektronik mbH, Erfurt, Haarbergstraße 67.

Erfurt mit fast 9000 Beschäftigten, sind zahlreiche Ausgründungen hervorgegangen, darunter 1992 die Thesys Gesellschaft für Mikroelektronik mbH. Etwa 30 weitere ausgegründete und eine Vielzahl neuer Unternehmen haben sich bis heute am Industriestandort Erfurt-Südost angesiedelt, u.a. in den Branchen Mikroelektronik, Mikrosensorik, Mikrosystemtechnik, Solartechnik, Umwelttechnik, Gesundheitstechnik.

Die Thesys Gesellschaft für Mikroelektronik mbH hat sich auf ausgewählte Anwendungsbereiche konzentriert, um technisch und wirtschaftlich führende Systemlösungen für ihre Kunden verwirklichen zu können. Sie besitzt ein hochmodernes Design-Zentrum zur Entwicklung von kundenspezifischen elektronischen Schaltkreisen („ASICs") und eine eigene 6-Zoll-Chipfabrik. Innerhalb der Firmengruppe Austria Mikro Systeme International AG ist die Thesys Kompetenzzentrum für Automobilelektronik. So ist z. B. in der Fahrzeug-Elektronik von 6 europäischen Automobilmarken jeweils mindestens ein Thesys-Chip enthalten. Seit ihrer Gründung hat die Thesys ...

- mehr als 500 neue Produkte entwickelt und gestartet,
- mehr als 5.000 Quadratmeter Silizium verarbeitet,
- mehr als 35 Mio. Stück fertige Bauelemente an ca. 250 Kunden verkauft,
- mehr als 140 Mio. DM investiert.

Die immer höher werdenden Qualitäts-Anforderungen des Marktes erfordern die Erfüllung von international anerkannten Qualitäts-Richtlinien, die jährlich in strengen Auditierungsverfahren geprüft werden. Die Thesys ist seit 1993 im Besitz des ISO 9001-Zertifikats, seit 1996 des Umwelt-Zertifikats ISO 14001 und arbeitet zur Zeit an der Erfüllung des für die Zulieferer der internationalen Automobilindustrie geforderten Qualitätsstandards QS 9000. Daneben wurde die Thesys von mehreren europäischen und amerikanischen Kunden erfolgreich auditiert.

Die Sternwarte auf dem ega-Gelände.

Unternehmensportrait

Komplettlösungen aus einer Hand

In Erfurt befindet sich eine der modernsten Fertigungsstätten für elektronische und elektrische Anlagen zum Automatisieren und Energieverteilen

Klöckner-Moeller GmbH, Werk Erfurt

Leitung:
Walter Hübner, Klaus Bergmann

Übernahmejahr:
1991

Klöckner-Moeller Vertrieb Deutschland GmbH
Vertriebsregion Berlin/Erfurt

Leitung:
Hubert Elsner

Moeller Kolleg GmbH

Leitung:
Horst Grobe

Geschäftstätigkeit am Standort Erfurt:
Projektierung, Fertigung und Vertrieb von elektronischen und elektrischen Anlagen zum Automatisieren und Energieverteilen, Seminare für Mitarbeiter und Kundenschulungen.

Mitarbeiter am Standort Erfurt:
ca. 330

Mitarbeiter der Moeller-Firmengruppe:
7.700 (Stand 31.4.1998)

Anschrift:
Moeller Holding GmbH & Co. KG
Hein-Moeller-Straße 7-11
53115 Bonn
Tel.: (0228) 602-0
Fax: (0228) 602-2433
E-Mail: info@moeller.net
Internet: http://www.moeller.net......

Das Firmengebäude in Erfurt.

Bei der Montage von ID 2000-Verteilern.

Im Jahre 1899 gründete Franz Klöckner in Köln ein Unternehmen zur Herstellung von elektrischen Schaltapparaten. 1911 trat der zweite Namensgeber in das Unternehmen ein, Hein Moeller, der ein Jahr später die Leitung übernahm. Aus diesem Unternehmen hat sich während der vergangenen 100 Jahre ein weltweit tätiger Elektro- und Elektronikkonzern mit Hauptsitz in Bonn entwickelt. Die derzeit 7.700 Mitarbeiter erwirtschaften mehr als 1,5 Milliarden Mark Umsatz im In- und Ausland.

Komplettlösungen

Erklärtes Ziel der Firmengruppe ist es, den Kunden im Bereich Nieder- und Mittelspannung, in der Energieverteilung sowie bei der Fabrik- und Gebäudeautomation Komplettlösungen aus einer Hand zu bieten. Vor diesem Hintergrund hat der Konzern Anfang der 90er Jahre das Unternehmen „Erfurt electronic" übernommen.

Tradition und Fortschritt

Den Grundstein zum Erfolg hinter diesen traditionsreichen Werksmauern legten zukunftsorientierte Unternehmer bereits 1948 unter der Firmierung „Starkstrom-Anlagenbau Erfurt". Heute befindet sich hier, im Herzen des wiedervereinigten Deutschlands, eine der modernsten Fertigungsstätten für elektronische und elektrische Anlagen zur Energieverteilung und für Steuerungen der Prozeßautomation.

Motivation und Erfolg

Mit dem Standort Erfurt machte sich die Moeller-Firmengruppe den wirtschaftlichen Aufschwung der Stadt und Umgebung zunutze, der erstklassige Voraussetzungen für ein erfolgsorientiertes Unternehmen bietet. Neben einer hervorragenden Infrastruktur und besten Verkehrsanbindungen zu nationalen und internationalen Märkten fanden wir hochmotivierte und leistungsstarke Mitarbeiter aus der Region, die sich für die Umsetzung unserer Unternehmensziele mit Begeisterung engagieren.

Aus- und Weiterbildung

Die derzeit 330 Mitarbeiter unseres Werkes bilden die Basis unseres Erfolges. Mit der Einführung moderner Einzelarbeitsplätze sind auch die Anforderungen an die Mitarbeiter gewachsen. Hierzu gehören eigenverantwortliches Denken und Handeln. Und diese hohen Erwartungen werden am besten von motivierten und gut geschulten Mitarbeitern erfüllt. Das garantieren umfassende Aus- und Weiterbildungsmaßnahmen, unter anderem im Moeller-Kolleg in Erfurt. Hier finden neben Seminaren für Mitarbeiter zahlreiche Kundenschulungen statt. Die Referenten sind praxiserfahren, pädagogisch geschult und zertifizierte Produkttrainer. Das Moeller Kolleg bietet Seminare unter anderem zu folgenden Themen: Steuerungstechnik, Automatisierungstechnik, Niederspannungs-Schaltgeräte, Normen und Vorschriften der Elektrotechnik.

Bedarfsgerechte Dienstleistungen

In Erfurt hat auch eines der mehr als 30 deutschen Vertriebsbüros der Moeller Firmengruppe seinen Sitz, das mit zahlreichen Industrie- und Handelskunden einen Umsatz von zirka zwölf Millionen Mark erwirtschaftet. Neben den Vertriebsinnen- und -außendienstmitarbeitern sind hier die Spezialisten für Projektierung, Planerbetreuung, Leistungselektronik und Automatisierungstechnik tätig. Bei den produktergänzenden Leistungen gehen die Kundenforderungen längst über die Anwendungsberatung, anspruchsvolle Logistik und After Sales Service hinaus. Der Vertrieb der Moeller-Firmengruppe bietet bedarfsgerechte Dienstleistungen wie Beratung und Planung, kundenspezifische Dokumentation, Montage und Inbetriebnahme sowie Anwenderunterstützung. ■

Unternehmensportrait

Pressenhersteller mit über 100-jähriger Tradition

Hochproduktive Pressen und Automatisierung für die wirtschaftliche Blechverarbeitung in der Automobilindustrie

Umformtechnik ERFURT

Umformtechnik ERFURT GmbH

Geschäftsführung:
Jürgen Kroos, Vorsitzender
Dr. Jiri Kotina
Rainer Lorenz

Gründungsjahr:
1897

Mitarbeiter:
800

Produkte:
Pressen und Automatisierung
für die Blechverarbeitung.

Kunden:
Automobilindustrie und Zulieferer,
Produzenten von Elektrogeräten,
Haushaltsartikeln und Weißer Ware.

Anschrift:
Schwerborner Straße 1
99086 Erfurt
Telefon: (0361) 700
Telefax: (0361) 70 33 01

Das Produktionsprogramm von Umformtechnik ERFURT umfaßt hochproduktive Pressen und Automatisierung für die wirtschaftliche Blechverarbeitung in der Automobilindustrie und ihrer Zulieferer. Grundlage der leistungsfähigen Produktion ist die Großkörperfertigung mit Brennen, Schweißen und der mechanischen Bearbeitung bis 200 t Gewicht. 15 Bearbeitungszentren in Horizontal- und Portalbauweise bilden das Herzstück. Die größten Montagegruben mit Abmessungen von 6 x 12 x 60 m und 6 x 8 x 40 m ermöglichen die parallele Montage von mehreren Großpressen.

Das Unternehmen aus der Vogelperspektive.

Für die wirtschaftliche Stabilisierung der Umformtechnik ERFURT war die Modernisierung der Fertigungsanlagen eine entscheidende Voraussetzung. Gleichzeitig wurden die Arbeitsplätze in der Konstruktion vollständig auf CAD umgestellt. Beachtliche Investitionen haben es ermöglicht, den notwendigen internationalen Leistungsstandard zu erreichen und zu einer nachhaltigen Verbesserung des Preis-Leistungsverhältnisses beigetragen. Ziel war es, am Standort Erfurt zu wettbewerbsfähigen Kosten zu produzieren, mit dem wichtigen Effekt der Arbeitsplatzsicherung in Erfurt.

Mehrere Großaufträge der deutschen Automobilindustrie in der jüngsten Vergangenheit zeugen von dem Vertrauen in die Kompetenz und in das Leistungsvermögen der Umformtechnik ERFURT. Bei den Auslandsmärkten liegt die Konzentration auf dem asiatischen und dem amerikanischen Kontinent, speziell auf Indien und Brasilien.

Nach wie vor gilt die Aufmerksamkeit auch den angestammten Schwerpunktmärkten in Osteuropa. So arbeiten in Rußland und in den übrigen GUS-Staaten mehrere tausend Pressen aus Thüringen. Auch in der Volksrepublik China produzieren inzwischen mehr als 100 moderne Großpressen „Made in ERFURT".

Eine umfassende Vertriebsorganisation mit einem bewährten Netz von eigenen Vertriebs- und Servicegesellschaften sowie Handelsvertretern sichert das weltweite Engagement.

Technische Entwicklung und permanente Innovation sowie qualifizierte Fachkräfte waren bislang Hauptgaranten von über 100 Jahren erfolgreicher Unternehmensgeschichte. Eng wird dabei auch mit renommierten Forschungseinrichtungen zusammengearbeitet. So hat sich die Zusammenarbeit mit dem Fraunhofer Institut Werkzeugmaschinen und Umformtechnik (IWU) in Chemnitz äußerst erfolgreich gestaltet.

ERFURT brachte 1997 eine Baureihe mechanischer Pressen auf den Markt, die sich durch den Einsatz standardisierter Baueinheiten in einer modularen Struktur auszeichnet. Damit können sehr viele kundenspezifische Ausführungsvarianten realisiert werden. Diese neue Pressenreihe fügt sich nahtlos ein in eine beachtliche, über l00-jährige Geschichte des Unternehmens, das seit vielen Jahrzehnten auf den Märkten der Welt erfolgreich tätig ist. Die Geschäftstätigkeit begann 1897, damals noch unter dem Namen „Henry Pels & Co.", mit dem Handel von handbetriebenen Scheren und Lochstanzen. Gute Geschäftserfolge führten zu einer raschen Erweiterung des Unternehmens. Technologische Pionierleistungen bereits am Anfang dieses Jahrhunderts, wie die Einführung des elektromotorischen Antriebes bei Scheren (1900), der Stahlplatten-Bauweise (1906) sowie des Elektro-Lichtbogenschweißens (1932), machten das Unternehmen international bekannt.

Mit der Einführung der Blechkarosserie im Automobilbau legte das Unternehmen bereits Anfang der dreißiger Jahre seine Priorität auf die Entwicklung und Herstellung der heute weltweit bekannten Karosseriepressen.

3-Achsen-Transferpresse mit 15.000 kN Preßkraft.

High-Tech Standort

Erfurt – ein Standort für High-Tech-Unternehmen

Ein Qualitätsmerkmal, das sicherlich eine Vielzahl von Regionen heute für sich in Anspruch nehmen. Aber was spricht bei dem Wettbewerb um Unternehmen und Neugründer, der heute überall stattfindet, für den Standort Erfurt?

Bei der Beantwortung dieser Frage erscheint mehr und mehr das Zusammenspiel einer Vielzahl von Aktivitäten auf privater und öffentlicher Seite, sowie eine historisch gewachsene Struktur von entscheidender Bedeutung zu sein.

Bereits vor 1989 war Erfurt ein wichtiger Standort für die Produktion Mikroelektronischer Bauelemente wie auch von Büromaschinen. Neben umfangreichen Erfahrungen in diesem Bereich ist somit auch ein hohes Potential qualifizierter wie auch motivierter Mitarbeiter am Standort vorhanden, wie auch der Wille, in allen politischen wie wirtschaftlichen Ebenen weiter in Zukunftsbranchen zu investieren.

Bei der Umsetzung einer solchen Strategie spielen in Erfurt Politik, Verbände, Unternehmen und Bildungseinrichtungen eng zusammen. Ein gutes Beispiel dafür ist der Industriestandort Erfurt Süd-Ost. Bereits in den achtziger Jahren als Standort der Halbleiterfertigung entwickelt, stand mit der Wende eine Reihe spezieller Räumlichkeiten, technischer Ausrüstungen und natürlich qualifizierter Mitarbeiter zur Verfügung, die nach und nach aus den bestehenden Strukturen in neue marktwirtschaftliche Unternehmen integriert werden mußten. So entwickelten sich auf dem Gelände des ehemaligen Stammbetriebes des Mikroelektronikkombinates und im Umfeld ca. 170 neue Unternehmen mit 1 bis 500 Mitarbeitern. Allein 46 Unternehmen davon haben ihren Sitz im Technologiezentrum Erfurt.

Gemeinsam ist den meisten von ihnen ein Tätigkeitsfeld im Bereich moderner Technologien. Dies reicht von der Fertigung mikroelektronischer Schaltkreise über die Softwareentwicklung, Umwelttechnik, Sensortechnologie, Verkehrstechnologie bis zur Fertigung von Computern und zur Herstellung von Silizium.

Bereits sehr frühzeitig wurde klar, daß eine positive Entwicklung der einzelnen Unternehmen neben der notwendigen Bearbeitung des eigenen Marktes auch eines positiven Umfeldes am Standort bedarf.

Peter Beckus

Der Autor wurde am 16.09.1961 in Erfurt geboren. 1980 Abschluß des Abiturs, 1982 - 1986 Studium an der Technischen Hochschule in Ilmenau im Fach „Physik und Technik elektronischer Bauelemente" mit dem Abschluß als Diplom-Ingenieur. Januar 1987 bis August 1990 Tätigkeit im Forschungszentrum des VEB Mikroelektronik Erfurt als Entwicklungsingeneur an verschiedenen Themen in den Bereichen Photolithographie, Plasmaätzen, Entsorgungstechnologie.
August 1990 - Februar 1991 Auftrag zum Aufbau des Technologiezentrums Erfurt durch die Stadt Erfurt und die IHK Erfurt.
Seit Februar 1991 Geschäftsführer der Technologiezentrum Erfurt GmbH.
November 1991 - Dezember 1992 Federführung bei der Erstellung des ersten Gebäudes für die TZE GmbH. Derzeit Planung des Erweiterungsbaus für das Technologiezentrum Erfurt.

Das betrifft sowohl mögliche Kooperationsbeziehungen zu anderen Unternehmen als auch die Mitwirkung an für den Standort wichtigen Entscheidungen auf verschiedenen politischen Ebenen.

Das Industriezentrum Erfurt Süd-Ost

Unter maßgeblicher Federführung der THESYS GmbH, dem größten Unternehmen am Standort, wurde der Industriezentrum Erfurt Süd Ost e.V. ins Leben gerufen, eine Interessenvertretung der hier ansässigen Unternehmen.

Gewerbegebiet „Erfurt Süd-Ost".

High-Tech Standort

High-Tech befindet sich auch im Neubau des MDR in Erfurt; hier ein Foto vom Richtfest im September 1998.

Neben der Mitarbeit an politischen Entscheidungen und dem Aufbau eines Kooperationsnetzwerkes ist die Unterstützung der Ansiedlung neuer innovativer Unternehmen ein wichtiger Aufgabenschwerpunkt dieses Vereins.

Zur Realisierung dieser Ziele wurden von Anfang an konsequent Vertreter der Politik in die Arbeit des Vereins einbezogen. So sind in den Arbeitsgruppen Vertreter der Stadtverwaltung Erfurt, der Ministerien für Wirtschaft sowie Wissenschaft des Freistaates Thüringen und der Landesentwicklungsgesellschaft Thüringen integriert.

Diese enge Zusammenarbeit umfaßt verschiedene Bereiche wie zum Beispiel:

- Die Entwicklung unbebauter Fläche am Standort für die Ansiedlung innovativer Unternehmen.
- Die Entflechtung des Altstandortes und damit die Schaffung einer günstigen Infrastruktur für die bereits ansässigen Unternehmen.
- Die Unterstützung der Ansiedlung von Forschungs- und Transfereinrichtungen in wichtigen Technologiebereichen.
- Die Schaffung günstiger Voraussetzungen für innovative Existenzgründer am Standort.
- Ein Angebot an Bildungsmaßnahmen für ansässige und ansiedlungswillige Unternehmen, mit dem Ziel, Arbeitskräfte für deren spezifische Belange zu qualifizieren.

So konnte durch diese enge Zusammenarbeit beispielsweise positiv auf die Festlegung von Ansiedlungskriterien für den Standort im Bebauungsplan eingewirkt werden. Durch die kontinuierliche Mitarbeit von Vertretern der Verwaltung in der Arbeitsgruppenarbeit können auftretende Probleme bei einzelnen Investitionsvorhaben unkompliziert im Sinne des Investors gelöst werden.

Die Landesentwicklungsgesellschaft Thüringen unterstützt Unternehmen, die sich an diesem Standort ansiedeln wollen, nicht nur durch die Bereitstellung von Flächen, sondern beispielsweise auch durch konkrete Hilfe beim Umbau und der Sanierung vorhandener Flächen, entsprechend der jeweiligen Bedürfnisse der Unternehmen.

Neben Neugründern können auch bestehende Unternehmen, die eine Ansiedlung am Standort planen, vorübergehend ein Domizil im Technologiezentrum beziehen, um ihr eigenes Investitionsvorhaben vor Ort betreuen zu können und bereits erste Geschäftsbeziehungen aufzubauen.

Neben der intensiven, individuellen Betreuung der Unternehmen spielt natürlich auch die hervorragende Infrastruktur Erfurts eine entscheidende Rolle für die Ansiedlung von High-Tech-Unternehmen.

Insbesondere für Unternehmen, die einen überregionalen Markt bedienen, sind sowohl eine moderne Kommunikationsinfrastruktur wie auch eine gute Verkehrsanbindung entscheidende Kriterien für die Ansiedlung. Beides ist in Erfurt in besonderem Maße gegeben. Mitten im Zentrum Deutschlands und Europas gelegen, besteht mit der Autobahn A 4, dem Flughafen Erfurt und der IC-Anbindung eine gute Ausgangssituation. Mit den derzeit in der Realisierung befindlichen „Verkehrsprojekten Deutsche Einheit" wird Erfurt auch in Nord-Süd-Richtung sowohl an die Autobahn, als auch an das ICE-Netz angebunden.

Mit der Realisierung dieser Vorhaben wird auch der High-Tech-Standort Erfurt Süd-Ost weiter an Bedeutung gewinnen. Bereits jetzt ist die Autobahn A 4 in wenigen Minuten vom Standort aus zu erreichen.

Um auch in den nächsten Jahren besonders günstige Möglichkeiten für die Ansiedlung und Neugründung von High-Tech-Unternehmen in Erfurt zu schaffen, wird derzeit der Erweiterungsbau des Technologiezentrums Erfurt vorbereitet. Unterstützt durch den Europäischen Fonds für Regionale Entwicklung werden ab dem Jahr 2000 ca. 6.800 m² Nutzfläche für Labors, Produktion und Büros in einem modernen Multifunktionsgebäude für diese Unternehmen zur Verfügung stehen. Durch die gleichzeitig bereitgestellte Kommunikationsinfrastruktur und moderne Konferenzmöglichkeiten wird für die Unternehmen auch die Möglichkeit eines regen Austauschs mit in- und ausländischen Partnern aus Wirtschaft, Forschung und Lehre geschaffen und damit neue Impulse für die Entwicklung des Standorts gegeben.

Zukunftsweisende Technologien

Schon heute sind im Erfurter Süd-Osten eine Reihe von Unternehmen und Einrichtungen zu finden, die sich über die Grenzen Erfurts hinaus einen Namen erworben haben. Stellvertretend hierfür seien einige von ihnen erwähnt. So produzieren die THESYS GmbH und die X-FAB mikroelektronische Bauelemente, MAZET, IMMS, CIS und IFAP sind im Bereich der Forschung und Entwicklung mikroelektronischer Systeme und der Sensortechnologie tätig. PV-Silicon produziert Silizium-Rohmaterial, cubit electronics fertigt kontaktlose Chipkarten und Zutrittssysteme und die TechnoTrend Systemtechnik GmbH ist im Bereich der Verkehrstelematik sowie digitaler Rundfunk- und Fernsehsysteme tätig. Diese Liste ließe sich sicherlich noch beliebig verlängern, soll aber an dieser Stelle, zur Darstellung potentieller Kooperationsmöglichkeiten für Neuansiedlungen und Existenzgründer, genügen.

Gemeinsam ist diesen Unternehmen ein aktives Eintreten nicht nur für Ihre eigenen Interessen, sondern auch für die Belange des gesamten Standortes. Darüber hinaus stehen mit der Industrie- und Handelskammer Erfurt und der Thüringer Agentur für Technologietransfer und Innovationsförderung (THATI) weitere Partner zur Verfügung, die neuen Unternehmen jederzeit mit Rat und Tat zur Seite stehen. Dies reicht von der Gründerberatung der IHK bis zur Begleitung und Durchführung von Technologieprojekten durch die THATI.

Ansiedlungswillige Unternehmen wie auch Existenzgründer stehen in Erfurt mit Ihren Projekten und Investitionsvorhaben nicht alleine da. Bei Bedarf werden viele hilfreiche Hände zur Seite stehen, deren abgestimmtes Zusammenspiel eine erfolgreiche Projektrealisierung zwar nicht allein ermöglicht, jedoch in vielen Fällen die Randbedingungen schafft, welche dem Unternehmer die erfolgreiche Umsetzung erleichtern.

Unternehmensportrait

Software+Systeme Erfurt GmbH

Geschäftsführer
Dipl.Phys. U.J. Tietz
Dipl.Ing. Wilfried Dietrich
Dr.Ing.habil. Dietrich Mandler

Gründungsjahr:
1990

Geschäftsfelder:
Systementwicklung Hard- und Software
in den Bereichen:
- Automotive
- Luftfahrtindustrie
- Medizinischer Gerätebau

Entwicklung von:
- Software für Steuergeräte im Auto und Flugzeug
- Systemsoftware für medizinische Diagnosesysteme
- grafische Bediensoftware
- Soft- und Hardwareentwicklung für Hardware-In-The-Loop Testsysteme

Unterstützung der Kunden:
- Softwaretest, Systementwurf, Systemtest
- Qualitätsmanagement

Eigenentwicklungen:
- CAN-Datalogger
- Online Farbstärkemeßgerät

Unterstützte Betriebssysteme:
- Windows NT, Windows 95, MS DOS
- UNIX (Solaris, Linux)
- Echtzeitbetriebssysteme OS 9 Lynx-OS, uCOS+

Unterstützte Programmiersprachen:
- C, C++
- Assembler
- Ada

Qualität:
Seit 1995 zertifiziert nach
ISO 9001

Anschrift:
Fichtenweg 8
D-99198 Erfurt-Kerspleben
Tel.:+49.361.96.0
Fax: +49.361.96.333
E-Mail:info@sse-erfurt.de
www.kadeo.de
www.sse.de

Marktchancen mit Konsequenz erkennen und nutzen

Software + Systeme Erfurt GmbH entwickelt und produziert im Bereich innovativer Technik

Das Firmengebäude in Erfurt-Kerspleben.

Im Jahre 1990 wurde das Unternehmen Software+Systeme Erfurt GmbH in Erfurt gegründet. Überzeugt von ihrer Leistungsfähigkeit und voll innovativer Ideen ergriffen vier Entwicklungsingenieure die Chance, sich selbständig zu machen. Die Software und Systementwicklung charakterisierte den Geschäftsgegenstand und gab den Namen.

1995 folgte der Bezug des eigenen Firmensitzes, 1998 sind mehr als 30 Mitarbeiter angestellt. Sechs Lehrlinge mit der Perspektive einer anschließenden Übernahme belegen die eigenen Anstrengungen, sich mit qualifiziertem Personal zu versorgen.

Aus einem ersten kleinen Auftrag, Software für den medizinischen Gerätebau zu entwickeln, ist eine über achtjährige stabile Partnerschaft entstanden. Aufgaben aus der Automobilzulieferindustrie und Luftfahrttechnik ergaben drei Standbeine. Daß sich das Volumen mit den jeweiligen Partnern stets ausgeweitet hat, mag als Indiz für die Qualität der geleisteten Entwicklungsarbeiten gelten.

1995 begannen erste Arbeiten zur Entwicklung und Produktion eigener Produkte. Der stabile Stand des Unternehmens gestattete es, die erforderlichen eigenen Mittel aufzubringen.

1998 wurde ein erstes Produkt (CAN-Monitor Mobilog) erfolgreich am Markt eingeführt, alle zehn Prototypen wurden zeitgleich zum Entwicklungsabschluß an einen der namhaftesten deutschen Konzerne verkauft. Die eben angelaufene Produktion ist vollständig unter Vertrag; eine ganze Produktfamilie wird folgen.

1998 wurde der Unternehmensgegenstand um eine e-commerce Lösung für klein- und mittelständige Unternehmen (KMU) erneut erweitert. Ein virtuelles Kaufhaus (Kaufhaus des Ostens www.kadeo.de) erschließt diesen Unternehmen neue Zugänge zum Kunden und setzt auf eine hohe Bekanntheit gegenüber isolierten Internetauftritten einzelner KMU's.

Als einziges Projekt der neuen Bundesländer innerhalb der Initiative des Bundespräsidenten Roman Herzog „Fit für das Informationszeitalter" verspricht die große Resonanz der angesprochenen Unternehmen ein interessantes zusätzliches Aufgabenfeld.

In den Gründungsunterlagen waren 50 Mitarbeiter im Jahr 2000 anvisiert; diese Zielstellung wird erreicht werden. Weiß man um die verständliche Blauäugigkeit mancher Überlegung aus dem Jahr 1990, ist dies eine erstaunliche Übereinstimmung.

Unternehmensportrait

csg – kompetent und bundesweit verfügbar

Das Tochterunternehmen der IBM bietet seine Leistungen unter dem weltweiten Brand „IBM Global Services" an

csg
...an IBM Global Services Company

Computer Service GmbH
Unternehmensbereich Service Produkte

Geschäftsführer:
Wilfried Schenk

Gründungsjahr:
1990

Dienstleistungsangebot:
Vor-Ort-Serviceorganisationen, Repair- und Logistikcenter in Heppenheim und Helpline-Service in Erfurt mit den Bereichen: PC-Hardwarequalifizierung, Technikereinsatzsteuerung, Druckersysteme, User HelpDesk, Netzwerk-Remote-Management, Kundenindividueller Support, Hotline für Hard und Softwareprodukte, F1-Kundenhelpline, Standardsoftware, Produktinformationen.

Anschrift der Geschäftsleitung:
csg Computer Service GmbH
Ernst-Reuter-Platz 2
10587 Berlin
Telefon: 030-3115-0
Telefax: 030-3115-1709

Anschrift:
Helpline Service Erfurt
Parsevalstrasse 8-10
99092 Erfurt
Telefon: (01805) 223300
Telefax:(01805) 223340

Helpline Service Erfurt.

Die csg Computer Service GmbH bietet Services im PC- und Serverumfeld für Hard- und Software, Kassensysteme, Bankentechnik und Netzwerkkomponenten. Sie ist in der Lage, unterschiedlichste Kundenanforderungen mit den entsprechenden Dienstleistungen zu verbinden. Diese Kombination macht die csg zu einem kompetenten Anbieter im Markt der Informationsverarbeitung. Mit einem flächendeckenden Netz von über 60 Servicestützpunkten sichert die csg im gesamten Bundesgebiet eine schnelle Beseitigung aller Hardwarestörungen vor Ort.

Zur Erbringung dieser Serviceleistungen wurde 1996 der Helpline Service in Erfurt aufgebaut. Dabei gehen die Leistungen weit über eine Problemannahme und eine deutschlandweite Technikersteuerung hinaus. Mit mehr als 450 Mitarbeitern wurden viele Projekte bis hin zum User Help-Desk, auch exklusiv unter dem Kundennamen, realisiert.

Überzeugung durch Kompetenz und Erreichbarkeit – so stellt sich der Helpline Service 24 Stunden täglich und 365 Tage im Jahr dar. Die Mitarbeiter sind dieser Zielsetzung verpflichtet: Produktzertifikate von IBM, Microsoft, Novell und anderen Herstellern sowie die Zertifizierung der csg nach ISO 9001 sichern einen hohen Qualitätsstandard.

Ganz gleich für welchen Service sich der Kunde entscheidet – csg bietet Unterstützung und Sicherheit. Gern stellt csg sein Serviceangebot auch unter dem Kundennamen zur Verfügung und bildet auf Wunsch abgegrenzte Bereiche mit Mitarbeitern, die ausschließlich für den Auftraggeber arbeiten.

PC- Anwenderunterstützung bei csg.

Stadtentwicklung – Ausgangssituation, Arbeitsstand und Visionen

Bereits in den vorangegangenen Beiträgen wurden Teilbereiche der Situation und des Lebens in Erfurt aus jeweils spezifischer Sicht beleuchtet. Für alle diese Bereiche spielt die Entwicklung der Erfurter Bevölkerung die bestimmende Rolle. Die Bevölkerungsentwicklung Modellrechnungen lassen jedoch aufgrund eines anhaltenden Geburtendefizits und einer nicht ausgeglichenen Wanderungsbilanz auch in den nächsten Jahren weiter sinkende Bevölkerungszahlen erwarten.

Zugleich wird sich die Struktur der Bevölkerung

Die Bevölkerungsentwicklung in der Stadt Erfurt von 1951 - 1997

Eberhard Schubert

Der Autor, Jahrgang 1950, ist in Erfurt geboren und aufgewachsen. Nach dem Abitur studierte er in Jena an der Friedrich-Schiller Universität Physik und legte im Jahr 1973 dort sein Diplom ab. Bevor er nach der politischen Wende im Jahr 1990 als Amtsleiter in die Stadtverwaltung Erfurt kam, war er 17 Jahre in verschiedenen Forschungseinrichtungen und Ingenieurbüros mit Schwerpunkt auf den Gebieten Datenverarbeitung und Robotertechnik tätig. Nach dem Jahr 1990 stehen der Aufbau und die Entwicklung einer statistischen Infrastruktur sowie mittel- und langfristige Zielentwicklungen für die städtischen Planungen im Mittelpunkt seiner Arbeit. In den letzten Jahren bekam Eberhard Schubert regelmäßig bei Bundestags- und Landtagswahlen die Funktion des Kreiswahlleiters übertragen.

kann in Erfurt für die vergangenen 40 Jahre in mehrere Etappen, die durch unterschiedliche Einflußgrößen dominiert sind, gegliedert werden. So wurde der Anstieg der Bevölkerung zum Ende der 50er Jahre vom beginnenden Wohnungsbauprogramm getragen. Insbesondere seit dem Beginn des industriellen Wohnungsbaus zum Ende der 60er Jahre konnte die damalige Bezirksstadt bedeutende Einwohnergewinne aus dem näheren und weiteren Umland erzielen. Im Jahr 1988 hatte Erfurt mit 220.338 seine bisher größte Einwohnerzahl in den damaligen Stadtgrenzen. Nach der politischen Wende im Jahr 1989 erfolgten zunächst massive Abwanderungen in die alten Bundesländer, die ab dem Jahr 1993 durch Verluste aus Suburbanisierung und Umlandwanderung abgelöst wurden. Durch die Gebietsreform im Jahr 1994 wurde ein Bevölkerungsgewinn von 15.876 Einwohnern bei einem Gebietszuwachs von 161,45 km² auf 269,08 km² erzielt. Insgesamt scheinen die Einwohnerverluste nun von Jahr zu Jahr geringer zu werden.

erheblich verändern. Immer mehr Senioren werden immer weniger Kindern gegenüberstehen. Insbesondere der Anteil Hochbetagter wird sich überproportional auch nach der Anzahl erhöhen. Damit geht auch an Erfurt der demografische Wandel nicht vorbei.

Bevölkerungszahl nach Altersgruppen

Jahr	ins-gesamt	0 bis unter 18	18 bis unter 60	60 und älter	
				insgesamt	darunter 80 und älter
1997	204054	37 493	124 310	42251	6 572
2005	197787	27 499	121 564	48724	7 129
2010	196595	25 787	120 962	49846	8 092

1. Fortschreibung der Bevölkerungsprognose 1995

Stadtentwicklung

Für diese Bevölkerung gilt es, die künftigen urbanen Lebensbedingungen zu gestalten.

In der Stadt Erfurt war ebenso wie in der gesamten DDR der Wohnungsmarkt permanent angespannt. Auch durch den massenhaften Plattenbau wurde diese Situation nicht gelöst. Entsprechende Prioritätensetzungen führten zu einer zunehmenden Verschlechterung der Altbausubstanz.

Bereits zwei Jahre nach der Wende setzte ein beispielloser Sanierungsboom ein und zahlreiche Neubauten entstanden. In den Jahren 1993 bis 1997 entstanden fast 5.500 Wohnungen neu. Seit Mitte der 90er Jahre konzentriert sich der Neubau auf Einfamilien- und Zweifamilienhäuser. Allein im Jahr 1997 entstanden 430 Einfamilienhäuser. Sowohl der Bevölkerungsverlust als auch der Neubau und die Sanierung haben insgesamt zu einem entspannten Wohnungsmarkt (Mietermarkt) geführt. Ende 1997 standen pro 1.000 Einwohner 521 Wohnungen und pro Einwohner 33,6 m² Wohnfläche zur Verfügung. Ein nennenswerter Bedarf an neuen Wohnungen im Geschoßwohnungsbau besteht damit nicht mehr. Beim Neubau erreichten Wohnungen in Ein- und Zweifamilienhäusern im Jahr 1997 einen Anteil von 25 Prozent. In den nächsten Jahren wird von einer Erhöhung dieses Anteils und weiteren Sanierungsmaßnahmen im Bestand ausgegangen. Die Vermarktung von Wohnraum wird damit problematischer. Gut ausgestattete Objekte in attraktiven Wohnlagen werden jedoch weiterhin angenommen. Der Erfurter Mietspiegel weist für große Wohnungen in sanierten Häusern des Gründerzeitgürtels eine Obergrenze von 13,00 DM/m² aus.

Nach der Wende hat es einen bisher nicht bekannten strukturellen Umbau in der Erwerbstätigkeit gegeben. Der insgesamt gesunkenen Anzahl von sozialversicherungspflichtig Beschäftigten steht eine gestiegene Anzahl an Beamten und Selbständigen bzw. Freiberuflern gegenüber, so daß zur Jahresmitte 1996 insgesamt 131.825 Erwerbstätige in der Stadt Erfurt festgestellt werden konnten.

Bei allen strukturellen Veränderungen und trotz gestiegener Arbeitslosenzahlen hat es im Durchschnitt eine deutliche Verbesserung in der Einkommenssituation der Erfurter gegeben. Für das Jahr 1998 wurde gegenüber dem Jahr 1992 eine Steigerung der durchschnittlichen monatlichen Haushaltsnettoeinkommen auf 140 Prozent ermittelt. Zugleich nahm der Anteil der Haushalte mit einem Haushaltsnettoeinkommen über 4.000 DM auf 31 Prozent zu (1992=10 Prozent).

Anhand der oben behandelten drei wichtigen Themenfelder sollte die Ausgangssituation und Entwicklung nach der Wende exemplarisch dargestellt werden. Diese ist Dank der Bemühungen vieler Beteiligter positiver verlaufen als in anderen ostdeutschen Städten und auch im Stadtbild von jedem Gast Erfurts direkt erlebbar.

Die Stadt Erfurt hatte sich recht spät entschlossen, das Aufgabenfeld Stadtentwicklung konzentriert zu bearbeiten. Zunächst parallel und dann unter Aufnahme des unter externer Moderation in Gang gekommenen Stadtmarketingprozesses formierte sich die planmäßige Arbeit zur Stadtentwicklung. Die sich aus der ökonomischen Transformation ergebende Situation machte es erforderlich, an die Lösung der Probleme ganzheitlich heranzugehen. Aufgrund dieser Notwendigkeiten beschloß der Erfurter Stadtrat im April 1998, ein Konzept für die nachhaltige, zukunftsbeständige Entwicklung der Landeshauptstadt als langfristiges Handlungsprogramm zu erarbeiten. Dieses Konzept wird die Aspekte der lokalen Agenda 21 vollständig beinhalten. Es soll durch Leitziele für alle Handlungsfelder des städtischen Lebens geprägt sein und gemeinsam mit den Erfurter Bürgerinnen und Bürgern zunächst diskutiert und dann vor allem mitgetragen werden. Diesen sehr umfassenden Beschluß umzusetzen, ist vordringlich die Aufgabe der Abteilung Stadtentwicklung in meinem Amt. Gegenwärtig wird der Stadtentwicklungsbericht, der tiefgreifende Analysen der bisherigen Entwicklung und Prognosen für alle Bereiche darstellt, gemeinsam mit den Fachämtern der Stadtverwaltung und Eigenbetrieben der Stadt erarbeitet.

Auch die Einbindung der Öffentlichkeit ist in vollem Gange. Neben den vom Amt selbst initiierten Workshops und Projekten werden vor allem auch existierende Plattformen mit Bürgerbeteiligungen genutzt, damit sich möglichst viele Bürger in das Stadtentwicklungskonzept einbringen können.

Eines der vordringlichsten Ziele ist es, nicht noch mehr Einwohner zu verlieren. Das heißt vor allem, alle Möglichkeiten zu nutzen, bedarfsgerechte und bezahlbare Angebote im Bereich Wohnen vorzuhalten und Arbeitsplätze zu schaffen, der sozialen Entmischung in den Großwohnsiedlungen mit geeigneten Maßnahmen entgegenzutreten und den Ruf Erfurts als kinder- und familienfreundliche Stadt weiter zu stabilisieren. Der steigenden Überalterung der Bevölkerung muß in den Konzepten zum Wohnen, zur Kultur, zur Infrastruktur und zu anderen Handlungsfeldern Rechnung getragen werden.

Diese und viele andere Probleme werden im Rahmen der Stadtentwicklungsplanung untersetzt und gegenwärtig mit den Bürgern, der Verwaltung und dem Stadtrat diskutiert. Ziel ist es, ein den sozialen, ökonomischen und ökologischen Aspekten gerecht werdendes Konzept und Leitziele zu verabschieden, an denen alle künftigen Entscheidungen gemessen werden können.

Anteilige Entwicklung von Einkommensgruppen der Erfurter Haushalte

Nettoeinkommen	1992	1998
	Prozent	
... bis 2000 DM	43	21
2000 bis 4000 DM	47	48
> 4000 DM	10	31

Unternehmensportrait

ALSTOM Energietechnik GmbH
Vertriebsniederlassung Erfurt

Anschrift:
Arnstädter Straße 28
99096 Erfurt
Telefon: (0361) 3 47 89 - 60
Telefax: (0361) 3 47 89 - 99

Umfirmierung:
22.06.1998

Geschäftstätigkeit:
Hochspannungstechnik
Mittelspannungstechnik
Niederspannungstechnik
Schutz- und Schaltanlagenleittechnik
Systeme und Anlagen
Transformatoren
Wandler

ALSTOM Energietechnik GmbH
Hauptsitz Frankfurt am Main
Amtsgericht Frankfurt am Main HRB 40819

Vorsitzender des Aufsichtsrates:
Dipl.-Ing. Wilhelm Heitmann

Geschäftsführung:
Dipl.-Ing. Klaus-Peter Müller

Klugen Köpfen geht ein Licht auf: ALSTOM Energietechnik GmbH

Frontansicht einer 110 kV-Doppelsammelschienenanlage.

Wir errichten im Jahr 1999 schutzgas-isolierte Innenraumschaltanlagen für das Umspannwerk Erfurt Ost der Stadtwerke Erfurt GmbH.

Frontansicht einer 10 kV-Doppelsammelschienenanlage (mit Bedienpersonal), Abb. Referenzanlagen.

Die neue ALSTOM Energietechnik GmbH Vertriebsniederlassung Erfurt ist der altbewährte Partner

Im neuen Namen und der neuen Identität finden sich die große Tradition und die reiche Erfahrung von AEG T&D und von GEC ALSTOM T&D.

ALSTOM Energietechnik GmbH ist der Problemlöser in allen Fragen der Energieübertragung und -verteilung mit Produkten, Systemen und Dienstleistungen für die Energieversorgungskette vom Kraftwerk bis zum Verbraucher:

- Hochspannungstechnik
- Mittelspannungstechnik
- Niederspannungstechnik
- Schutz- und Schaltanlagenleittechnik
- Systeme und Anlagen
- Transformatoren
- Wandler

Der Weg zu uns ist kurz:

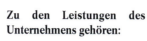

Wir bauen für die Zukunft...

Das 1991 von der HERMANNS EHT-Bau AG Kassel übernommene Unternehmen beschäftigt 130 Mitarbeiter, die mit modernster Technik ausgerüstet und für die Bewältigung aller anstehenden Aufgaben hervorragend qualifiziert und motiviert sind. Es verfügt über alle erforderlichen Ingenieur-Kapazitäten im eigenen Haus, erfahrene Poliere sorgen für die Druchsetzung komplexer Lösungen auf allen Baustellen. Durch realistische Terminierung, sorgfältige Bauausführung und fristgerechte Fertigstellung hat das Unternehmen den Ruf hoher Zuverlässigkeit erworben.

HERMANNS EHT Bau GmbH

Geschäftsführer:
Hans Georg Meister
Wolfgang Löbling

Mitarbeiter:
130

Geschäftstätigkeit:
Hoch-, Tief- und Rohrleitungsbau

Anschrift:
Zur Alten Ziegelei 20
99091 Erfurt
Telefon (0361) 7435-0
Telefax (0361) 7435-298

Kanalbau in Erfurt, Ortsteil Stotternheim.

Zu den Leistungen des Unternehmens gehören:

· Bau von Kanalisationen und Kläranlagen,
· Rohrleitungsbau für die Trink- und Brauchwasserversorgung,
· Neubau und Sanierung von Sonderabfall- und Hausmülldeponien,
· Wasserbauwerke,
· Rekonstruktion und Unterhaltung von Gewässern,
· Hoch- und Ingenieurbauwerke.

Wir schaffen Verbindungen

Das Unternehmen ROTUS ist der Spezialist für Gas, Wasser und Fernwärme. Die Leistungsfähigkeit des anerkannten Fachbetriebs für Rohrleitungsbau wird durch die Erfahrung und das Wissen eines qualifizierten Teams geprägt.

Die technische Ausstattung ermöglicht innerstädtisches Bauen, grabenlose Rohrverlegung, Sanierung vorhandener Leitungen sowie Düker- und Pipelinebau. So plant, liefert und verlegt das Unternehmen Gasrohrnetze, Gasfernleitungen sowie Anschlüsse an komplette Gasanlagen. Es legt die Leitungen für die Wasserver- und -entsorgung privater Haushalte, öffentlicher Einrichtungen wie Krankenhäuser und Schulen sowie von Industriebetrieben. Auf hohem technischen Niveau werden folgende Rohrsysteme verlegt: Kunststoffmantelrohr, Stahlmantelrohr, Stahl- und PE-Rohre, Gußrohre, Haubenkanal, Freileitungen.

ROTUS Rohrtechnik und Service GmbH

Geschäftsführer:
Wolfgang Löbling, Peter Scholtz

Mitarbeiter:
60

Geschäftstätigkeit:
Rohrleitungsbau, Tiefbau,
Gas, Wasser, Fernwärme

Anschrift:
Zur Alten Ziegelei 22
99091 Erfurt
Telefon (0361) 77939-0
Telefax (0361) 77939-28

Messe

Messe Erfurt – Spiegel und Motor der Wirtschaft

Bereits seit 1331 hat Erfurt das Messeprivileg, seit 1997 lädt die neue Messe ein.

Dr. Richard Brändle

Der Autor, geboren 1939 in Esslingen, absolvierte nach dem Abitur in München ein Wirtschaftsstudium mit Promotion.
Anschließend arbeitete er als Unternehmensberater und später als kaufmännischer Geschäftsführer. Fasziniert von der wirtschaftlichen Umgestaltung in der DDR, wurde er 1990 für die Treuhandanstalt als Leiter der Niederlassung Suhl tätig.
Nach deren Auflösung Ende 1992 wechselte er in die Geschäftsführung der Landesentwicklungsgesellschaft Thüringen (LEG). Seit 1. Juni 1997 steht er der Messe Erfurt AG vor.

Messeplätze in Deutschland – nun, sicher ist Erfurt derzeit nicht die erste Stadt, die auf diese Frage assoziiert wird. Nicht mehr, oder sollte man sagen noch nicht?! Der Messestandort Erfurt hat geographisch, infrastrukturell und aufgrund seiner städtebaulichen wie landschaftlichen Umgebung die besten Voraussetzungen für eine besondere Entwicklung.

Schon im Mittelalter machte die königliche Handelsstraße Via regia Erfurt zu einem bedeutenden Handelszentrum. Das Messeprivileg erhielt die Stadt daher auch bereits 1331. Erst mit der deutsch-deutschen Teilung und der zentralistischen DDR-Regierung wurde die Erfurter Messetradition zugunsten Leipzigs zurückgestellt. Nach der Wiedervereinigung erhielt Erfurt den Status der Landeshauptstadt. Folgerichtig stellten Landesregierung und Stadtoberhäupter die Weichen, um Erfurt auch mit einem angemessenen architektonischen Rahmen die Bedeutung als Messestandort zurückzugeben.

Eines der modernsten Messezentren Europas

Exakt 666 Jahre nach Verleihung des Messeprivilegs öffnete am 4. Juni 1997 das neue Messegelände als eines der modernsten Messezentren Europas seine Tore. Am Eingang in das nächste Jahrtausend ist die Messe Erfurt ein fortschrittliches Kommunikations- und Ausstellungszentrum, das sich in Räumlichkeiten, technischer Ausstattung und begleitender Dienstleistung an internationalen Standards mißt. Messe ist dabei mehr als Produkt- und Leistungsschau. Die Messe Erfurt versteht sich als Forum: Sie bietet eine Plattform für den Austausch von Gedanken, Wissen und Waren, für Innovatives aus Forschung, Wissenschaft und Technik, für Trends in der Wirtschaft, für kulturelle Höhepunkte und für die Begegnung von Menschen.

Zukunftsmärkte Technologie

Aufgrund der Standortgeschichte in unserem Jahrhundert kann der Messeplatz Erfurt heute noch nicht auf einen gewachsenen, etablierten Messekalender zurückblicken. Die junge Messe Erfurt AG begreift dies als Chance; sie will sich den festen Platz im Themenspektrum der deut-

Messe

Das Foyer des Kongreßzentrums.

Intershop AG sind zwei erste Beispiele von Firmen, die sich inzwischen erfolgreich an der Börse bewegen. Diesen Aufwärtstrend will die Messe Erfurt AG einerseits durch thematisch passende Messen fördern, indem sie Thüringer Produkten und Herstellern ein breites Forum schafft. Andererseits wird der Messestandort selbst von einer innovativen Industrie profitieren. Ehrgeizige Ziele zwar, die auch sicher einige Jahre Aufbauarbeit bis zur endgültigen Umsetzung brauchen. Der Erfurter Messekalender indes weist die ersten High-Tech-Themen aus.

Messen für High-Tech-Zweige

Ein Beispiel ist die MTT Mikroelektronik & Opto. Mit dieser Fachmesse haben sich gleich zwei High-Tech-Zweige als Veranstaltungsort für das Messe- und Kongreßzentrum Erfurt entschieden. Bei der MTT Mikrotechnik Thüringen handelt es sich um eine Fachausstellung mit Technologiesymposium zu innovativen Produkten, Verfahren, Fertigungsgeräten und Werkstoffen aus der Mikrotechnik. Parallel fand ein internationaler Kongreß mit Fachausstellung für optische Sensorik, Meßtechnik & Elektronik statt. Zahlreiche Aussteller, darunter ein erheblicher Teil High-Tech-Unternehmen und -Institute aus Thüringen, waren mit Messeständen und den neuesten Entwicklungen präsent. Mehrere hundert interessierte Fachleute aus 15 Ländern nahmen an der dreitägigen Veranstaltung teil. Die Mikrosystemtechnik gilt weltweit als Zukunftsbranche mit erheblichem Wachstumspotential. Mit Licht arbeitende Systeme standen hingegen beim parallel stattfindenden OPTO-Kongreß im Vordergrund. Die MTT/OPTO steht hier stellvertretend für das Thüringer High-Tech- und damit Messepotential.

Expertenforum: Werkstoffe aus nachwachsenden Rohstoffen

schen Messelandschaft mit Fachmessen der High-Tech-Branche erobern. Das Selbstverständnis, gleichzeitig Spiegel und Motor der Thüringer Wirtschaft zu sein, spielt dabei eine wesentliche Rolle. Thüringens High-Tech-Industrie setzt sich immer mehr durch. Die Jenoptik AG und die

Ein zweites zukunftsweisendes Thema sind „Werkstoffe aus nachwachsenden Rohstoffen". Nachwachsende Rohstoffe erleben weltweit eine Renaissance als Werkstoffe für textile und technische Einsatzgebiete. Zunehmende Knappheit von Ressourcen – vor al-

Messe

lem von Erdgas und Erdöl als Ausgangsstoffe für Kunststoffe – zwingt dazu, neue Wege zu beschreiten. Thüringens Forschungs- und Entwicklungsinstitute, aber auch in Thüringen ansässige, international tätige Chemiekonzerne nehmen in diesem Themenspektrum eine Vorreiterrolle ein. Jetzt hat eine neue Phase der Werkstoff-Forschung begonnen. Der Trend in Forschung und Entwicklung geht dahin, die Eigenschaften der Werkstoffe aus nachwachsenden Rohstoffen und ihren natürlichen Vorstufen zu optimieren. Chemische Veredelungen sollen es ermöglichen, die Vorteile und Einsatzfelder der synthetischen Polymere mit den Eigenschaften der natürlichen Stoffe zu vereinen. Daraus resultieren völlig neue Produkteigenschaften und Einsatzfelder. Das Messegelände Erfurt wird für Wissenschaftler, Industrielle und Produzenten aus der ganzen Welt über mehrere Tage ein Forum bilden. Im Rahmen einer Fachmesse wird das heute bereits technisch Machbare vorgestellt. Der wissenschaftliche Dialog steht im begleitenden Symposium im Vordergrund. „Werkstoffe aus nachwachsenden Rohstoffen" soll in den kommenden Jahren zu einem jener Themen entwickelt werden, die von Erfurt aus wirtschaftliche und wissenschaftliche Entwicklungsimpulse in die Welt senden.

6.000 Besucher haben hier bei Großveranstaltungen Platz.

Messe

Messethemen bis ins nächste Jahrtausend in Vorbereitung

Die Messe Erfurt AG hat allerdings noch mehr im Programm, bis zur Jahrtausendwende sind allein im Schwerpunkt Technologie Messen und Fachausstellungen zu den Arbeitstiteln Kunststoffrecycling, Medien- und Kommunikationstechnik, regenerative Energien sowie Logistik in Vorbereitung.

Aber das alleine reicht sicher nicht, um Erfurt in der dichten deutschen Messelandschaft zu positionieren. Die Messe Erfurt ist in ihrer Größe und Konzeption in erster Linie auf einen regionalen Markt ausgerichtet. Sie versteht sich als Forum für die Wirtschaft Thüringens. Deshalb haben Verbrauchermessen wie die „Thüringen-Ausstellung", die „Reisen & Caravan" oder „reiten-jagen-fischen" genauso einen festen Platz im Kalender wie die Landesfachausstellung für Gebäudetechnik, Wärme, Klima und Sanitär „Haustechnik", die Fachmesse für „Gartenbautechnik" oder die Landesfachmesse für Branchen der Gastlichkeit „Thühoga".

Das Messe- und Kongreßzentrum Erfurt gehört mit einer Ausstellungsfläche von insgesamt 21.000 Quadratmetern in drei Hallen, 15.000 Quadratmetern Freigelände und Kongreßkapazitäten für bis zu 6.000 Personen in elf Räumen tatsächlich zu den mittleren Messeplätzen in Deutschland. Gleichwohl ist das Gelände technisch und architektonisch eines der modernsten Messezentren Europas. Eine Messehalle ist zudem als Mehrzweckhalle multifunktional konzipiert. Hier finden Musik- und Showveranstaltungen für bis zu 12.500 Besucher statt.

Image- und Wirtschaftsfaktor Messe

Seit es Erfurts Messehalle I gibt, geben sich die populärsten Künstler der Welt die Klinke in die Hand. Joe Cocker, Elton John, Jon Bon Jovi, Harry Belafonte, Kelly Family, Herbert Grönemeyer oder David Copperfield sind nur Beispiele dafür. Sie locken jährlich Hunderttausende aus dem gesamten Bundesgebiet nach Erfurt – Menschen, die oft erstmals den Charme der Thüringer Landeshauptstadt kennenlernen. Fast noch größere Ausstrahlung haben – im wahrsten Sinne des Wortes – die von hier gesendeten Fernsehproduktionen. Millionen Fernsehzuschauern bringen Thomas Gottschalk oder Dieter Thomas Heck Erfurt ins Wohnzimmer und ins Bewußtsein. Ganz zu schweigen von den unmittelbaren wirtschaftlichen Effekten, wenn die jeweils über 100-köpfige Aufbau- und Produktionscrew in Erfurt mehrere Wochen logiert, ißt und trinkt. Etwa eine halbe Million Menschen jährlich werden aufgrund von Messen, Konzerten, Kongressen und sonstigen Veranstaltungen nach Erfurt kommen.

Weltleitmessen von der Größe einer IAA oder Hannover Industrie Messe könnte Erfurt in den Dimensionen nicht aufnehmen; aber die überschaubare Größenordnung des Erfurter Geländes wird vielfach als Vorteil gewertet. Große Messen haben für Fachleute oft den Nachteil eines Überangebotes. Allein die begrenzte Kapazität zwingt die Messe Erfurt zur Konzentration auf die jeweiligen Branchen-Highlights. Das ist für den Besucher effektiv und läßt ihm Freiraum für Kommunikation und Ideenaustausch. Mit diesem inhaltlichen Konzept will die Messe Erfurt AG Akzente setzen, die sich vom Wettbewerb abheben. Erfurts Messen, soviel scheint sicher, werden sich in kurzer Zeit einen Namen machen.

Unternehmensportrait

Messe Erfurt AG

Aufsichtsrat:
Walter Link; Staatssekretär a. D.
– Vorsitzender –

Vorstand:
Dr. Richard Brändle
– Vorsitzender –

Gründungsjahr:
1994 - Eröffnung Messegelände: 4. Juni 1997

Mitarbeiter:
30

Produkte / Angebot:
Messen und Ausstellungen,
Kongresse, Tagungen und Seminare,
Show-, Sport- und Musik-Events.

Kapazität:

Gelände gesamt	40.600 m²
Hallenausstellungsfläche	21.000 m²
Hallen	3
Freigelände	15.000 m²
Mehrzweckhalle	7.000 m²
	Variable Bestuhlung, max. 6.000 Sitzplätze/ 12.500 Stehplätze
Tagungs- und Konferenzkapazität	11 Räume 1.100 Teilnehmer
Kongreßkapazität	7.100 Personen
Bankettkapazität	2.500 Personen
Gastronomie	Panoramarestaurant Messe-Bistro Mobiles Catering
Parkplätze	2.400 Pkw 20 Busse direkt am Messezentrum

Anschrift:
Gothaer Straße 34
99094 Erfurt
Telefon (0361) 400 - 0
Telefax (0361) 400 - 11 11

Messe Erfurt – Hier kommt alles zusammen

Die jüngste deutsche Messe ist heute eines der modernsten Messe- und Kongreßzentren Europas

Sie ist die jüngste in der deutschen Messe-Landschaft und sie will ihr Profil mit fokussierten High-Tech-Messen schärfen: die Messe Erfurt AG.

In zentraler Lage in der Mitte Deutschlands, am Schnittpunkt wichtiger europäischer Verkehrsachsen, nahe des Flughafens und des ICE-Bahnhofs befindet sich die Messe Erfurt als eines der modernsten Messe- und Kongreßzentren Europas. Ob Messen, Fachausstellungen, Kongresse, Tagungen und Seminare, Sport- und Showevents oder Konzerte von Klassik bis Rock – die gesamte Veranstaltungspalette findet mit ihren individuellen Anforderungen in der hochmodernen Anlage die richtigen Rahmenbedingungen.

In ihrem Selbstverständnis sieht sich die Messe Erfurt AG als Forum für Märkte und Meinungen, als Wirtschaftsfaktor für Thüringen und das unmittelbare Umfeld. Der Messeplan bietet ein breites Themenspektrum, das von Fachmessen (z.B. Technik und Technologie, Bau, Garten, Gastronomie...) bis zu Verbraucherausstellungen reicht. Ein Angebot – soviel zeigt ein erstes Fazit nach rund einem Jahr Tätigkeit, das von Fachpublikum und Verbrauchern gleichermaßen positiv wahrgenommen wird. Immer größeren Anteil werden im Profil der Messe Erfurt AG künftig Fachmessen in hochspezialisierten Technologiethemen einnehmen.

Insgesamt 36.000 Quadratmeter Ausstellungsfläche, ein multifunktionales Hallenkonzept, internationale technische Standards, separate Tagungsmöglichkeiten, durchdachte Geländelogistik und umfassender Service sind die Merkmale der Erfurter Messe. Dabei zeichnen sich die Messehallen durch eine hohe Flexibilität bei der Aufplanung und eine optimale Besucherführung aus. Das große Freigelände ist in den Messerundgang eingebunden. Das Kongreßzentrum bietet im Rahmen von Kongressen, Tagungen und Seminaren bis zu 6.000 Teilnehmern vielfältige Tagungsmöglichkeiten in angenehmer Atmosphäre. Die insgesamt elf Räume haben eine anspruchsvolle Innenausstattung mit modernstem Tagungsequipment bis hin zur Simultan-Dolmetschanlage.

Service wird bei der Erfurter Messegesellschaft groß geschrieben. Das Team der Messe Erfurt AG hat sich das Ziel gesetzt, die individuellen Wünsche der Aussteller, Veranstalter und Gäste auf höchstem Niveau zu erfüllen. Erfahrung, Engagement und Flexibilität sind dabei die Voraussetzungen, mit denen die Fachleute für jeden Kunden ein differenziertes Leistungs- und Servicepaket schnüren.

Die Messe in Erfurt.

Unternehmensportrait

Die Bank hoher Kompetenz und großer Kundennähe

Differenziertes Angebot für mittelständische Unternehmen mit dem Schwerpunkt der Corporate Finance Services

HypoVereinsbank

Bayerische Hypo- und Vereinsbank
Niederlassung Thüringen

Anschrift:
Schlösserstraße 17
99014 Erfurt
Telefon (0361) 67 28-0
Telefax (0361) 67 28-202

Die HypoVereinsbank, als europäisches Finanzinstitut mit der Konzentration auf ausgewählte, wirtschaftlich starke Regionen, ist auch in Thüringen vertreten. Die Präsenz in Erfurt garantiert erstens eine große Nähe zu vielen Kunden und eine hohe Identifikation der Kunden mit „ihrer" Bank, zweitens kurze Entscheidungswege und hohe Kompetenz vor Ort. So strebt die Bank die Marktführerschaft in Thüringen an.

Die Anforderungen, die mittelständische Unternehmen an ihre Bank stellen, unterscheiden sich immer weniger von denen internationaler Großkonzerne. Auch der Mittelstand sieht sich konfrontiert mit der voranschreitenden Globalisierung, mit einer weiter zunehmenden Dynamik bei der Umsetzung des technologischen Fortschritts und mit einem wachsenden Kapitalbedarf.

Die HypoVereinsbank betreut ihre rund 60.000 mittelständischen Firmenkunden mit einem differenzierten Beratungsansatz, aber nach dem gleichen Grundprinzip wie die Großkunden: alle Dienstleistungen des Konzerns werden aus einer Hand angeboten. Ein Schwerpunkt des Beratungsangebots liegt auf den Corporate Finance Services. In der Außenhandelsfinanzierung erreicht die HypoVereinsbank bereits einen Marktanteil von rund 16 Prozent.

Hinter dem differenzierten Dienstleistungsangebot stehen hochqualifizierte, engagierte Mitarbeiter. Sie bereiten in einer Vielzahl von Einzelprojekten die neue Bank darauf vor, die Kunden noch individueller und effizienter zu betreuen.

Das Firmenkundengeschäft der HypoVereinsbank wird auch weiterhin dem Prinzip der „lernenden Organisation" folgen, was bedeutet, daß die Struktur ständig dem Geschäft und damit den Anforderungen der Kunden angepaßt wird.

In Zentraleuropa will die HypoVereinsbank mittelfristig zu den drei führenden Banken im Firmenkundengeschäft gehören und flächendeckend vertreten sein. Längerfristig strebt die Bank diese Rolle auch in weiteren ausgewählten Märkten des Euro-Raumes an.

Mit der Präsenz an den Finanzzentren Asiens und Amerikas reagiert die Bank auf die zunehmende Globalisierung der Märkte und der Geschäfte der Kunden. Die Innovationskraft dieser Märkte dient außerdem zur Weiterentwicklung der Kernfähigkeiten. ∎

Handwerk

Erfurt – für Handwerker ein Standort mit Tradition

Erfurt hat viele Traditionen; eine ganz besondere und wichtige: die mittelständische Tradition. Handel, Gewerbe und Handwerk bestimmten Jahrhunderte über die Wirtschaft von Stadt und Region.

Heute ist dies wieder so. Bis auf wenige industrielle Kerne sind es die kleinen und mittleren Unternehmen, die für den wirtschaftlichen Neuaufbau verantwortlich zeichnen. Hier nimmt das Handwerk eine zentrale Rolle ein, denn die Eigendynamik des Handwerks sorgte dafür, daß mit der Wende der stabilste Wirtschaftsbereich der Stadt binnen weniger Jahre einen Stand erreichte, der mit dem ähnlicher Städte im Westen vergleichbar ist. Heute arbeiten in 2.200 Handwerksbetrieben der Landeshauptstadt rund 11.000 Menschen und erlernen 1.970 junge Leute einen Handwerksberuf. Die Betriebszahlen haben sich innerhalb von nur neun Jahren mehr als verdoppelt, die Zahl der Beschäftigten mehr als verdreifacht und die Anzahl der Lehrlinge ist sogar um das Neunfache angewachsen.

Ein Blick in die Geschichte:

Während die Industrie seit Ende des 19. Jahrhunderts stark in der Beschäftigtenanzahl stieg, verlief die Beschäftigungssteigerung im Handwerk stetig, aber moderat. 1926 lag der Handwerksanteil bezogen auf die industriell Tätigen, bei 32 Prozent. Stärkste Gewerke waren das Bauhandwerk gefolgt vom Bekleidungshandwerk mit Schneidern und Schuhmachern an der Spitze. Das Nahrungsmittelhandwerk rangierte auf dem dritten Rang, gefolgt von den Metallhandwerken wie Schmiede, Schlosser und Klempner. Im Durchschnitt hatte damals ein Handwerksbetrieb 2,3 Beschäftigte.

Inflation, Weltwirtschaftskrise und dann der 2. Weltkrieg führten zum Tiefpunkt jener Entwicklungsphase, die auch sehr viele Handwerksbetriebe die Existenz kostete. Nach den Kriegswirren stellten sich den Handwerkern neue Probleme in den Weg. Das am 24. Juli 1946 erlassene Enteignungsgesetz betraf neben Industrieunternehmen und Großhandelsfirmen auch nicht wenige Handwerksbetriebe und Einzelhändler. Bis 1952 hatte das Handwerk dann Zeit, etwas Luft zu holen und den eingeräumten Spielraum zu nutzen. Dann ging die damalige DDR-Regierung energischer gegen die lediglich geduldete private Wirtschaft vor. Lebensmittelkarten wurden den Unternehmern entzogen. Gegen Steuerschuldner unter den Privatunternehmern wurde energisch und rigoros vorgegangen. Bis

Dr. Dieter Artymiak

Der Autor wurde am 12. 10. 1942 in Berlin geboren und ist in Mitteldeutschland (Sachsen-Anhalt) aufgewachsen. 1961 machte er sein Abitur und von 1962 - 1968 absolvierte er sein Studium an der Technischen Hochschule Ilmenau (Fakultät Schwachstromtechnik). 1976 promovierte Artymiak als Dr.-Ing. an der Techn. Hochschule Ilmenau. Von 1981 bis 1991 Tätigkeit als Leiter in verschiedenen Einrichtungen der angewandten wissenschaftlichen Technik und der Produktion des elektrotechnischen Gerätebaus in Erfurt. Seit 1991 ist er Hauptgeschäftsführer der Handwerkskammer Erfurt und ist in unterschiedlichen ehrenamtlichen Tätigkeiten, in verschiedenen gesellschaftlichen Ebenen tätig.

Mitte der 50er Jahre wurden Handwerksbetriebe zur Bildung von Produktionsgenossenschaften (PGH) gedrängt. Die Anzahl der privaten Handwerksbetriebe verringerte sich Jahr um Jahr. Bis 1970 hat sich die Zahl der Handwerksbetriebe mehr als halbiert. Und dann setzte die DDR-Regierung zu ihrem nächsten und entscheidenden Schlag gegen das Handwerk an. Privatunternehmen wurden höher besteuert. Zahlreiche PGH´s wurden in volkseigene Industriebetriebe umgewandelt. Im Jahr der Wende war das Handwerk um rund zwei Drittel im Vergleich zum Jahr 1952 geschrumpft.

Die neue politische und wirtschaftliche Freiheit seit 1989 fand im Handwerk daher sofort ihren Niederschlag. Ein enormer Nachholbedarf handwerklicher Leistungen führte zum sprunghaften Anstieg der Handwerksbetriebe und der Beschäftigten im Handwerk. Im Januar 1989 gab es

Das Gildehaus am Fischmarkt: Sitz der Handwerkskammer Erfurt.

Handwerk

in der Stadt Erfurt knapp 800 Handwerksbetriebe. Bis zum August ´98 hat sich die Zahl auf fast 2.200 erhöht.

Quasi mit dem ersten Tag engagierten sich die Betriebe in der Lehrlingsausbildung. Bereits 1992 gab es in der Landeshauptstadt insgesamt 1.350 Lehrlinge im Handwerk. Die Zahl ist bis Sommer dieses Jahres auf 1.970 angestiegen.

Nach dem sprunghaften Beschäftigtenanstieg in den ersten fünf Jahren nach der Wende, der insbesondere durch den Auftragsboom im Bau- und Ausbauhandwerk maßgeblich unterstützt wurde, folgen seit nunmehr rund zwei Jahren deutlich zu spürende Konsolidierungstendenzen im Handwerk. Der Bau nimmt in seiner dominanten Rolle mit all seinen negativen Konsequenzen für den Arbeitsmarkt ab. Die Talsohle scheint im Herbst '98 erreicht zu sein.

Auf der anderen Seite haben sich hochspezialisierte und -technisierte Handwerksbetriebe vor allem im verarbeitenden Gewerbe entwickelt, die zunehmend ein fester Bestandteil im wirtschaftlichen Gefüge Erfurts werden. Im Zulieferbereich spürt man den leichten Aufwärtstrend der Industrie bereits, obwohl sich diese positiven Signale aus der Industrie noch nicht nachhaltig am Arbeitsmarkt auswirken. Allerdings deuten die Prognosen von Teilen des Metall- und Elektrohandwerks darauf hin, daß sich der positive Trend in der Industrie und damit für das angrenzende Handwerk künftig verfestigen wird.

Das Berufsbildungszentrum der Handwerkskammer Erfurt: Am 1. Dezember 1998 wurde der 2. Bauabschnitt eingeweiht.

Handwerkskammer:
Im Handwerk – für das Handwerk

Mit der Wende begann auch für die Handwerkskammer Erfurt ein neuer geschichtlicher Abschnitt. Sie ist seither als der Dienstleister des Handwerks eine zentrale Säule der handwerklichen Organisation. In drei Bereichen hat sich die Handwerkskammer als Partner der Betriebe und Beschäftigten profilieren können: in der handwerkspolitischen Arbeit, im Beratungswesen für die Mitglieder und in der Bildung.

Im neuen, technisch modern ausgestatteten Bildungszentrum der Handwerkskammer in Erfurt-Bindersleben werden künftig die Grundlagen dafür gelegt, daß Qualitätsarbeit und technisches Know-how die Synonyme für das Handwerk bleiben.

Die wirtschaftliche Stabilität der Handwerksbetriebe gründet unter anderem auf der guten Ausbildung der Meister. Und dies setzt sich natürlich fort in der Lehrlingsausbildung.

Trotz schwieriger wirtschaftlicher Lage kommt das Handwerk Jahr um Jahr seiner Ausbildungsverpflichtung nach. Rund 40 Prozent aller Auszubildenden lernen in Handwerksbetrieben. Fast jeder zweite ausbildungsberechtigte Betrieb im Handwerk bildet auch aus.

In der Ausbildung geht man im Handwerk des Kammerbezirkes auch neue Wege, sowohl für die sogenannten „Benachteiligten" wie auch für Abiturienten. Speziell von den Projekten für Abiturienten verspricht sich die Handwerkskammer langfristig eine Sicherung des Unternehmernachwuchses im Handwerk. Zwei Modelle, die ihre Premiere jeweils in Erfurt hatten, wurden bereits umgesetzt: eine Parallelausbildung zum Gesellen und „Betriebsassistenten im Handwerk" sowie das Integrationsmodell „Berufsausbildung und Fachhochschulstudium". Dieses „Erfurter Modell" ermöglicht es, innerhalb von fünf Jahren die Gesellenausbildung und ein Fachhochschulstudium mit dem Ziel der Unternehmensnachfolge oder Existenzgründung abzuschließen. Damit ist Erfurt zur Ideenschmiede für neue Wege der handwerklichen Ausbildung und der Unternehmensführung geworden.

Erfurt: Sitz der Handwerkskammer

Seit nunmehr fast 100 Jahren ist Erfurt Sitz der Handwerkskammer (mit kurzen Unterbrechungen). Die Kammergründung am 26. April 1900 fand im alten Sitzungssaal des Erfurter Rathauses statt. Und seit über 70 Jahren ist der Sitz der Handwerkskammer vis à vis vom Rathaus. Die Handwerker hatten sich 1925 zum Kauf der Häuser „Zum breiten Herd" und „Zum Stötzel" am Fischmarkt entschieden. Seither kennt jeder Erfurter und jeder Gast diese beiden Schmuckstücke der Landeshauptstadt als das „Gildehaus", ein Kleinod handwerklicher Qualitätsarbeit.

Mit dem Handwerk erhielt dieses unverwechselbare Wahrzeichen der Innenstadt einen Hausherren, der sich dem bewegenden Zeugnis der Baukunst der Renaissance verbunden und verpflichtet sah und bis heute sieht.

Im aufblühenden Mittelalter waren mehr als die Hälfte der Erfurter Stadtratsmitglieder Handwerker. Die direkte Einflußnahme auf die Politik der Stadt war für das Handwerk möglich. Heute sind es weniger als eine Hand voll, die im Stadtparlament dabei sind und auf handwerkliche Wurzeln blicken können. Eine starke Interessenvertretung ist daher dringend notwendig. Diese erstreckt sich allerdings nicht nur auf die Stadt.

Landesregierung und Ministerien, viele Institutionen und Verbände haben ihren Sitz in Erfurt. Ein enger Kontakt und stets kritischer Dialog mit diesen Einrichtungen sind wichtige Aufgabe der Handwerkskammer.

Erfurt als kreisfreie Stadt und gleichzeitig Landeshauptstadt wird zunehmend Verwaltungsstadt. Die Anbindung an Autobahn, Flughafen und demnächst ICE wird Erfurt stärken auf dem Weg zu einer künftig pulsierenden Dienstleistungsstadt und zu einem modernen Produktionsstandort.

Das Handwerk hat es in den zurückliegenden Jahrhunderten stets vermocht, sich ändernden Bedingungen anzupassen, um davon letztlich zu profitieren. Der Wandel der Stadt Erfurt wird daher von den Handwerkern und der Handwerkskammer Erfurt nicht nur interessiert verfolgt, sondern auch aktiv mitgestaltet.

Und wie sagt ein altes Sprichwort? „Geht es dem Handwerk gut, geht es auch der Stadt gut."

Das gilt für Handwerk und Erfurt uneingeschränkt!

Einzelhandel

Erfurt – lukrative Einkaufsstadt im Herzen Thüringens

Anger, die Hauptgeschäftsstraße in Erfurt.

Karin Letsch

Die Autorin wurde 1953 in Erfurt geboren. Sie absolvierte eine Lehre zur Fachverkäuferin bei der Handelsorganisation in Erfurt. Von 1972 bis 1976 studierte sie an der Fachschule für Binnenhandel Dresden, mit Abschluß als Ökonom und absolvierte im Anschluß daran ein pädagogisches Zusatzstudium mit dem Abschluß Ökonompädagoge. Seit 1990 ist sie im Einzelhandelsverband Thüringen als Hauptgeschäftsführerin tätig.

Die Stadt Erfurt ist schon seit Jahrhunderten als weltweite Handelsstadt bekannt. Im Mittelalter kreuzten sich hier wichtige Handelsstraßen. Durch ihre hervorragende geographische Lage ist die historisch gewachsene Altstadt Anziehungspunkt für zahlreiche Touristen.

Unsere Landeshauptstadt hat mit ihren beeindruckenden Zeugnissen der Baukunst des Mittelalters beste Voraussetzungen, sich als attraktive Einkaufsstadt zu präsentieren. Die Innenstadt von Erfurt ist Ort höchster öffentlicher Aufmerksamkeit. Der Einzelhandel findet hier ideale Standortvoraussetzungen.

Die städtebaulichen Anstrengungen der Stadt Erfurt haben sich insbesondere auf die Sicherung der Altstadt konzentriert. Die Verkaufsfläche hat sich seit der Wende von 0,3 qm/Einwohner auf mehr als 2 qm/Einwohner erhöht. Zur Zeit gibt es in Erfurt-Mitte ca. 850 Handelsobjekte mit 112.280 qm Verkaufsfläche. Den höchsten Anteil haben Geschäfte mit Bekleidungsartikeln (ca. 1/5 der Verkaufsfläche) und Nahrungsmitteln (16 %), die zusammen 36 % aller Läden ausmachen. Zur Steigerung der Attraktivität der Innenstadt sind weitere Verkaufsflächen in Planung. So wird sich bis zum Frühjahr 2000 das Hertie-Haus als innerstädtisches Einkaufscentrum mit 25.000 qm Verkaufsfläche als größte Einkaufsstätte in der Innenstadt mit 800 PKW-Stellplätzen präsentieren.

Als Verband sehen wir uns als ein Akteur, der sich auf die weitere Verbesserung der Standortbedingungen für Investitionen im innerstädtischen Bereich konzentriert. Ziel dabei ist es, die Urbanität, die Branchenvielfalt und die Lebendigkeit der Innenstadt weiter zu erhöhen.

Mittelständische Händler in der Innenstadt

Die Landeshauptstadt Erfurt bietet ihren Kunden bereits heute ein breit gefächertes Angebot in allen Preiskategorien. Vom gehobenen bis zum preiswerten Sortiment sind alle Branchen, Betriebsformen und -größen in modernen Geschäften vertreten. Viele einheimische kleine und mittelständische Einzelhändler haben eine Existenz in der Innenstadt gefunden. Diese gilt es natürlich immer wieder gegenüber den starken Wettbewerbern am Stadtrand (Thüringenpark und Thüringen-Einkaufs-Center), mit mehr als 50.000 qm Verkaufsfläche, zu behaupten. Während sich in der Innenstadt Branchen wie Bekleidung, Textil, Lederwaren, Bürobedarf, Glas, Porzellan und Keramik, Unterhaltungselektronik und Souvenirs, vorrangig in Fachgeschäften, präsentieren, findet der Kunde auf der „Grünen Wiese" Möbel- und Autohäuser, Baumärkte, Supermärkte und SB-Warenhäuser.

Vergleich mit Heidelberg

Ein Besuch in der Altstadt lohnt sich auf jeden Fall. Von Besuchern unserer Stadt, vor allem aus den alten Bundesländern, höre ich oft, daß die Innenstadt von Erfurt mit der von Heidelberg vergleichbar ist. Der Einkauf wird in unserer Stadt zum Erlebnis. Nicht zuletzt durch zahlreiche originelle, gastronomische Einrichtungen, sowie ein interessantes und vielfältiges kulturelles Angebot. Das „Krämerbrückenfest" und „Der Tag des Denkmals" sind mittlerweile zur

Einzelhandel

Tradition geworden und locken viele Besucher aus dem Umland an. Der Erfurter Weihnachtsmarkt, der zu den schönsten Deutschlands zählt, findet bundesweites Interesse. Gerne lassen sich Besucher danach von der gemütlichen Altstadtatmosphäre zum Einkaufsbummel durch die Innenstadt inspirieren.

Herzstück von Erfurt ist der Anger. Vom Anger aus kann man in alle Richtungen durch die Fußgängerzonen der Altstadt flanieren; vorbei an kleinen und mittleren Geschäften mit gehobenem Sortiment, vorbei an Cafe´s und Gaststätten mit deftiger, thüringer Küche, die manches kulinarische Erlebnis bieten.

Sehr kundenfreundlich ist auch die Verkehrsanbindung. Der ÖPNV arbeitet nach einem gut funktionierenden System, welches die Bürger aus dem gesamten Umfeld, aus allen Richtungen in die Innenstadt transportiert. Interessant ist, daß die Straßenbahn direkt durch die Altstadt fährt und daher mit einer kleinen Stadtrundfahrt zu vergleichen ist. Dem Kunden stehen außerdem mittlerweile attraktive Parkplätze am Domplatz, am Hertie-Haus sowie am Juri-Gagarin-Ring zur Verfügung; in Planung sind weitere Stellplätze für PKW´s.

Hertie Warenhaus.

Erfurt ist unter all diesen Gesichtspunkten auf jeden Fall eine Reise wert. Wer dem Innenstadttrubel entfliehen will, findet in malerischen kleinen Gäßchen am Rande der Innenstadt Ruhepunkte und in der Umgebung von Erfurt eine wunderschöne Landschaft, die einen Besuch lohnenswert machen. ■

E. Breuninger GmbH+Co.

Mode Held GmbH.

Unternehmensportrait

ECE Projektmanagement GmbH

Center-Management:
Jürgen Worms
Jens Mühlner

Gründungsjahr:
1995

Beschäftigte:
900

Verkaufsfläche:
35.000 qm

Anzahl der Fachgeschäfte:
ca. 100

Anschrift:
Nordhäuser Straße 73t
99091 Erfurt
Telefon (0361) 77 90 70
Telefax (0361) 77 90 799

Thüringen-Park – lebendiger Marktplatz für Handel und Dienstleistung

100 Fachgeschäfte bieten einen vielfältigen und attraktiven Branchenmix für 400.000 Menschen im Einzugsgebiet

Der Thüringen-Park im Norden der Landeshauptstadt.

Der Thüringen-Park ist der neue Einkaufs- und Erlebnismittelpunkt in Erfurt. Durch seine anspruchsvolle Innengestaltung mit glasüberdachter, zweigeschossiger Ladenstraße und großzügiger Lichtkuppel wird das Einkaufen im lebendigen Marktplatz für Einzelhandel und Dienstleistung zum besonderen Erlebnis. Das Einkaufszentrum ist Herzstück des Thüringen-Parks, der auf einer Grundstücksfläche von rund 300.000 qm steht. Eingebettet in Parkanlagen mit Wasserachse und Spring brunnen und bepflanzt mit tausend Bäumen, bietet der Thüringen-Park eine Shopping-Atmosphäre der besonderen Art. Der Park liegt verkehrsgünstig im Norden von Erfurt und ist Einkaufsmittelpunkt für die Landeshauptstadt und für die Region Thüringen. Ca. 400.000 Menschen leben in seinem Einzugsgebiet.

100 Fachgeschäfte bieten den Kunden einen vielfältigen und attraktiven Branchenmix. Zu den „Magneten" zählen ein SB-Warenhaus, ein Markt für Unterhaltungselektronik, ein Computer-Fachmarkt und zwei große Textilanbieter. Außerdem sind im Center zahlreiche Fachgeschäfte aus den Bereichen Mode/Textil, Lebensmittel, Parfümerie, Schmuck, Schuhe, Leder- und Hartwaren vertreten. Gemütliche Restaurants, eine Schlemmerzone mit vielen Frischeanbietern und ergänzende Dienstleistungsbetriebe runden das Angebot ab.

Für die Kunden stehen ca. 1.500 Pkw-Stellplätze kostenlos zur Verfügung. In der eleganten, hellen und sicheren Ladenstraße laden Sitzbänke und Ruhezonen zum Verweilen ein. In zwei großzügigen und elegant angelegten Verkaufsebenen können die Besucher wetterunabhängig flanieren und einkaufen.

Flanieren und Einkaufen in angenehmer Atmosphäre.

Unternehmensportrait

BREUNINGER – Erfurt: Service und Freundlichkeit

BREUNINGER in Erfurt ist eines der freundlichsten Kaufhäuser in der Region

E. BREUNINGER GmbH & Co.
Haus Erfurt

Gründungsjahr:
1997

Geschäftsführer:
Frank Hertig

Mitarbeiter:
150

Kaufhaussortimente:
Damen-, Herren-, Kinderbekleidung
Damen- und Herrenschuhe
Sporttextilien, Sportgeräte
Bücher
Heimtextilien, Haushaltswaren

Anschrift Haus Erfurt:
Junkersand 4
99084 Erfurt
Telefon: (0361) 5556-0
Telefax: (0361) 5556-100
Internet: http:// www.breuninger.de

Anschrift Zentrale Stuttgart:
Marktstraße 1-3
70173 Stuttgart

Das Haus Erfurt, jüngstes Kind der BREUNINGER-Gruppe.

Das jüngste Kind der BREUNINGER-Gruppe ist von Anfang an, trotz schwieriger konjunktureller Rahmenbedingungen, sehr erfolgreich.

Die Gründe hierfür sind vielseitig:
- Ein wunderschöner Neubau mit großen Fensterflächen, großzügigen Laufwegen und sehr niveauvollem Ambiente, für dessen Gestaltung das Architekturbüro Prof. Kamerer verantwortlich ist;

- ein hochwertiges Warenangebot mit ausgezeichnetem Preis-/Leistungsverhältnis und vielen Exklusiv-Marken;

- eine sehr kulante Umtausch- und Vergütungspolitik mit "Geld-zurück-Garantie";

- aber vor allem ein hoch motiviertes Serviceteam mit Freundlichkeit und Kompetenz.

150 Thüringer Mitarbeiter haben einen gesicherten Arbeitsplatz, und sechs junge Menschen pro Jahr erhalten eine zukunftsorientierte Ausbildung bei BREUNINGER.

BREUNINGER – Erfurt ist auch ein engagiertes Mitglied im öffentlichen Leben der Landeshauptstadt.

BREUNINGER unterstützt Erfurter Vereine, caritative Einrichtungen und ist Mitglied im City Management e. V. Unverändert wird das Erfurter Haus mit den Partnerfirmen Eurospar, Friseur Masson, Marathon Café und der Parfümerie abends bis 20.00 Uhr geöffnet sein, um auch hier das Breuninger-Verständnis von Kundenorientierung in der Erfurter City zu dokumentieren.

Die Akzeptanz des besonderen BREUNINGER-Services wird auch durch die Vielzahl von Stammkunden deutlich, die in großem Umfang die kostenlose BREUNINGER-Kundenkarte (Deutschlands älteste Kundenkarte) nutzen.

Geld-zurück – auch bei reduzierter Ware – ist bei BREUNINGER überhaupt kein Problem.

Ein Artikel, der in Erfurt 'mal nicht in der gewünschten Größe vorrätig ist, wird selbstverständlich unverbindlich und umgehend aus einem der anderen BREUNINGER-Häuser besorgt.

Um die hohe Qualität in Service und Beratung ständig ausbauen zu können, setzt BREUNINGER auch sogenannte Testkunden ein. Diese Kunden geben durch den HCI (Happy-Consumer-Index) ein sehr hohes Feedback über die Servicequalität. Lob und Bestätigung, gute Leistung sowie Ansätze für Verbesserungsmöglichkeiten sind die Resultate dieser ständigen Auseinandersetzungen mit der Leistungsqualität.

Ständig werden im kritischen Dialog untereinander und mit Kunden neue Strategien erarbeitet, wie das Kaufhaus dem Ziel: „kundenfreundlichstes Einzelhandelsunternehmen Deutschlands" näher kommen kann.

BREUNINGER – Erfurt, mit Service und Freundlichkeit erfolgreich. ∎

Im BREUNINGER-Kaufhaus.

Verkehr

Verkehrsentwicklung und Verkehrsplanung der Stadt Erfurt

Eine intakte, leistungsfähige Verkehrsinfrastruktur ist eine der wesentlichen Voraussetzungen für eine nachhaltige Strukturentwicklung und nimmt eine Schlüsselstellung für die Gestaltung eines stadtverträglichen und wirtschaftsfördernden Verkehrs ein. Sie ist Ausgangs- und Endpunkt der wirtschaftlichen und individuellen Mobilität und ist nicht nur ein entscheidender harter Standortfaktor, sondern stellt auch in der Qualität der Verkehrssysteme und deren Arbeitsteilung mit Begreifbarkeit und Akzeptanz einen nicht zu unterschätzenden weichen Standortfaktor dar. Dies gilt insbesondere dann, wenn durch den historischen Prozeß der Wiedervereinigung Länder und Regionen von einer ehemaligen Randlage mit gekappten Verkehrssystemen (wie Thüringen) in die ihr angestammte Mittellage im nationalen und europäischen Raum zurückgeführt werden und die Netze wieder neu strukturiert werden müssen.

Die Lagegunst des Freistaates Thüringen und seiner Landeshauptstadt Erfurt kann aber nur dann zu einem Standortvorteil werden, wenn konsequent die Chancen durch Strategien und Leitbilder getragen und kontinuierlich umgesetzt werden.

Verkehrsentwicklungsplan

Deshalb wurde unmittelbar, nachdem 1990 der Stadtrat und die Stadtverwaltung ihre Arbeit aufgenommen hatten, der Auftrag zur Erarbeitung grundsätzlicher Leitlinien für die Stadtentwicklung erteilt. Dazu gehörte neben dem Rahmenplan zur „Flächennutzung", der „Handelskonzeption", und dem „Landschaftsplan" auch der „Verkehrsentwicklungsplan".

Es sollten
- die Parallelität zu überregionalen Planungen (Bundesverkehrswegeplan, Verkehrsprojekte Deutsche Einheit) gesichert werden,
- ein stabiles verkehrspolitisches, verkehrsstrategisches Leitbild als Handlungsgrundlage für die Verwaltung erarbeitet werden, um die erwartete dynamische strukturelle Entwicklung offensiv und konzeptionell begleiten zu können und
- die notwendigen vielfältigen Entscheidungen auf eine breite politische Basis gestellt werden.

Wegen der herausragenden kommunalpolitischen Bedeutung wurde die Erarbeitung von vornherein nicht allein der Verwaltung überlassen, sondern dazu ein parallel arbeitender parlamentarischer Arbeitskreis berufen.

Diese „offene Verkehrsplanung" war eine Voraussetzung, daß der Verkehrsentwicklungsplan mit großer Mehrheit beschlossen wurde und in guter Ausgewogenheit die unterschiedlichen Zielprojektionen ganzheitlich und stadtverträglich einbindet.

Die Defizite in der Verkehrsinfrastruktur wurden in den zentralen Planungen in besonderer Weise erkannt und gebührend in den Verkehrsprojekten Deutsche Einheit und dem aktuellen Bundesverkehrswegeplan berücksichtigt. Es war die besondere Leistung aller am Planungsprozeß Beteiligten, daß es gelungen ist, Bundes-, Landes- und Kommunalplanung so zu verzahnen, damit schlüssige und sich heute im wesentlichen in der Umsetzung befindliche Konzepte entstanden. Um dieser Bedeutung gerecht zu werden, wurden durch die Stadt nunmehr schon zwei Verkehrsentwicklungspläne (1994 und 1998) durch den Rat der Stadt verabschiedet, die konkret auf die Herausforderung reagieren und auf die Entwicklung Einfluß genommen haben. Sie schaffen die Voraussetzungen für Kontinuität, Stabilität und Vertrauen sowohl für die Investoren, als auch für die Fördermittelgeber in Bund und Land.

Die Verkehrsentwicklungspläne setzen, bedingt durch die geographische Lage der Stadt und ihre Einbindung in bundesweite Verkehrskonzepte wie ICE, Autobahn, Flugverkehr und Güterverkehrszentren neue Maßstäbe. Die Parallelität von Planungen, Baurechtschaffung und Bau war gefragt. In historisch kurzer Zeit wurde aus den Leitbildern Anfang der 90-er Jahre „erfahrbare" und unumkehrbare Realität. In den nächsten fünf Jahren wird sich die Qualität der Erreichbarkeit Erfurts und der innerstädtischen Verkehrsentwicklung auf ein völlig neues Niveau heben.

Straßen

Der sogenannte „Erfurter Ring" *(Bild 1)* – gebildet aus dem neu zu bauenden Autobahnabschnitt A71 (Bestandteil der VDE-Projekte und des vordringlichen Bedarfes des Bundesverkehrswege-

Dipl.-Ing. Klaus Böselt

Der Autor, geboren am 6. April 1944 in Erfurt, studierte von 1963 - 1969 an der Hochschule für Architektur und Bauwesen in Erfurt (heute Bauhaus-Universität – Fachrichtung Gebiets-, Stadt- und Dorfplanung).
1969 - 1990 Abteilungsleiter Verkehrsplanung im Büro für Verkehrsplanung in der Stadtdirektion Straßenwesen, Erfurt.
Seit 1990 Leiter des Amtes für Verkehrswesen in dieser Stadt.

Bild 1: Der sogenannte „Erfurter Ring".

Verkehr

Bild 2: Die Neugestaltung des Hauptbahnhofes als Modell.

planes) im Westen und Norden der Stadt, der neu zu bauenden Ostumfahrung im Osten und der vorhandenen, im Rahmen des VDE auf 6 Spuren ausgebauten A4 im Süden – bindet Erfurt im Zusammenspiel mit der im Bau befindlichen A 73 in das Fernstraßennetz der Bundesrepublik und damit in vorgezeichnete, wichtige europäische Erschließungskorridore des Straßennetzes ein. Die bisher zwei Anbindungen der Stadt an die A4 erweitern sich schrittweise durch den Erfurter Ring auf zwölf und ermöglichen, wie im Bereich der neuen Messe und des Flughafens derzeit schon eindrucksvoll nachvollziehbar, Entwicklungen von existenzieller Bedeutung. Damit ergeben sich nicht nur völlig neue Entwicklungspotentiale für innerstädtische Gewerbe- und Wohngebiete, sondern die Überlagerung von überregionalem und städtischem Verkehr auf einen stadtnahen Straßenring bringt durch eine vielfältige quellen- und zielorientierte Anbindung Entlastungswirkungen für die Kernstadt und die im Weichbild liegenden eingemeindeten Ortschaften.

Das sind die Fakten:

- Inbetriebnahme des ersten Teilstückes der A 71 (Traßdorf – Erfurt) mit einer neuen, innerstädtischen B7-Querverbindung am 12. 12. 1998;
- 1998 Beginn des wichtigen innerstädtischen Straßenknotens „Binderslebener Knie" mit Abschluß im Jahre 2001;
- 1998 Baubeginn der Ostumfahrung mit Zielsetzung der Fertigstellung der Gesamttrasse in 2000/2001;
- vorhandenes Baurecht für die Verlängerung NQV/Bunsenstraße als Bindeglied zwischen städtischem Hauptnetz und Ostumfahrung, mit dem Ziel des zeitgleichen Anschlusses der Baumaßnahme;
- schrittweiser Ausbau der B7-Durchfahrt Ost von 2 auf 4 Spuren bis 1999. Ein Teilstück wurde bereits am 30. 10. 1998 übergeben.

Um die Effektivität und Wirksamkeit der einzelnen Netzelemente zu garantieren, kann mit dieser Strategie ein sogenannter „kleiner Erfurter Ring" bis zum Jahre 2002 Wirklichkeit werden.

ICE - Knotenpunkt Erfurt

Durch den geplanten Neu- und Ausbau der Hochgeschwindigkeitsstrecken der Bahn nach den aktuellen Verkehrsprojekten Deutsche Einheit wird die Stadt Erfurt ICE-Kreuz der beiden Strecken Berlin – München und Frankfurt/Main – Dresden. Erfurt rückt damit näher an die Oberzentren in Deutschland heran und ist somit auch in das europäische Hochgeschwindigkeitsnetz eingebunden. Die Fahrzeiten werden sich auf wichtigen Relationen gegenüber dem heutigen Stand teilweise mehr als halbieren. Die Bauarbeiten an den Ausbaustrecken im Thüringer Raum laufen seit 2 Jahren. Rund 1,3 Mrd. DM sind bereits in Planung und Bau investiert worden. Ein erstes großes Brückenbauwerk (Schillerstraße) im Stadtgebiet und weitere, unmittelbar im Bau und vor dem Baubeginn befindliche Folgemaßnahmen (z. B. Motzstraße) zeugen vom Tempo der Realisierung.

Die Neugestaltung des Hauptbahnhofes *(Bild 2)* als einem modernen Verknüpfungspunkt von überregionalen, regionalen und städtischen Nahverkehren ist beschlossen und durchfinanziert; 1999 beginnt der Umbau.

Die Stadt ist mit vielen weiteren Folgemaßnahmen finanziell eingebunden und hat ihre mittelfristige Finanzplanung stabil auf diese Entwicklung eingestellt.

Die Fakten sind:

- ab Mitte 1999 Umbau des Hauptbahnhofes – Ziel der Fertigstellung 2003 / 2004;
- zeitgleiche und anteilige Finanzierung weiterer Folgemaßnahmen im innerstädtischen Bereich;
- Abstellung der mittelfristigen Finanzplanung auf die Realisierungsanforderungen durch den ICE.

Von der Straßenbahn zur Stadtbahn

Für eine stadtverträgliche Verkehrsgestaltung ist die Harmonisierung und Arbeitsteilung des Individual- und öffentlichen Personennahverkehrs (ÖPNV) von ausschlaggebender Bedeutung *(Bild 3)*. Dabei spielt die Qualität und Entwicklung der Straßenbahn, als dem Grundverkehrsmittel des ÖPNV, für die Akzeptanz und Gestaltung die entscheidende Rolle.

Als kompakte Stadt mit hoher Urbanität ist Erfurt eine Stadt der kurzen Wege. Diese Tatsache ist nicht zuletzt einer kontinuierlichen, konsequenten Nahverkehrspolitik, seit Einführung der elektrischen Straßenbahn im Jahre 1894, zu verdanken. Diesen Erschließungsstandard zu erhalten und auszubauen ist das erklärte Ziel der Verkehrspolitik und führte dazu, daß 1994 die ersten Aktivitäten zur Entwicklung der Erfurter Straßenbahn zur Stadtbahn eingeleitet wurden.

Mit einem Gesamtvolumen von insgesamt 200 Mio. DM ist die Stadtbahnentwicklung in die Bundesförderung aufgenommen worden. Bis 2008 wird das Streckennetz um rund 30 km (30 %) – erweitert werden. Das bisher mehr Nord – Süd ausgerichtete Streckennetz wird in Ost-West-Richtung aufgewertet, erschließt neue Wohn- und Gewerbegebiete, bindet die neue Messe und den Flughafen direkt an die Stadtbahn und den Hauptbahnhof an (Bild 4). Stadtbus- und Regionalbuslinien werden auf die Stadt und die Straßenbahn konzentriert und die Reisegeschwindigkeit deutlich erhöht. Die Umsetzung hat begonnen, das eingeschlagene Tempo läßt gedrängtere Übergabetermine zu.

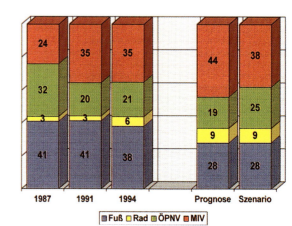

Bild 3: Die Harmonisierung und Arbeitsteilung zwischen Individual- und öffentlichem Personennahverkehr (ÖPNV) ist sehr wichtig.

Verkehr

Ausbau der Erfurter Straßenbahn zur Stadtbahn

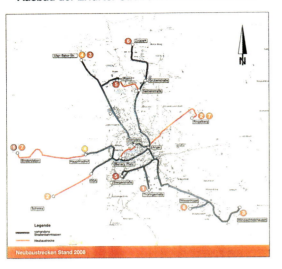

Bild 4: Die Erweiterung des Streckennetzes in Ost-West-Richtung erschließt neue Gebiete.

Das sind die Fakten:
- Spatenstich Stadtbahnausbau Oktober 1997
- Übergabe eines ersten Teilabschnittes der Strecke Ringelberg November 1998
- Fertigstellung der Linie Ringelberg (11 km) im Zeitraum 2000/2001
- Baubeginn der Strecke Stadtlinie Brühl – Messe in 1999 mit Inbetriebnahmeziel 2001.

Stadtzentrum/ruhender Verkehr

Auf der Grundlage einer exzellenten Nahverkehrserschließung des Stadtzentrums durch die Straßenbahn (alle Straßenbahnlinien durchfahren das Stadtzentrum und sind über die Zentralhaltestelle Anger verknüpft) ist auch die Erreichbarkeit durch den individuellen Kfz-Verkehr ein wichtiges Attraktivitätselement. Ganzheitlich geplant, setzt die Verkehrspolitik auf eine flächendeckende Verkehrsberuhigung im historischen Altstadtkern und eine ausgewogene Konzentration von mehrgeschossigen Parkierungseinrichtungen am Zentrum, bei guter fußläufiger Erreichbarkeit der Stadtzentrumsziele.

Seit 1992 wird zudem an jedem Sonnabend eine Sonderform zur Erhöhung der Attraktivität und Aufenthaltsqualität mit der „verkehrsberuhigten Altstadt" praktiziert.

Über eine komplexe Parkraumbewirtschaftung werden Fußgängerzonen und verkehrsberuhigte Bereiche funktionsstützend begleitet und eine hohe Urbanität erzeugt. Moderne Verkehrslenkung soll Erreichbarkeit vereinfachen, gewünschtes Verhalten auslösen und die Akzeptanz erhöhen. Als technisches Hilfsmittel wird derzeit ein modernes Parkleitsystem aufgebaut und in ersten Stufen im November 1998 in Betrieb genommen.

Das sind die Fakten:
- 1994 Gründung einer kommunalen Parkhausgesellschaft
- 1997 Inbetriebnahme der Tiefgarage „Dom"
- am 30. November 1998 Übergabe der ersten Ausbaustufe des Parkleitsystems mit 5 angeschlossenen Parkhäusern mit einer Kapazität von 2100 Stellplätzen und 40 festen Vorwegweisern; dynamische Vorwegweiser mit aktuell freier Stellplatzanzeige; 3 von insgesamt 8 großformatigen Informationstafeln mit programmierbarer 6-zeiliger Textanzeige an den B-Straßenzufahrten;
- Realisierung einer 2. Ausbaustufe in 1999/2000 mit 12 angeschlossenen Parkhäusern und einer Kapazität von rd. 4500 Stellplätzen.

Verkehrsleitzentrale

Ein modernes Betriebsmanagement ist die Grundlage für eine optimale Verkehrsgestaltung in allen Betriebszuständen, mit der Zielstellung eines störungsfreien Kfz-Verkehrs und bevorrechtigter Integration des öffentlichen Personennahverkehrs. Diese Zielstellung geht weit über die klassischen Aufgaben einer reinen Kfz-Steuerzentrale hinaus und ist mittelfristig Bestandteil eines komplexen Stadt- und Verkehrsmarketings. 1994 wurde deshalb ein moderner Verkehrsrechner installiert, um die Lichtzeichenanlagen der Stadt koordiniert, überwacht und den Verkehrszuständen angepaßt zusammenzuschalten. Mit 14 Anlagen, 1994 beginnend, sind derzeit 48 % aller Lichtzeichenanlagen an das System angeschlossen, und ständig wird das System fortgeschrieben. Eingefügt in das System der Lichtzeichenanlagen ist die Integration der Bevorrechtigung des ÖPNV *(Bild 5)* als Bestandteil des im Nahverkehrsbetrieb aufgebauten RBl-Systems (rechnergestütztes Betriebsleitsystem).

Das sind die Fakten:
- seit 1990 sind 148 Lichtzeichenanlagen neu gebaut bzw. rekonstruiert worden;
- von derzeit 174 Lichtzeichenanlagen sind 84 Anlagen an den Verkehrsrechner angeschlossen;
- 45 % der Lichtzeichenanlagen sind entweder vollständig oder in Teilelementen in die ÖPNV-Beschleunigung integriert.

„Tempo 30-Zonen" / Fahrradverkehr

Die komplexe Verkehrsberuhigung der städtischen Wohngebiete zur Senkung der Geschwindigkeiten, Erhöhung der Verkehrssicherheit und Reduzierung der Umweltbelastungen gehörte zu dem Maßnahmepaket der ersten Stunde.

Die Ausweisung der vom Rat der Stadt 1991 beschlossenen 76 Tempo-30-Zonen wurde 1996 abgeschlossen. Auf die Mitte 1994 eingemeindeten Ortschaften wurde das System kontinuierlich ausgedehnt und vervollständigt. Die Stärkung des Fahrradverkehrs und seine schrittweise Erhöhung des Anteiles der täglichen Fahrten und Wege gehörte gleichermaßen zu den Grundzielen der städtischen Verkehrspolitik. Alle komplexen Straßenneubau- bzw. Rekonstruktionsmaßnahmen wurden auf die Integration von unterschiedlichen Elementen der Radverkehrsführung überprüft und praktisch umgesetzt. Ergänzt durch Einzelmaßnahmen, konnte das Radwegenetz seit 1990 deutlich erweitert werden und der Anteil der Radwege in der Verkehrsmittelbenutzung sich verdoppeln.

Das sind die Fakten:
- Ausweisung von 76 Tempo-30-Zonen bis 1996
- Erhöhung der Radwege von 44 km in 1990 auf 80 km in 1998
- Der Anteil des Radverkehrs am Modal-Split wuchs von 3 % in 1990 auf 6 % in 1998.

Bild 5: Die Info über das aufgebaute RBl-System (rechnergestütztes Betriebsleitsystem).

Unternehmensportrait

Moderner Nahverkehr in historischer Stadt

Seit über 100 Jahren fährt die „Elektrische" durch Erfurt, aber noch nie war das Verkehrsangebot so attraktiv wie heute

Erfurter Verkehrsbetriebe AG

Erfurter Verkehrsbetriebe AG

Vorsitzender des Aufsichtsrates:
Stadtkämmerer Franz Birkefeld

Vorstand:
Claus Cämmerer

Gründungsjahr:
1883 als Pferdebahn
1990 als AG

Beschäftigte:
693

Anzahl der Fahrzeuge:
133 Straßenbahnen
93 Busse

Anschrift:
Am Urbicher Kreuz 20
99099 Erfurt
Telefon (0361) 43 90-0
Telefax (0361) 43 90-117

Haltestelle der Verkehrsbetriebe am Hauptbahnhof.

Seit 1894 dreht die „Elektrische" ihre Runden durch Erfurt. Zu allen Zeiten haben die Erfurter dafür gesorgt, daß das Hauptverkehrsmittel Straßenbahn der Stadtentwicklung folgte und über moderne Fahrzeuge und Verkehrsanlagen verfügte. In den 20er Jahren kam der Bus als Verkehrsmittel für Stadt und Region hinzu. So verfügt Erfurt seit sieben Jahrzehnten über einen Tarif- und Verkehrsverbund im „Kleinen" von derzeit fünf Straßenbahn- und 41 Stadt- und Regionalbuslinien, dem sich täglich über 130.000 Fahrgäste anvertrauen.

In den 70er und 80er Jahren entwickelte sich Erfurt zu einer bandförmigen Stadt, von der Straßenbahn hervorragend erschlossen. Seit 1990 ist eine Stadtentwicklung in Ost-West-Richtung eingetreten, die neue Verkehrsbeziehungen erzeugt. Mit dem Ausbau der Straßenbahn zur Stadtbahn werden längere Reisewege durch Schnelligkeit kompensiert, eigene Fahrspuren führen die Stadtbahn zuverlässig und zügig durch die Stadt. Das Netz wächst von derzeit 32 km auf 47 km an, und im Zuge des Stadtbahnbaus erhält so manche Straße in einem Sanierungsgebiet Auftrieb und neues Leben. Gleichzeitig entstehen attraktive Direktverbindungen, z. B. zwischen Flughafen Bundesarbeitsgericht, Stadtteil Brühl, dem neuen ICE-Bahnhof und dem Regierungsviertel.

Ein dichtes Verkehrsangebot auf allen Hauptstrecken hat in Erfurt Tradition, dort benötigt man eigentlich als Fahrgast gar keinen Fahrplan. In der Innenstadt endet der Tagesverkehr von Bussen und Bahnen erst um 21 Uhr, dann beginnt ein attraktiver Nachtverkehr mit fein abgestimmten Anschlüssen für eine angenehme Heimfahrt. Dort, wo kein Bus (mehr) fährt, ersetzt ein Anruf-Sammeltaxi die Bedienung der Ortsteile, damit das Angebot auch über den gesamten Tag erhalten bleibt. Besonders Jugendliche nutzen begeistert den „Discospringer", der am Wochenende vom Abend bis zum frühen Morgen die großen Diskotheken anfährt und Anschluß an den Nachtverkehr der Straßenbahn bietet.

Damit der Fahrplan auch wirklich stimmt, die Anschlüsse klappen und die Lichtsignalanlagen auf „Grün" stehen, gibt es ein hochmodernes Betriebsleitsystem, das zusätzlich auch eine optimale Fahrgastinformation in den Verkehrsmitteln und an den Haltestellen ermöglicht.

Leichtes Einsteigen ist nicht nur für Rollstuhlfahrer ganz wichtig. Deshalb fahren auf allen Straßenbahnlinien extra ausgewiesene Niederflurbahnen, die meisten Bahnsteige sind bereits dafür umgebaut. Auch im Stadtbusnetz ist schon viel erreicht worden: Die Hälfte der Busse ist niederflurig, wichtige Haltestellen sind rollstuhlgerecht.

Diese wunderschöne Stadt aus der Straßenbahn zu erleben, nutzen nicht nur die Erfurter, wenn sie ihre Wege erledigen; seit es die Stadtrundfahrt mit der Straßenbahn gibt, gönnen sich viele Gäste aus nah und fern die Freude am Schauen und Zuhören.

Schon 1999 werden erste Schritte zum Tarif- und Verkehrsverbund in Mittelthüringen für den Fahrgast spürbar, wenn die Eisenbahn in den Tarif einbezogen wird. Die hervorragende Anbindung des Hauptbahnhofs ermöglicht das Erreichen aller wichtigen Fahrtziele innerhalb von 10-20 Minuten.

Stadtbahn-Baustelle am Krämpfertor.

Flughafen Erfurt – Thüringens Tor zur Welt mit jährlich 800.000 Passagieren

Ein zentrales Netz aus Flughäfen und Landeplätzen erschließt das Gebiet der Bundesrepublik Deutschland dem öffentlichen und privaten Luftverkehr. Rückgrat des öffentlichen Luftverkehrs in Deutschland sind 17 internationale Verkehrsflughäfen.

Der Freistaat Thüringen reiht sich mit dem Flughafen Erfurt in die Reihe der Bundesländer ein, die über einen Internationalen Verkehrsflughafen verfügen.

Mit der Verwirklichung des Europäischen Binnenmarktes kommt dem Luftverkehr eine herausragende Bedeutung innerhalb einer komplexen Verkehrsinfrastruktur zu. Die thüringer Industrie und Wirtschaft kann somit von den Standortvorteilen, die ein internationaler Verkehrsflughafen mit sich bringt, profitieren.

Doch nicht nur Industrie und Wirtschaft wissen die Vorteile eines internationalen Verkehrsflughafens zu schätzen; auch die thüringer Bürger haben den Flughafen Erfurt angenommen und nutzen ihn mehr und mehr für ihre Urlaubsreise, was sich in den Steigerungsraten der Passagierzahlen in den vergangenen Jahren deutlich widerspiegelt:

Jahr	Passagierzahl
1990	10.404
1991	27.948
1992	72.582
1993	175.889
1994	275.849
1995	312.159
1996	312.837
1997	353.018

Untersuchungen mehrerer unabhängiger Gutachter haben ergeben, daß bis zum Jahr 2010 mit ca. 800.000 Passagieren zu rechnen ist.

Um dem sich abzeichnenden Wachstum des Flugverkehrs am Flughafen Erfurt gerecht zu werden und der Betriebspflicht nachkommen zu können, wurde durch die Gesellschafter, den Freistaat Thüringen (95 %) und die Stadt Erfurt (5 %), damit begonnen, den Flughafen Erfurt zu einer modernen Luftverkehrseinrichtung gemäß internationalem Sicherheits- und Betriebsstandard auszubauen.

Im Dezember 1995 wurde durch das Thüringer Ministerium für Wirtschaft und Infrastruktur der Planfeststellungsbeschluß zum Ausbau des Flughafens Erfurt erlassen. Der Flughafen Erfurt verfügte damit als erster Flughafen der neuen Bundesländer über einen Planfeststellungsbeschluß, der einen zukunftsweisenden Ausbauplan festschrieb.

Zu den ersten realisierten Maßnahmen zählte der Bau eines neuen Towers und eines neuen Abfertigungsgebäudes, der Neubau von Parkplätzen sowie die Sanierung und Erweiterung der Rollwege und Abstellflächen.

Das neue, moderne Abfertigungsgebäude – Terminal B – ist mit zwei Fluggastbrücken ausgestattet und hat eine jährliche Kapazität von bis zu 800.000 Passagieren. Selbstverständlich bietet das

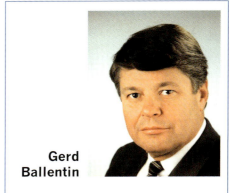

Gerd Ballentin

Der Autor wurde am 18. Mai 1943 in Tachau geboren.
Er absolvierte die Ausbildung zum Luftfahrttechniker und Verkehrsflugzeugführer und war als Flugzeugführer, Flugbetriebsleiter und technischer Betriebsleiter diverser internationaler Fluggesellschaften tätig; zuletzt als Geschäftsführer einer Frachtfluggesellschaft mit Sitz in Köln / Bonn.
Seit Februar 1992 ist er Geschäftsführer der Flughafen Erfurt GmbH.

800.000 Passagiere werden im Jahr 2010 den Erfurter Flughafen nutzen.

Flughafen

Neun deutsche Flughäfen werden derzeit planmäßig angeflogen.

Terminal B dem Passagier umfangreiche Service-Einrichtungen, die den Aufenthalt am Flughafen Erfurt zu einem angenehmen Erlebnis machen. Zahlreiche Reisebüros und Last-Minute-Anbieter sind hier neben den Reiseveranstaltern vertreten und präsentieren ein umfangreiches Reiseangebot.

Neben dem neuen Abfertigungsgebäude ist das alte Abfertigungsgebäude erhalten geblieben und wurde zu einem Zentrum für Mietwagenanbieter. Alle namhaften Autovermietungen haben zwischenzeitlich ihre Niederlassungen am Flughafen Erfurt eröffnet.

Der Flughafen Erfurt verfügt über insgesamt 550 bewachte Pkw-Stellplätze für Kurzzeit- und Langzeitparker. Die Parkplätze befinden sich unmittelbar vor den Abfertigungsgebäuden, und es sind nur wenige Schritte vom eigenen Auto bis zum Flugzeug. Mit Fug und Recht kann sich der Flughafen Erfurt als 'Flughafen der kurzen Wege' bezeichnen.

Anfang 1997 ist es gelungen, den Flughafen Erfurt unmittelbar in den öffentlichen Personennahverkehr der Stadt Erfurt einzubinden. Ein Zubringerbus (Linie 99) pendelt stündlich direkt zwischen dem Flughafen Erfurt und dem Hauptbahnhof. Die Haltestelle befindet sich unmittelbar vor dem Abfertigungsgebäude.

Im Jahr 1998 stand die Sanierung der Start- und Landebahn im Mittelpunkt, der sich im kommenden Jahr die Verlängerung der Start- und Landebahn von 2.200 m auf 2.600 m anschließt. Bei den Sanierungsarbeiten wurden gleichzeitig die baulichen Voraussetzungen für den Allwetterflugbetrieb der Kategorie II / III geschaffen. Bei störungsfreiem Ablauf der Testphasen kann der Flughafen Erfurt ab Frühjahr 1999 dann auch bei schlechtesten Sichtverhältnissen sicher angeflogen werden.

Neben den umfangreichen baulichen Aktivitäten wurde insbesondere Wert gelegt auf die Modernisierung der Flughafengerätschaften, mit dem Ergebnis, daß heute modernste Abfertigungsgeräte für alle Abfertigungsbereiche am Flughafen Erfurt zur Verfügung stehen.

Das Personal wurde in umfangreichen Maßnahmen geschult und weiter qualifiziert, um allen Anforderungen des internationalen Flugverkehrs im Hinblick auf die fachmännische Bedienung der Spezialgerätschaften, die Abfertigungstechniken sowie die Service-Leistungen zu entsprechen.

Der Flugplan umfaßt derzeit täglich innerdeutsche Linienflüge nach Augsburg, Berlin, Dortmund, Düsseldorf, Hamburg, Köln/Bonn, Leipzig, München und Stuttgart, die hauptsächlich von Geschäftsreisenden genutzt werden.

Durch die Linienverbindung der Lufthansa von Erfurt nach München wird es Fluggästen aus Erfurt ermöglicht, über das Drehkreuz München das weltweite Streckennetz der Lufthansa nach Europa, den USA und Fernost zu nutzen. Damit wird am Flughafen Erfurt ein preisgünstiges und zeitsparendes Durchbuchungssystem mit allen Annehmlichkeiten für den Passagier angeboten.

Im Bereich der Charterflüge werden mehrfach pro Woche alle europäischen und nordafrikanischen Urlaubsgebiete von 25 internationalen Fluggesellschaften angeflogen. Das beliebteste Urlaubsziel der thüringer Fluggäste war im Sommer 1998 die Insel Mallorca, gefolgt von den Griechischen Inseln und der Türkei (Antalya).

Neben dem Passagierverkehr kommt dem Luftfrachtverkehr eine bedeutende Rolle zu. Güter auf dem Luftweg transportieren zu können, ist eine Grundvoraussetzung für die weltweite Vernetzung von Wirtschaftsräumen. Die Möglichkeit, Produkte schnell und zuverlässig auf globalen Märkten anbieten zu können, ist für die Wirtschaft moderner Industrie- und Dienstleistungsgesellschaften ein wichtiger

Das moderne Abfertigungsgebäude verfügt über zwei Fluggastbrücken.

Flughafen

Die Abfertigung ist mit modernstem Gerät ausgerüstet.

Wettbewerbsfaktor. Diesen Leistungsmerkmalen entspricht insbesondere die Luftfracht. Flughäfen spielen dabei als Schnittstelle zwischen dem Luft- und Landverkehr eine entscheidende Rolle für eine reibungslos ineinandergreifende Transportkette.

Am Flughafen Erfurt steht der Frachtverkehr erst am Beginn seiner Entwicklung. Im Jahr 1994 konnte erstmals ein nennenswertes Frachtaufkommen verzeichnet werden, das seitdem einer erheblichen Steigerung unterlag. Die größte Nachfrage besteht derzeit seitens der thüringer Autoindustrie, die ihre Ersatzteile teilweise per Luftfracht befördern läßt.

Der Flughafen Erfurt verfügt über modernste Gerätschaften zur Luftfrachtabfertigung und kann ausreichende Zolllagerflächen zur Verfügung stellen. Die weitere Ausbauplanung umfaßt den bedarfsgerechten Bau von Frachthallen und Speditionsgebäuden. Der Flughafen Erfurt ist somit in der Lage, dem weiteren Wachstum des Frachtaufkommens gerecht zu werden.

Besonders hervorzuheben ist, daß die Zahl der Flugbewegungen aufgrund des Einsatzes größerer und modernerer Flugzeuge nicht parallel mit der Zahl der Passagiere ansteigt. Seit 1995 konnte sogar eine Reduzierung der Flugbewegungen bei gleichzeitigem Anstieg der Passagierzahlen verzeichnet werden. Der Anstieg der Passagierzahlen geht also nachweislich nicht einher mit einer stärkeren Lärm- und Umweltbelastung.

Der Lärmschutz für die Anwohner des Flughafens nimmt einen hohen Stellenwert ein. Nach Definition der Lärm-schutzzonen und der Installation von 5 stationären Lärmmeßanlagen erfolgt derzeit die Umsetzung des baulichen Lärmschutzes an den betroffenen privaten Wohnhäusern und Kindergärten.

Viele Passagiere reisen von Erfurt über München in die Welt.

Neben den vielfältigen Ausbautätigkeiten wird selbstverständlich der Umweltschutz nicht vergessen. Naturschutzfläche, die im Erweiterungsgebiet des Flughafens liegen, sind bereits erfolgreich verlegt und in ein Pflegeprogramm integriert worden. Daneben erfolgt die Erweiterung von angrenzenden Naturschutzgebiete und die Schaffung neuer Biotope in enger Abstimmung mit den zuständigen Umweltbehörden.

Der Flughafen ist neben der Luftfahrt auch für andere Branchen wie Speditionen und Reiseunternehmen ein begehrter Standort. Darüber hinaus ist er ein Magnet für die Ansiedlung von Gewerbe auf dem Flughafengelände und für die Ansiedlung von Industrie in seinem unmittelbaren Umfeld.

Derzeit sind auf dem Gelände des Flughafens Erfurt insgesamt ca. 400 Personen tätig, wovon die Flughafen Erfurt GmbH selbst 112 Mitarbeiter in folgenden Bereichen beschäftigt: Passagierabfertigung, Bodenverkehrsdienst, Flugbetrieb, Sicherheit, Technik, Umweltschutz und Verwaltung.

Der Flughafen bietet mehr als 400 Arbeitsplätze.

Experten gehen generell davon aus, daß der Flugverkehr mehr und mehr an Bedeutung gewinnt und im 21. Jahrhundert eine Verdoppelung eintreten wird. Der Flughafen Erfurt stellt somit eine Wachstumsbranche dar, die zum wirtschaftlichen Wohl des Freistaates Thüringen einen gravierenden Beitrag leisten kann.

Dank des finanziellen Engagements der Gesellschafter ist der Flughafen Erfurt gerüstet für die Herausforderungen des neuen Jahrtausends.

Unternehmensportrait

Stahl und andere Werkstoffe für Industrie und Handwerk

Thyssen Schulte GmbH – seit 1926 in Erfurt

THYSSEN SCHULTE GMBH
Niederlassung Erfurt

Eine alte Fotografie beweist es – die Wurzeln der Niederlassung Erfurt von Thyssen Schulte gehen auf das Jahr 1926 zurück. Damals noch unter dem Namen "Rheinstahl Eisenwalter GmbH" spielte die Erfurter Filiale des 1896 in Dortmund gegründeten Handelsunternehmens eine wichtige Rolle als Brücke zwischen dem Ruhrgebiet und Ostdeutschland.

Von 1948 bis 1989 gehörte die Niederlassung Erfurt zum VEB Metallurgiehandel. Vielfach mußte unter schwierigen Verhältnissen gearbeitet werden. 1990 konnte ein neuer Anfang gemacht werden. Seither gehört die Niederlassung Erfurt wieder zu Thyssen Schulte und hat sich inzwischen eine sehr anerkannte Position im Stahl- und Werkstoffgeschäft als lagerhaltender Partner von Handwerk, Industrie und Bauwirtschaft in Thüringen erworben.

Von Walzstahl über Spezial- und Edelstahl bis hin zu NE-Metallen und Kunststoffen – Thyssen Schulte liefert Flachprodukte, Profile, Rohre, Vollstäbe und umfangreiches Zubehör aus einer Hand. Alles Material wird auf Kundenwunsch angearbeitet geliefert.

Darüber hinaus verfügt die Niederlassung Erfurt über zahlreiche Spezialitäten, zum Beispiel Schienen für den Straßenbahnbau und höherwertige Stähle oder Kunststoffe für die Balkonsanierung an Plattenbauten.

Kompetente Beratung – das Service-Plus für alle Kunden

Über die Lieferung der Werkstoffe hinaus stehen die Mitarbeiter dem Kunden beratend zur Verfügung. Gemeinsam werden Verarbeitungs- und Anwendungsprobleme gelöst. So wurde beispielsweise kürzlich gemeinsam mit einem mittelständischen Kunden ein neues Verbindungssystem für Edelstahlrohre unter dem Namen „ME-ROWITEC" entwickelt.

Die Niederlassung Erfurt verfügt heute über eine moderne Infrastruktur. Rund 15 Millionen Mark wurden dafür seit dem „Neuanfang" in Hallen und maschinelle Ausrüstungen investiert. Sehr große Bedeutung hat darüber hinaus die Aus- und Weiterbildung der Mitarbeiter. Speziell die Förderung junger Menschen durch Schaffung von Praktikanten- und Ausbildungsplätzen – auch über den eigenen Bedarf hinaus – sieht Thyssen Schulte als Verpflichtung an. Die enge Zusammenarbeit mit dem Firmenausbildungsverbund Erfurt e.V. und anderen Institutionen unterstreicht das Engagement des Unternehmens.

Als traditionsreiche Niederlassung unterstützt Thyssen Schulte heute auch kulturelle und soziale Aktivitäten der Stadt Erfurt, so zuletzt die Domstufen-Festspiele oder die Schaffung des Andreas-Lindwurm-Kunstwerks. ■

Geschäftsleitung:
Ernst W. Bergmann

Verkaufsleitung:
Bernd Witter

Gründungsjahr:
1926

Geschäftstätigkeit:
Handelsunternehmen für
· Walzstahl
· Stahlspezialitäten
· Stahlrohre
· Edelstahl
· NE-Metalle
· Kunststoffe

Anschrift:
Mittelhäuser Straße 80
99089 Erfurt
Telefon (0361) 7590-0
Telefax (0361) 7590-257

Modernes Lager der Thyssen Schulte-Niederlassung in Erfurt.

Güterverkehrszentrum

Das Güterverkehrszentrum Thüringen – Traumstandort in Europas Mitte

Am 3. September 1993 legte der Ministerpräsident des Freistaates Thüringen den Grundstein für das Güterverkehrszentrum Thüringen (GVZ). Dieser Gewerbe- und Logistikstandort gilt als der größte seiner Art in Thüringen. Unter den Güterverkehrszentren in Deutschland rangiert das Erfurter Projekt flächenmäßig ebenfalls an Nummer eins. Innerhalb des sogenannten Masterplanes – dieses Dokument der Bundesregierung hat die Ent-wicklung von 44 GVZ-Standorten zum Gegenstand – hat das GVZ Thüringen den Rang eines Pilot- und Modellprojektes. 1997 wurde das Projekt mit dem Förderpreis der Volks- und Raiffeisenbanken als bester Standort im Freistaat Thüringen gewürdigt.

Was ist und was soll ein GVZ ?

Unter Experten ist es unstritten. Das einzige Rezept gegen den drohenden Verkehrskollaps in Deutschland und Europa besteht darin, den Güterfernverkehr von der Straße auf die Schiene zu verlagern. Mit diesem Ziel hat die deutsche Bundesregierung ein nationales Programm für die Entwicklung von Güterverkehrszentren (GVZ) auf den Weg gebracht. In den kommenden Jahren sollen deutschlandweit 44 GVZ entstehen.

Die miteinander vernetzten GVZ werden den größten Teil des Güterumschlages realisieren, national und international.

Güterverkehrszentren für den Verkehrsmittelwechsel entstehen auch in allen europäischen Ballungsgebieten. Die gute alte Eisenbahn ist das Verkehrsmittel der Zukunft. Die Güterverkehrszentren ermöglichen zuallererst die oben schon erwähnte Bündelung von Fern- und Nahverkehr. Die Güter kommen per Schiene als Ferntransporte im GVZ an und werden für die regionale Feinverteilung auf die Straße umgeladen. Dafür existieren in den Standorten sogenannte Terminals für diesen kombinierten Ladungsverkehr (KLV). Diese Umschlaganlagen gewährleisten schnelle, rationale und damit auch kostengünstige Verladeprozesse, wie sie von der Transportwirtschaft gefordert werden.

Um die KLV-Terminals herum siedeln sich vorrangig Logistiker und Produzenten mit hohem Transportbedarf an. Produktions- und logistiknahe Dienstleistungen finden ebenfalls ein optimales Betätigungsfeld.

Das GVZ Thüringen – Branchen, Zahlen, Fakten

Das GVZ Thüringen ist logistisch ein Traumstandort. Es entsteht exakt in Deutschlands Mitte und in einer der wichtigsten europäischen Wachstumsregionen, dem Freistaat Thüringen. Die Lage an der Eisenbahntrasse Paris-Moskau verheißt mit Blick auf die in absehbarer Zeit extrem expandierenden Ostmärkte ungeahnte Perspektiven. Mit einer Ausdehnung von rund 3,4 Millionen m² (Nettofläche: 2,06 Mio. m²) liegt der Standort im Areal der Landeshauptstadt Erfurt.

In Erfurt reduziert sich ein GVZ nicht auf die reine Umschlagfunktion. Auch produzierende Unternehmen mit hohem Transportaufkommen profitieren hier von den einmaligen logistischen Vorzügen dieses Standortes. Direkt ab Werktor stehen modernste Umschlagkapazitäten zur Verfügung.

Rainer Holzhey

Der Autor wurde am 3. März 1949 in Ranis, Thüringen, geboren. Der Ingenieur für Maschinenbau und Elektrotechnik hat fünf Kinder und ist mit Eisenbahn und Schiene aufs engste verbunden. Praktisch seine gesamte berufliche Tätigkeit in der DDR – von 1968 bis 1990 – realisierte er bei der Deutschen Reichsbahn an mehreren Thüringer Standorten.

Rainer Holzhey gilt als einer der Gründungsväter des GVZ Thüringen. Unmittelbar nach der Wende begann er, dieses Projekt zu entwickeln. Folgerichtig wurde er 1991 der erste Geschäftsführer der GVZ-Entwicklungsgesellschaft.

Selbstverständlich finden auch alle wichtigen Dienstleister und Handwerksbetriebe im GVZ Thüringen ihren Platz.

Die Verkehrseinbindung

Das GVZ Thüringen liegt an der wohl wichtigsten europäischen West-Ost-Eisenbahnmagistrale, der Trasse Paris - Frankfurt/Main - Berlin - Warschau - Moskau. Über diesen Schienenweg werden die osteuropäischen Märkte erschlossen. Die Einbindung Erfurts in das ICE-, IC- und Inter-Regio-Netz der Deutschen Bahn ist erfolgt bzw. verbindlich geplant. Von Erfurt via Rostock oder via Saßnitz verlaufen die kürzesten Schienen-Fährverbindungen nach Skandinavien. Mit dem Neubau der Strecke Erfurt - Halle - Leipzig - Berlin - Hamburg und dem Abzweig von Schwerin nach Rostock bis 1999 wird diese Trasse noch erheblich leistungsfähiger. Über die Bundes-

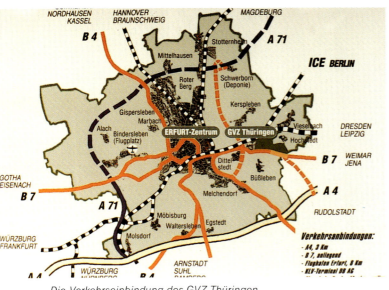

Die Verkehrseinbindung des GVZ Thüringen.

Güterverkehrszentrum

autobahn A 4 (Kirchheimer Dreieck-Dresden) ist das GVZ Thüringen an die wichtigste europäische West-Ost-Straßenverbindung angeschlossen. Zur Zeit entsteht eine eigene Autobahnanschlußstelle, die Ende 1999 übergeben wird. Der Zugang zu den Wachstumsregionen Tschechien und Polen wird sich kurzfristig durch den Bau der A 17 von Dresden nach Prag und analoge Projekte nach Polen noch weiter verbessern. Auch die sogenannte Thüringer-Wald-Autobahn (A71/81), mit deren Bau begonnen wurde, wird die äußere Verkehrseinbindung des GVZ wesentlich verbessern. Diese Autobahn kreuzt bei Erfurt die A 4 und ist damit vom GVZ aus in wenigen Minuten zu erreichen.

Die Bundesstraße B 7 ist direkt an das GVZ angebunden. Die kreuzungsfreie Zufahrt, der sogenannte GVZ-Knoten, wurde 1998 übergeben. Intensiv wird am vierstreifigen Ausbau der B 7 gearbeitet. Auf dieser Trasse ist das Erfurter Zentrum schon in wenigen Minuten zu erreichen.

Das KLV-Terminal der DB AG wird mit modernster Umschlagtechnik ausgerüstet. Diese Anlage garantiert deutlich niedrigere Umschlagzeiten und -kosten und bringt vor allem für den Wechselbrücken- und Containerbereich erhebliche Wettbewerbsvorteile. Die Inbetriebnahme erfolgt Anfang 1999.

Der Logistik-Speditionspark: Herzstück des GVZ Thüringen – und das ist der entscheidende Unterschied zu einem x-beliebigen Gewerbegebiet – ist ein hochmoderner Logistik-Speditionsbereich: das Terminal der Deutschen Bahn AG für den kombinierten Ladeverkehr (KLV-Terminal) und der Logistik- Speditionspark. Im Logistik-Speditionspark sind Unternehmen aus den Bereichen Logistik, Spedition und Lagerei vertreten.

Logistik ist ein Produktivitäts- und Kostenfaktor erster Ordnung. Optimal deshalb die Kombination im GVZ Thüringen: Logistik und Produktion an einem Standort. Transport, Lagerei, Distribution mit modernsten Ausrüstungen und Technologien unmittelbar vor dem Werktor. Verbindungen in alle Welt. Besonders günstig aber nach Osteuropa. Gerade in diese Region werden lohnintensive Vorproduktionen und Zulieferungen verlagert.

Im Handwerkerpark werden sich vorrangig leistungsfähige Unternehmen aus der Region ansiedeln.

Auch dieser Bereich des GVZ Thüringen bietet Service von A wie Abschleppdienst bis Z wie Zulassung. Alle Dienstleistungen rund um das Auto – ob LKW oder PKW – werden hier an einem Standort konzentriert. Selbstverständlich sind Tankstellen und Raststättenbetriebe in dieses Konzept integriert. Zusätzlich entstehen am Standort Hotels, Restaurants, Freizeiteinrich-

Der Standort im Luftbild (Mitte Mai 1998). In der Bildmitte das Warenverteilzentrum von IKEA.

tungen wie Schwimmbad, Sauna, Fitneß-Center, Kino und vieles mehr.

Direkt im zentralen Zugangsbereich des GVZ entstehen die Verwaltung, internationale Handelshäuser, Banken, Versicherungen, Bürokapazitäten, Schulungszentren, Kommunikations- und DV-Dienstleister, Shops, Wachschutz, Zoll und Polizei. Genutzt werden können derzeit zwei attraktive Bürokomplexe: das Office-Center – hier sitzt auch die GVZ-Entwicklungsgesellschaft und das Consulting-Haus.

Das GVZ Thüringen wird vom Konzept bis zur endgültigen Fertigstellung von einer engagierten, kleinen aber schlagkräftigen Mannschaft begleitet – der GVZ-Entwicklungsgesellschaft und den ihr angegliederten Firmen. Neben der GVZ-Entwicklungsgesellschaft garantieren auch das Land Thüringen und die Stadt Erfurt ansiedelnden Unternehmen eine umfassende Unterstützung. Zuständig für das Land sind die Landesentwicklungsgesellschaft Thüringen (LEG) und die Thüringer Aufbaubank. Die GVZ-Projektentwickler garantieren Baugenehmigungen innerhalb vier Wochen nach Antragstellung. Für Investoren im GVZ Thüringen bestehen umfassende Fördermöglichkeiten nach der EU-Klassifikation, die sich vor allem auf die Bereiche Produktion und Logistik konzentrieren.

Mit dem Kaufvertrag für ein Areal im GVZ Thüringen erwirbt der Investor zugleich den Anspruch auf eine perfekte Rundum-Betreuung.

Die GVZ-Beteiligungs- und Betriebsgesellschaft organisiert alle nur denkbaren Dienstleistungen mit dafür sorgfältig und anspruchsvoll ausgewählten Partnern. Die detaillierte Kenntnis der Region und ihrer Anbieter erspart unliebsame Überraschungen mit den „schwarzen Schafen" der Dienstleistungsbranche.

Das GVZ Thüringen ist nach einer aktuellen Einschätzung der Bundesregierung das am weitesten entwickelte Güterverkehrszentrum in den neuen Ländern. Bis Oktober 1998 waren mit 45 Unternehmen Ansiedlungs-Verträge abgeschlossen worden und fast 50 % der Nettofläche vermarktet. Nach der vollständigen Vermarktung wird das GVZ Thüringen 5.000 Arbeitsplätze bieten. Rund 2.000 waren im Oktober 1998 bereits entstanden.

Im Standortwettbewerb der Volks- und Raiffeisenbanken 1997 ist das GVZ zum Landessieger Thüringen gekürt worden. Damit errang zum ersten Mal ein Güterverkehrszentrum bei einem bedeutenden deutschen Standortwettbewerb in der Konkurrenz mit anderen hochkarätigen Gewerbeprojekten den ersten Preis. Hervorgehoben wurde dabei, daß im Erfurter Güterverkehrszentrum ein sehr anspruchsvoller Branchenmix realisiert wird, der sich aus der logistischen Funktion des Standortes ableitet. Trotz dieser sehr hohen Anforderungen an potentielle Investoren wurden in einem vergleichsweise kurzen Zeitraum bereits fast 50 Prozent der Flächen vermarktet und ca. 2.000 neue Arbeitsplätze geschaffen. ■

Anschrift:

GVZ-Entwicklungsgesellschaft mbH Thüringen
In der Hochstedter Ecke 2, 99098 Erfurt
Tel. (03 61) 4 92 26 50, Fax: (03 61) 4 92 26 55
Internet: www.GVZ-Erfurt.de
e-mail: GVZ Thüringen @ T-online.de

Unternehmensportrait

Karosserien maßgeschneidert aus Traditions-Unternehmen

Erfurter Karosseriewerk liefert seit 45 Jahren LKW-Aufbauten in hoher Qualität für die unterschiedlichsten Bedürfnisse

Karosseriewerk Erfurt GmbH

Geschäftsführer:
Dipl.-Ing. Reinhard Taubert
Dipl.-Ing.(FH) Jürgen Lehmann

Gründungsjahr:
1949
1994 als MBOIMBI

Programmschwerpunkte:
Pritschenaufbauten
Kofferaufbauten (Frischdienst-, Kühl-, Spezialtiefkühl-, Leichtbau-, Stahlwechselbehälter)
Spezialaufbauten (HIAB-Ladekrane, MULTI LI FT-Containerwechselsysteme, Kippaufbauten)
Sonderaufbauten (Info-Mobile, Verhandlungs- und Büro-Anhänger)
Sattelauflieger
Wartung und Reparatur für LKW-Aufbauten aller Art

Anschrift:
Erfurter Straße 57
99195 Erfurt
Telefon: (036204) 64-102
Telefax: (036204) 64-108

Das neue Firmengebäude der Karosseriewerk Erfurt GmbH.

Stahlwechselbehälter aus dem Karosseriewerk.

Das Thüringer Unternehmen ist seit über 45 Jahren als Hersteller von LKW-Aufbauten bekannt. Der Ursprung der Karosseriewerk Erfurt GmbH lag in einem Reparaturbetrieb, der aus notwendigen wirtschaftlichen Erwägungen 1949 gegründet wurde. Die Belegschaftsstärke war bis 1990 auf ca. 225 Beschäftigte angewachsen. Damals wurden ca. 25 verschiedene Erzeugnisse von LKW-Aufbauten und Anhängern, Spezialfahrzeugen und PKW-Lastanhängern produziert. Ein erheblicher Teil der Produktion wurde exportiert. Mit der Wende kamen auch die Probleme der Marktwirtschaft auf die am 1.07.1990 gegründete Karosseriewerk Erfurt GmbH zu.

Die erste Personalreduzierung auf 180 Beschäftigte ging einher mit einem Generationswechsel in den Erzeugnissen. Mit verschiedensten Herstellern aus den alten Bundesländern wurde eine Zusammenarbeit diskutiert. 1990 wurde ein Kooperationsvertrag mit einem der größten Aufbautenhersteller aus den alten Bundesländern abgeschlossen.

Nach zwei Privatisierungsfehlschlägen wurde die Firma im Juni 1994 auf Basis eines MBOIMBI mit rund 25 Prozent der ehemaligen Belegschaft privatisiert. Am 29.06.94 konnte der Vertrag über den Geschäftsanteilskaufvertrag der Karosseriewerk Erfurt GmbH zwischen den neuen Gesellschaftern Reinhard Taubert, Jürgen Lehmann, Helmut Radke und der Treuhandanstalt, Niederlassung Erfurt, unterzeichnet werden. 57 Arbeitnehmer und 12 Auszubildende wurden übernommen. Im weiteren Zeitraum konnten bereits vier neue Mitarbeiter eingestellt werden. Die Firma wurde bei laufender Produktion auf das Gelände des ehemaligen Betonwerkes verlagert, wo in relativ kurzer Zeit ein neues Produktionsgebäude mit Verwaltungsteil errichtet wurde. Durch den Umzug in das neue Firmengelände ist es für die Mitarbeiter möglich, in einem angenehmen Arbeitsumfeld mit neuester Technik noch besser zu beraten und rationeller zu fertigen.

Die Karosseriewerk Erfurt GmbH produziert seit 1995 im Norden von Erfurt, zwischen Erfurt und Stotternheim. Trotz allgemeiner wirtschaftlicher Probleme konnte der Umsatz in den letzten Jahren gesteigert bzw. konstant gehalten werden. 1997 wurde ein Umsatz von 8,3 Mio. DM erzielt, 1998 soll er auf 12 Mio. DM ansteigen. Bis Ende August betrug der Umsatz bereits 8,5 Mio DM. Dieser Umsatz wird von 43 Arbeitnehmern und 7 Azubis realisiert.

Im laufenden Jahr ist beabsichtigt, im Güterverkehrszentrum Erfurt eine Tochterfirma zu gründen, um den dort ständig wachsenden Anforderungen für Service und Reparaturen gerecht werden zu können.

Unternehmensportrait

Mit dem Regio-Shuttle durch Thüringen

Die Erfurter Industriebahn hat sich vom einstigen „Dampflok-Altersheim" zu einem Unternehmen mit modernem Personenverkehr entwickelt

Erfurter Industriebahn GmbH

Geschäftsführerin:
Dipl.-Betriebswirtin Heidemarie Mähler

Gründungsjahr:
1912

Mitarbeiter:
26

Anschrift:
Am Rasenrain 16
99086 Erfurt
Telefon (0361) 74207-0
Telefax (0361) 74207-27

Der VT 001 der Erfurter Industriebahn auf der Strecke.

Die Erfurter Industriebahn existiert bereits seit dem Jahr 1912. Sie wurde als kommunales Unternehmen gegründet und ist auch heute als GmbH eine 100prozentige Tochter der Thüringer Landeshauptstadt.

85 Jahre lang bediente die Bahn die Gleisanschlüsse im Norden und Osten der Stadt. Sie übernahm die Wagen auf ihren eigenen Gleisanlagen am Erfurter Ostbahnhof und brachte sie bis zu den Wagenübergabestellen der Firmen. Rückgrat des Gleisnetzes sind ein Bahnhof mit drei 300-400 m langen Hauptgleisen, reichlich Nebengleisen und eine ca. 1,3 km lange Verbindungsbahn zu den Bahnhöfen Erfurt Ost und Nord.

In den sechziger und siebziger Jahren war die „I-Bahn" ein Geheimtip für Dampflokfreunde. Hier gab es Baureihen, die sonst in Deutschland nirgends mehr eingesetzt wurden. Fünf Dampfloks, die bei der Industriebahn im Einsatz waren, sind noch als Museumsloks in Arnstadt, Bochum und Minden vorhanden.

Die Wende in der DDR hat die EIB gut überstanden, obwohl mit dem Wegfall der großen Industriebetriebe auch die meisten Kunden abhanden gekommen sind. Heute greifen wieder 15 Erfurter Unternehmen auf die Dienstleistungen der Industriebahn zurück. Inzwischen konnte auch die Betreibung des Bahnnetzes im Chemiefaserwerk Schwarza übernommen werden. Im September 1995 erhielt die EIB als erstes städtisches Unternehmen der neuen Länder die Anerkennung als „Öffentliche, nichtbundeseigene Eisenbahn". Für das privatwirtschaftlich organisierte Unternehmen der Stadt erschlossen sich damit neue Geschäftsfelder wie die Güterfeinverteilung auf DB-Trassen, den Alleinbetrieb des Schienennetzes im Erfurter Güterverkehrszentrum und vor allem der schienengebundene Personennahverkehr auf Strecken der Deutschen Bahn AG.

„Mit der Unterzeichnung des Verkehrsvertrages zwischen dem Freistaat Thüringen und der EIB beginnt ein neuer, innovativer Abschnitt in der Geschichte unseres Unternehmens", so die EIB-Geschäftsführerin Heidemarie Mähler. „Mit dem Regio-Shuttle von Adtranz bieten wir eine sinnvolle und umweltfreundliche Alternative zum PKW-Verkehr auf der Strecke Erfurt-Leinefelde." Im Zwei-Stunden-Takt, mit Verdichtung im Berufsverkehr, kommen auf dieser Strecke fünf der hochmodernen Wagen mit einer Spitzengeschwindigkeit von 120 km/h zum Einsatz. Viel Komfort und ein völlig neues Fahrgefühl machen das Reisen angenehmer. Breite Doppelschwenktüren und niederflurmäßig abgesenkte Wagen garantieren ein bequemes Ein- und Aussteigen. Alle Sonderleistungen der DB wie Bahncard, Großkundenabos, Freifahrtscheine, Betriebsausweise gelten auch bei der Erfurter Bahn. Werktags wird die Verbindung vor allem von Pendlern genutzt, an den Wochenenden sind viele Touristen in den Dieseltriebwagen unterwegs. In den nächsten Jahren ist die Übernahme weiterer Nahverkehrsverbindungen vorgesehen.

Universität

Public-Private-Partnership – Starke Partner für die Universität

Die Universität Erfurt ist die jüngste deutsche Universität und verfügt zugleich über eine bis ins Mittelalter zurückreichende Tradition. Sie wurde 1392 als dritte Universität in Deutschland gegründet, 1816 geschlossen und nach der Wiedervereinigung Deutschlands 1994 neugegründet. Die Neugründung ist mit dem rechtsstaatlichen und demokratischen Neubeginn in Thüringen eng verbunden. Die Universität weiß sich den Ideen dieses Aufbruchs verpflichtet. Sie will eine Stätte für neue Entwicklungen im deutschen Hochschulwesen sein. In der Mitte Deutschlands und Europas gelegen, sucht sie den interkulturellen Dialog. Die Universität Erfurt will neue Impulse für Forschung und Lehre in die deutsche Wissenschaftsgemeinschaft tragen. Sie will die Forschung in der Universität stärken und das Studium neu gliedern sowie eine darauf bezogene Lehre entwickeln. Die Universität Erfurt setzt auf Kommunikation. Sie will den Diskurs der Fakultäten neu beleben. Lehrende und Lernende sollen sich in einer akademischen Atmosphäre begegnen, die exzellente Leistungen herausfordert. Die Universität Erfurt sucht in ihren Forschungsschwerpunkten den internationalen Wettbewerb. In Erfurt ist Englisch dem Deutschen gleichgestellt. Das internationale Profil der Universität soll sich in der Zusammensetzung der Studierenden, Kollegiaten und des Lehrkörpers widerspiegeln. Studierende aus Erfurt sollen Teile ihres Studiums an ausländischen Universitäten absolvieren. Die Universität Erfurt sucht Hochschullehrer mit Lehrerfahrungen an ausländischen Universitäten. Wir wollen in Forschung und Lehre ein fachübergreifendes, kulturwissenschaftlich ausgerichtetes Programm verwirklichen. Die Universität Erfurt will ihre Studierenden durch eine persönlichkeitsbildende, berufsorientierende und weltoffene Ausbildung befähigen, in ihrem beruflichen Leben erfolgreich zu sein und gleichzeitig das Gemeinwohl im Auge zu behalten. Neue Formen des Lehrens und Lernens mit on-line- und off-line-Medien sollen eine wichtige Rolle spielen. Wir erwarten bei unseren Hochschullehrern Aufgeschlossenheit gegenüber neuen Lernstrukturen und dem Einsatz neuer Medien.

Prof. Dr. Peter Glotz

Der Autor Peter Glotz, Dr. phil., o. Univ.-Professor und Rektor der Universität Erfurt, wurde am 6. März 1939 in Eger geboren.
Studium der Zeitungswissenschaft, Philosophie, Germanistik und Soziologie in München und Wien mit Abschluß Magister Artium (München).
In den 60-er Jahren wissenschaftlicher Assistent am Institut für Kommunikationswissenschaft der Universität München, 1968 Promotion zum Dr. phil., Konrektor der Universität München 1969/70. Geschäftsführer einer Firma für Kommunikationsforschung 1970-72 und Mitglied des Bayerischen Landtages.
26 Jahre politische Tätigkeit, darunter Staatssekretär im Bundesbildungsministerium (1974/77), Senator für Wissenschaft und Forschung Berlin (1977/81), Bundesgeschäftsführer der SPD (1981/87) und Sprecher der SPD-Fraktion für Bildung und Forschung. 16 Jahre Senator der Max-Planck-Gesellschaft, Mitglied des Stiftungsrats des Wissenschaftskollegs zu Berlin seit seiner Gründung.
1991 Allison-Chambers Chair for International Politics, Marquette Universität Milwaukee. 1993 Honorarprofessor für Kommunikationskultur und Medienökologie an der Universität München.
1996 Berufung zum Rektor der Universität Erfurt und o. Univ.-Professor für Kommunikationswissenschaft. Vielfältige Buch- und Zeitschriftenveröffentlichungen zur Kommunikationswissenschaft, Bildungspolitik, Politischen Theorie, darunter drei politische Tagebücher.

Blick auf den künftigen Campus der Universität Erfurt (derzeit Pädagogische Hochschule Erfurt), Gebäude „Alte Mensa", künftiger Sitz des Rektors.

Universität

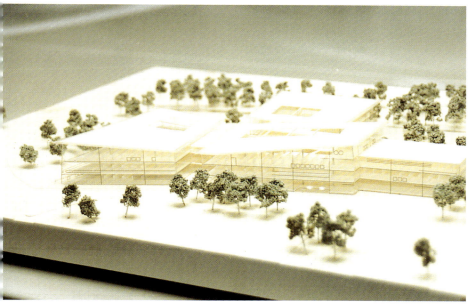

Modell der neuen Universitätsbibliothek vom Münchner Architekturbüro Koch & Partner, Baubeginn 1998 auf dem Campus in der Nordhäuser Straße, Fertigstellung des ersten Bauabschnitts zum Studienbeginn im Herbst 1999.

In der Zeit von 1996 bis 1998 hat die neugegründete Universität ihre Handlungsfähigkeit durch Besetzung der Universitätsspitze, den Erlaß einer Grundordnung und die Konstituierung von Gründungssenat und Kuratorium erlangt. Sie ist bestrebt, durch ein effizientes Hochschulmanagement und neuartige wissenschaftliche Projekte ihren Auftrag zu erfüllen, ein „Labor für neue Entwicklungen im deutschen Hochschulwesen" zu werden. Die Leitbegriffe heißen: „Exzellenz, Internationalität, Transdisziplinarität und Kommunikation". Erfurt ist als kleine, überschaubare Einrichtung konzipiert, die keine „vollständige Universität" mehr sein will und die Geistes-, Staats- und Sozialwissenschaften kulturwissenschaftlich neu zu fundieren sucht. Die Gründung einer „Reformuniversität" in Erfurt ist in der gesamten Bundesrepublik und im Ausland auf reges Interesse und auf die Bereitschaft zur aktiven Mitarbeit gestoßen. Dies zeigt sich in der erfreulichen Resonanz auf die Ausschreibungen. Das Max-Weber-Kolleg für kultur- und sozialwissenschaftliche Studien wurde am 1. April 1998 eröffnet, die ersten Studierenden, in diesem Fall ausschließlich Promovenden, wurden bereits immatrikuliert. Für den Neubau der Universitätsbibliothek auf dem Campusgelände im Norden der Landeshauptstadt wurde im Sommer 1998 der Grundstein gelegt. Der allgemeine Studienbetrieb wird im Wintersemester 1999/2000 mit der neukonzipierten Philosophischen Fakultät beginnen. Ein halbes Jahr später nimmt die Staatswissenschaftliche Fakultät ihren Studienbetrieb auf. In der Philosophischen Fakultät werden zunächst Studiengänge für Sprach- und Literaturwissenschaften, Philosophie, Geschichts- und Religionswissenschaften und im Bereich der Kommunikationswissenschaft eingerichtet, hier insbesondere ein grundständiger kommunikationswissenschaftlicher Studiengang sowie Aufbaustudiengänge z.B. für Medienpädagogik und Unterhaltungskommunikation. In der zweiten Fakultät sollen Studiengänge mit rechts- und wirtschaftswissenschaftlichen Schwerpunkten sowie im Bereich der Soziologie und der Politologie angeboten werden. Danach soll die Pädagogische Hochschule als erziehungswissenschaftliche Fakultät integriert werden. Mit dem Philosophisch-Theologischen-Studium Erfurt, der einzigen Ausbildungsstätte für katholische Priester in der ehemaligen DDR, ist eine enge Kooperation geplant. Das Strukturkonzept der Universität Erfurt ist offen für die Errichtung einer Katholischen Theologischen Fakultät. Der Landeshochschulplan sieht für die Universität Erfurt die Realisierung von 3000 Studienplätzen vor. Als mittelfristiges Ausbauziel hat der Wissenschaftsrat 4000 flächenbezogene Studienplätze benannt. In der Philosophischen Fakultät und in der Fakultät für Staatswissenschaften

Max-Weber-Kolleg der Universität Erfurt.

Blick auf den künftigen Campus der Universität Erfurt (derzeit Pädagogische Hochschule Erfurt), Umbau eines alten Wohnheimes zum Gebäude für die Philosophische Fakultät.

sollen ab dem Wintersemester 1999 dreistufige Studiengänge zur Verfügung stehen. Die Studienabschlüsse in diesen Studiengängen sind der Baccalaureus (B.A.) nach 6 Semestern und der Magister (M.A.) nach 9 Semestern. Darüber hinaus gibt es postgraduale Studiengänge; Promotionsstudiengänge (Dr. phil., Dr. rer. pol.). Die Wahl der Fächer soll frei über die Fakultäten hinweg erfolgen. Ein Ausschuß bestimmter Fächerverbindungen kann von den zuständigen Universitätsgremien beschlossen und in den Studienordnungen benannt werden. In das Grundstudium ist ein verpflichtendes Studium fundamentale integriert, in dem den Studierenden insbesondere das den Geisteswissen-

Universität

Gründungssenat der Universität Erfurt bei seiner ersten Sitzung im Erfurter Augustinerkloster.

schaften gemeinsame methodisch-theoretische Grundlagenwissen vermittelt wird.

Das einzigartige Profil der Universität Erfurt – „der vermutlich letzten staatlichen Universitätsgründung in Deutschland für viele Jahre" – verdeutlicht sich in den „Plänen und Projekten". Diese sollen in neuartigen Formen einer „Public-Private-Partnership" verwirklicht werden. Einige dieser Partnerschaften sind schon geschlossen, nach anderen sucht die Universität noch. So soll als Ergänzung der Staatswissenschaftlichen Fakultät eine „European School of Governance" (EUSG) gegründet werden, die sich der Aufgabe widmet, die künftigen politischen Funktionseliten Europas (Politiker, Diplomaten, politische Beamte, Verbandsvertreter, Gewerkschafter, Mitarbeiter internationaler Organisationen sowie Manager an der Schnittstelle von öffentlichem Dienst und privater Wirtschaft) schon in der Ausbildung miteinander in Kontakt zu bringen. Die „European School of Government" soll eine Stätte sein, wo sich zum Beispiel Franzosen mit der politischen Kultur Deutschlands und Deutsche mit der politischen Kultur Frankreichs vertraut machen können. Sie ist als An-Institut konzipiert, das Regierungen, Verbände und andere öffentliche Einrichtungen berät, die Studierenden in diesen Beratungsprozeß einbezieht und auf diesem Weg zu einem „Master of Public Policy" führt. Die EUSG wendet sich mit ihrem Lehr- und Ausbildungsangebot an Postgraduierte, an Personen, die bereits voll im Berufsleben stehen und an Persönlichkeiten aus Wirtschaft und Politik, die in Führungspositionen sind und mit dem Prinzip des „lebenslangen Lernens" ernst machen wollen. Besonderer Wert wird auf die Vermittlung einer Reihe von Grundfähigkeiten gelegt, z.B. auf Komplexitätsbewältigung, auf Argumentieren und Rhetorik, auf Verhandeln und Vermitteln, auf Kommunikationsfähigkeit und Umgang mit Medien.

Die Universität plant weiter einen Aufbaustudiengang Wirtschaftskommunikation, der sich an Graduierte verschiedener Disziplinen richtet. Zielgruppen sind Graduierte aus wirtschaftswissenschaftlichen Studiengängen (in der Regel Diplomkaufleute) mit entsprechenden Fachkenntnissen in Betriebs- und Volkswirtschaft, Graduierte aus dem bereich Journalistik, Publizistik,

Zur „Erfurter Herbstlese", einer von der Universität mitveranstalteten Lesereihe, konnte im Nov. 1997 Prof. Marcel Reich-Ranicki in der Erfurter Reglerkirche begrüßt werden.

Kommunikations- und Medienwissenschaft bzw. Graduierte mit einschlägiger Berufserfahrung in Journalismus, der Öffentlichkeitsarbeit, den Public Relations und der Werbung. Übergreifendes Studienziel soll es sein, wissenschaftlich fundiert und reflektiert arbeitende Wirtschaftskommunikatoren heranzubilden. Je nach fachlicher Spezialisierung sollen sich für die Absolventen insbesondere die Berufsfelder Wirtschaftsjournalismus, Öffentlichkeitsarbeit/PR, Corporate Identity (für Unternehmensinstitutionen, PR und Online-Agenturen) sowie Werbung eröffnen. Gedacht ist an einen stark praxisorientierten Studiengang unter herausragender Mitwirkung von Lehrbeauftragten und Honorarprofessoren bzw. -professorinnen aus der Wirtschaftspraxis. Die Universität will versuchen, einen Lehrstuhl für Wirtschaftskommunikation zu akquirieren, der nicht auf Lebenszeit, sondern auf Zeit besetzt wird und auch durch Gastprofessoren wahrgenommen werden kann. Der Akzent soll auf einer marktwirtschaftlich orientierten, wissenschaftlich fundierten, aber auch populären Wirtschaftskommunikation liegen. Die neue Bedeutung der Aktienlage in Deutschland zeigt beispielhaft, wie notwendig die Ausbildung professioneller Journalisten auf diesem Feld ist.

Gleichzeitig beabsichtigt die Universität Erfurt, in Kooperation mit dem Bundesverband für den Groß- und Außenhandel, der Industrie- und Handelskammer Erfurt und anderen Partnerorganisationen der privaten Wirtschaft ein „Ludwig-Erhard-Institut für Entrepreneurship in Handel und Dienstleistung" zu gründen. Das Institut soll zu einem Kompetenzzentrum für Handel und Dienstleistungen unter den Bedingungen von Globalisierung und Telematisierung werden. Dabei geht es nicht nur um Handels- und Dienstleistungsforschung, sondern auch um die Klärung der Bedingungen, die Existenzgründung und damit Selbständigkeit begünstigen. Ein solches Kompetenzzentrum ist von besonderer Bedeutung in einem jungen Bundesland, das nach dem Prozeß der Deindustrialisierung auf Tertiarisierung ganz besonders angewiesen ist. Die geplante Einrichtung soll Forschung und Lehre in der bewährten Tradition der deutschen Universität miteinander verbinden, zugleich aber auch ein Kompetenzzentrum für Fachwissenschaftler und Wirtschaftspraktiker werden. Gedacht ist an eine Einrichtung, die Handels-, Dienstleistungs- und Gründungsforschung (deren wissenschaftliches Objekt das betriebswirtschaftliche Geschehen im Umfeld einer Existenzgründung ist) miteinander kombiniert,

Kuratorium der Universität Erfurt bei der konstituierenden Sitz Erfurter Kaisersaal.

Universität

die Existenzgründungen von Akademikern fördert und so einen Brückenkopf zwischen Wissenschaft und regionaler Wirtschaft bildet. Besondere Forschungsschwerpunkte werden die Außenhandelstheorie/International Trade Theory/Internationales Marketing, Wettbewerbsprobleme im Handel, Logistik, Electronic Commerce, das virtuelle Unternehmen, unterschiedliche Formen von Out-Sourcing, aber auch die Außenhandelsbetriebslehre sein. Die Studienpläne sollen darauf ausgerichtet werden, Grundfähigkeiten wie Risikobereitschaft, Durchhaltevermögen, Flexibilität, Mobilität, Kommunikationsfähigkeit und Teamgeist besonders herauszubilden. Hier handelt es sich um Grundfähigkeiten, die für eine Existenzgründung im Bereich Handel und Dienstleistung besonders wichtig sind.

300.000 DM stellte die Deutsche Telekom in 1998 für die Durchführung des Pilotprojektes „Multimediale Unterstützung von Arbeitsprozessen in der Universität Erfurt" zur Verfügung.

Kielbogenportal des Collegium majus (ehemaliges Hauptgebäude der alten Universität Erfurt); 1511/1513 erbaut, 1945 bei Fliegerangriffen zerstört, 1998 Wiederaufbau begonnen.

Anfang Mai findet jedes Jahr das traditionelle „Universitäts-Straßenfest" in der Erfurter Altstadt statt.

Das Pilotprojekt umfaßt die ersten Schritte für das Gesamtvorhaben „Entwicklung der Multimedia- und Telekommunikationsstruktur der Universität Erfurt als Modellprojekt für netzbasiertes Lehren, Lernen und Forschen". Dabei soll die Realisierbarkeit des Modells einer Universität geprüft werden, die wesentliche Teile von Lehre und Forschung durch den Einsatz von Multimedia und Telekommunikation auf effiziente Weise verwirklicht. Konkrete Zielstellungen für das Pilotprojekt sind die Planung und Konzeption des integrativen Medien- und Telekommunikationsdienstes der Universität, die Entwicklung und Erprobung modellhafter Anwendungslösungen sowie die Realisierung von campusübergreifenden Feldtests.

Die Universität Erfurt zielt auf eine Internationalisierung in Forschung und Lehre. Sie will Thüringer, Studenten aus den alten Bundesländern und ausländische Studierende zusammenführen. Eine solche Mischung entsteht nicht naturwüchsig; sie muß geplant werden. Deswegen wird die Universität für drei Jahre (mit Hilfe des Transatlantischen Programms der Bundesregierung aus dem ERP-Vermögen) ein „Marketing and Academic Exchange Program" durchführen, das eine gezielte Kooperation (Joint Programs and Degrees) mit einigen erstrangigen, Erfurt vergleichbaren amerikanischen Universitäten vorbereitet. Gleichzeitig plant die Universität eine „Study Abroad-Faculty" im asiatischen Raum. Eine Definition der Zielländer ist in Vorbereitung. Der Grundgedanke geht dahin, Studierenden aus asiatischen Ländern ein Erfurter „German or European Studies"-Programm zu vermitteln, das sie zu großen Teilen im eigenen Land absolvieren können, das aber durch Sommerkurse in Erfurt ergänzt wird. Warum sollte es auf der ganzen Welt „American Universities" geben, aber nirgends „German oder European Universities"? Erfurt strebt dafür auch eine Kooperation mit einer französischen Universität an. Die Planung soll gemeinsam mit den Carl-Duisburg-Zentren in Angriff genommen werden.

Die Universität Erfurt ist auf neuartige Verbündungen angewiesen. Ein erster Schritt ist ihr mit der Berufung ihres Kuratoriums gelungen. Die wissenschaftliche Gemeinschaft ist dort genauso hochrangig vertreten wie die regionale Gesellschaft. Jetzt sind Mitdenker gefragt, Anreger, Förderer, Sponsoren. Nur so kann die Universität das werden, was aus ihr nach dem Willen von Parlament und Regierung des Freistaats Thüringen werden soll: ein Ort des Nachdenkens und Vorausdenkens der modernen Gesellschaft über sich selbst. ■

Blick auf den künftigen Campus der Universität Erfurt.

Unternehmensportrait

SIEMENS

Seit über 100 Jahren kompetenter Partner in Erfurt

Wichtiger Standort für Fertigung, Vertrieb und Service

Siemens Aktiengesellschaft
Zweigniederlassung Erfurt

Sprecher der Zweigniederlassung:
Hans-Joachim Thurmann

Vertrieb, Service, Dienstleistungen:

- Automatisierungs- und Antriebstechnik
- Anlagenbau und Technische Dienstleistungen
- Straßenverkehrstechnik
- Energieübertragung und -verteilung
- Medizinische Technik
- Gebäudetechnik
- Information and Communication Networks
  - Systemvertrieb
  - Regionalvertrieb

Anschrift:
Europaplatz 1
99091 Erfurt
Telefon: (0361) 753-0
Telefax: (0361) 753-4000

Die Siemens-Zweigniederlassung Erfurt.

Bereits seit über 100 Jahren ist Siemens in Erfurt präsent und kann damit auf eine lange Tradition als Partner von Industrie, Handwerk und Kommunen verweisen. Den guten Ruf des Hauses Siemens begründen innovative, qualitativ hochwertige, langlebige und zuverlässige Produkte sowie die Fähigkeit, sich wandelnden Marktbedingungen anzupassen. Beschleunigte Innovationszyklen, deregulierte Märkte und neugestaltete Kundenbeziehungen: Diesen Herausforderungen stellen wir uns mit der konsequenten Ausrichtung unserer Vertriebs- und Serviceleistungen auf die Anforderungen unserer Kunden, mit der Konzentration auf die Kernarbeitsfelder unseres Unternehmens sowie mit der Schaffung neuer, wettbewerbsfähiger Strukturen im Bereich der Dienstleistungen. Ganz gleich, ob es sich um Automatisierungskonzepte oder Antriebstechnik, Anlagen und Systeme für die Produktionsautomatisierung oder die Energieversorgung, um Medizintechnik, Verkehrstechnik oder moderne Kommunikationssysteme handelt – wir sind kompetente Ansprechpartner. Zuvor an vier Standorten in der thüringischen Landeshauptstadt untergebracht, arbeiten nun in der Zweigniederlassung unter der Adresse Europaplatz 1 die Mitarbeiter aller Geschäftsbereiche und -gebiete Tür an Tür. Damit sind beste Voraussetzungen für das Zusammenwachsen der Bereiche und unserer Partner gegeben.

Mit ausgereiften Lösungen ist Siemens maßgeblich am Auf- und Ausbau der wirtschaftlichen Infrastruktur Thüringens und seiner Landeshauptstadt beteiligt. Beispiel dafür ist das neue Messegelände in Erfurt: Mehrere Bereiche unseres Unternehmens waren daran beteiligt, das Areal als einen attraktiven Veranstaltungsort mit modernsten Hallen und technischen Anlagen sowie innovativer Kommunikations- und Präsentationstechnik zu gestalten. Von der Planung über die Realisierung bis hin zum Service übernahm Siemens alle wesentlichen Projektleistungen. Über Kooperationsbeziehungen zu klein- und mittelständischen Unternehmen stärkt Siemens zudem die industrielle Basis in Thüringen. Für rund 165 Millionen DM wurden im vergangenen Geschäftsjahr Produkte und Dienstleistungen allein von Thüringer Firmen gekauft.

Unternehmensportrait

Kernkomponenten für Generatoren aus Erfurt

Elektromaschinenwerk Erfurt liefert Bleche und Stäbe für alle Baureihen von Siemens-Generatoren

Firmensitz in Erfurt.

SIEMENS

Elektromaschinenwerk Erfurt

Leitung:
Günter Böing
Michael Becker

Gründungsjahr:
1991

Geschäftstätigkeit:
Herstellung und Vertrieb
von Kernkomponenten
für Siemens-Generatoren

Anschrift:
Grubenstraße
99086 Erfurt
Telefon: (0361) 753-0
Telefax: (0361) 753-1020

Im Betriebsteil Erfurt werden Kernkomponenten für die Siemens-Generatoren gefertigt: Bleche und Stäbe. Im Rahmen der Restrukturierung werden hier diese Komponenten für alle Baureihen von Generatoren konzentriert. Die Fertigung wird abgerundet durch die Produktion zusätzlicher Komponenten wie Erregermaschinen, Kommutatoren, Bürstenabhebevorrichtungen, Schleifringe usw.

Die Blechsegmente-Fertigung erfolgt ab Coil vollautomatisch und computergestützt, täglich können bis zu 25 t Blech verarbeitet werden. Blechpakete aus bis zu 80.000 Blechen werden mit einer Lagetoleranz besser als 0,1‰, bezogen auf die Blechpaketlänge, geschichtet.

Die Stabfertigung besitzt eine Jahreskapazität von rund 1.000 Einzelstäben mit Hochspannungsisolierungen bis 27 kV und Längen bis zu 13 m. Die dreidimensional gebogenen Stäbe werden ebenfalls mit Lagetoleranzen besser als 0,1‰, bezogen auf die Stablänge, gefertigt.

Neben der Komponentenfertigung erfolgt in Erfurt der komplette Bau von 4-poligen Drehstrom-Synchron-Generatoren der Baureihe TL II mit Leistungen zwischen 10 und 50 MVA und 2-polige-Generatoren der Baureihe TLR I im Leistungsbereich von 20 bis 100 MVA.

Der Service-Bereich umfaßt luftgekühlte Drehstrom-Synchron-Generatoren und führt Instandhaltungen – sowohl im Werk als auch weltweit vor Ort – aus. Das gleiche gilt für Wasserkraft-Generatoren aller Leistungsklassen und Fabrikate sowie für Hochspannungs-Motoren (bis 20 MVA), Gleichstrommaschinen und Bahnstrom-Umformer 50 / 16 2/3 Hz. ■

Generatorständer.

Fachhochschule

Existenzgründer rekrutieren zunehmend aus Hochschulen

Fachhochschulen zeichnen sich in der deutschen Hochschullandschaft durch ihre praxisorientierte Ausbildung der Studierenden bei kurzen Studienzeiten aus. Durch ihre regionale Struktur sind sie prädestiniert, den Bedarf an Hochschulabsolventinnen und -absolventen für das mittlere Management, vorrangig für die regionalen Unternehmen abzudecken. Das Anliegen einer anwendungsorientierten Forschung ist neben der Lehre ein dominantes Merkmal der Fachhochschulen.

In den neuen Bundesländern kommt der Nutzung der Forschungspotentiale der Fachhochschulen durch kleine und mittlere Unternehmen eine besondere Rolle zu, weil sich die zumeist jungen Firmen wegen fehlender personeller und sächlicher Ressourcen eine hauseigene Forschung nicht leisten können.

Mit dem novellierten Hochschulrahmengesetz und Thüringer Hochschulgesetz wird die Eigenverantwortung der Hochschulen gestärkt, und durch die wahlweise Einführung von Bachelor-

Prof. Dr.-Ing. habil. Wolfgang Storm

Der Autor wurde 1939 in Friedland (heute Tschechien) geboren und legte 1957 in Jena das Abitur ab. 1963 Hochschulabschluß als Diplom-Ingenieur. 1963 bis 1968 Wissenschaftlicher Assistent an der HAB Weimar. 1968 Promotion zum Dr.-Ing. in Verbindung mit einer Auftragsforschung der Keramischen Werke Hermsdorf. 1968 bis 1979 Wissenschaftlicher Oberassistent an der HAB Weimar. 1979 bis 1981 Mitarbeiter Forschung und Entwicklung, Hennebergporzellan Ilmenau. 1981 bis 1989 Wissenschaftlicher Mitarbeiter an der HAB Weimar. 1983 facultas docendi für das Fachgebiet „Thermische Verfahrenstechnik". 1989 bis 1992 Dozent an der HAB Weimar. 1990 bis 1992 Prodekan an der HAB Weimar. 1991 Berufung an die neu gegründete Fachhochschule Erfurt, Fachbereich Versorgungstechnik. 1992 bis 1997 Vorsitzender des Konzils der Fachhochschule Erfurt, seit 1. Juli 1997 Rektor der Fachhochschule Erfurt.

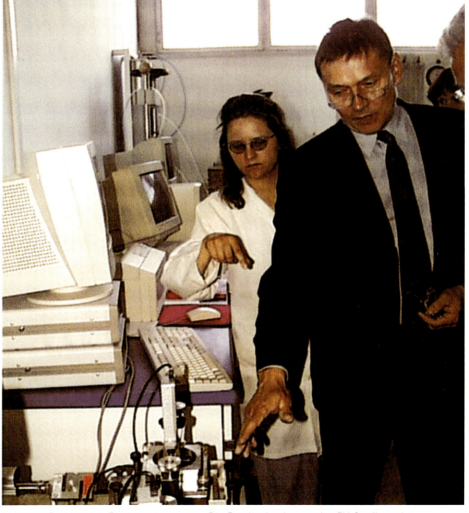

Labor im Fachbereich Bauingenieurwesen. Die Praxisorientierung des FH-Studiums ist charakteristisch für die Studienart.

und Masterabschlüssen werden auch für die Fachhochschulen die Chancen für die Hochschulabsolventinnen und -absolventen auf dem europäischen Arbeitsmarkt gestärkt und ein wichtiger Schritt zur Internationalisierung der deutschen Hochschulen getan.

Die Fachhochschule Erfurt, erst 1991 gegründet, ist mit 3.500 Studierenden die größte der vier Thüringer Fachhochschulen und der vier Erfurter Hochschulen. Allein im Herbst 1998 begannen 830 Studentinnen und Studenten ihre Ausbildung an der FH. Auf momentan sechs Standorte in der

Fachhochschule

Dom- und Landeshauptstadt Erfurt verteilt, bietet sich an der Fachhochschule ein umfangreiches Fächerspektrum für Studieninteressenten. Mit einem Studienangebot in den Studiengängen Architektur, Bauingenieurwesen, Betriebswirtschaftslehre, Gartenbau, Landschaftsarchitektur, Restaurierung, Sozialwesen, Transport- und Verkehrswesen sowie Versorgungstechnik bildet die Fachhochschule Erfurt Absolventinnen und Absolventen für die Region und darüber hinaus aus. Die Studieninhalte werden ständig nach den Erfordernissen der Praxis und unter Nutzung neuester wissenschaftlicher Erkenntnisse aktualisiert. Dazu gehören auch Überlegungen zur Einführung von neuen Studiengängen mit interdisziplinärem Charakter. Gegenwärtig wird, wie an vielen Standorten Ostdeutschlands, auch an der FH in Erfurt viel gebaut. So soll es zukünftig nur noch vier Standorte geben; alte Gebäude werden saniert bzw. modernisiert und so beste Bedingungen für den Studienbetrieb geschaffen. Am Standort Altonaer Straße wird sich auf diese Weise der Campus der Fachhochschule Erfurt etablieren, der einem Großteil der Hochschulbereiche Unterkunft bieten wird.

Die Hochschule kann auf stolze Traditionen zurückblicken. So gab es in Erfurt bereits seit 1901 die Preußisch-Königliche Baugewerkeschule, deren fachliche Traditionen sich die baubezogenen Fachbereiche, insbesondere Architektur und Bauingenieurwesen, verpflichtet fühlen.

Von 1955 bis 1991 gab es die Ingenieurschule für Heizungs-, Luft- und Sanitärtechnik Erfurt, die einzige Ingenieurschule dieser Fachrichtung im Osten Deutschlands. Ihre Ausbildungstraditionen leben im 1991 gegründeten Fachbereich Versorgungstechnik fort, der unter Einbeziehung neuer Studienrichtungen auf höherem Niveau Diplomingenieure (FH) der Versorgungstechnik ausbildet. Das traditionelle Absolvententreffen der Versorgungstechniker füllte in den letzten Jahren sogar Erfurts größten Saal, die Thüringen-Halle. Ist die Stadt Erfurt durch die ehemalige Internationale (jetzt: Erfurter) Gartenausstellung und durch viele Gartenbaubetriebe bekannt, so ordnet sich die Fachhochschule mit ihren „grünen" Bereichen Gartenbau und Landschaftsarchitektur in dieses Image ein. Am Standort einer um 1900 gegründeten Gärtnerei und späteren Gartenbauschule – die Traditionen gehen auf das 1887 gegründete Bad Köstritzer Institut für Gartenbau und Landwirtschaft zurück – setzen die beiden Fachbereiche die Tradition der Ausbildung in diesen ökologisch orientierten Fächern in neuer Qualität fort. Das 1997 noch in der Konzeption befindliche Projekt Landschaftspflegepark und eine neue, nach modernen Gesichtspunkten ausgelegte Gewächshausanlage wurde seit 1998 und wird in den nächsten Jahren

Im Campus Altonaer Straße wird eine ehemalige Gewehrfabrik zum Hochschulstandort. Zwei neue Hörsäle wurden im Sommer 1998 fertiggestellt.

öffentlicher, anschaulicher und begehbarer Ausdruck dieser Tradition sein. Gebündelt mit den Aktivitäten der Stiftung Deutsches Gartenbaumuseum Erfurt, der Lehr- und Versuchsanstalt Gartenbau Erfurt sowie des Blaue Liste-Institut für Gemüse- und Zierpflanzenbau Großbeeren/Erfurt e.V. wird das EXPO-Projekt „Science Center Gartenwelt" durch die beiden „grünen" Bereiche der Fachhochschule maßgeblich befördert.

Für eine praxisorientierte Lehre stehen den Studierenden 15 Professorinnen und 115 Professoren sowie rund 150 Mitarbeiterinnen und Mitarbeiter zur Seite. Obwohl der Anteil der Professorinnen über dem Durchschnitt der Thüringer Hochschulen liegt, ist die Fachhochschule Erfurt bemüht, diesen Anteil noch weiter zu erhöhen.

Im Bestreben, den Absolventen mit einer umfassenden Ausbildung beste Chancen auf dem Arbeitsmarkt zu bieten, geht die Hochschule vielfältige Wege. So sind es nicht nur die in den Studienordnungen vorgeschriebenen Praktika, die den Praxisbezug realisieren; im Zusammenwirken mit Firmen und Einrichtungen, wie z.B. der Industrie- und Handelskammer, werden zusätzliche Ausbildungs- und Weiterbildungsangebote offeriert: etwa Existenzgründerseminare. Ein bundesdeutsches „Unikat" beispielsweise am Fachbereich Wirtschaftswissenschaft ist eine Professur „Praktische Kommunikationstechniken". Damit werden die Absolventinnen und Absolventen auf den Alltag in der Praxis vorbereitet und lernen, sich und ihr Wissen und Können entsprechend zu präsentieren.

Neue Wege geht die FH in Sachen Ausbildung gemeinsam mit Partnern aus der Praxis. Seit dem Wintersemester 1998/99 wird am Fachbereich Versorgungstechnik, gemeinsam mit der Industrie- und Handelskammer Erfurt sowie der Handwerkskammer Erfurt, ein „Integrationsmodell Berufsausbildung und Fachhochschulstudium" angeboten. Hier können die Teilnehmer in fünf Jahren zwei Abschlüsse erwerben, den Berufsabschluß und das FH-Diplom. Mit dem „Erfurter Modell" wird 1998 erstmalig ein Integrationsmodell realisiert, das Berufsausbildung und Fachhochschulstudium zusammenführt und die Praxisbezogenheit der Fachhochschulausbildung mit einem in Deutschland neuen Konzept dokumentiert. Einerseits erlernen die TeilnehmerInnen vor der eigentlichen Immatrikulation und überwiegend in den Semesterpausen einen Beruf, andererseits absolvieren sie als „ordentliche" Studierende in einer Regelstudienzeit von 8 Semestern den Studiengang Versorgungstechnik.

Ein weiterer Schwerpunkt der Modernisierung des Fachhochschulstudiums liegt in der ständigen Erweiterung der Medienkompetenz der Lehrenden und Studierenden. In allen Fachbereichen der FH Erfurt wird bereits im großen Umfang computergestützt gearbeitet, von Versorgungstechnik über Landschaftsarchitektur bis Sozialwesen. In allen Fachbereichen existieren Computer-Pools mit 25, 30 oder mehr multimediafähigen Arbeitsplätzen. Die Computer stehen auch für das Selbststudium bzw. für Studienarbeiten zur Verfügung. Durch eine im Sommersemester 1999 beginnende fachübergreifende

Fachhochschule

Studierende gestalteten während der Erfurter Hochschultage 1998 das Universitätsstraßenfest in Erfurts Innenstadt mit.

Vertiefungsrichtung „Informationsmanagement und Medienkommunikation" soll ein breites Spektrum berufs- und praxisbezogener Kompetenzen, wissenschaftlichen Wissens und instrumenteller wie auch sozialer Fähigkeiten vermittelt werden, die es ermöglichen, themenzentriert ökonomische, gesellschaftliche, soziale, ästhetische und technische Aspekte und Prozesse von (medien-, technikvermittelter) Information und Kommunikation zu analysieren, zu strukturieren und managerial zu planen und zu gestalten.

Bei der Konzeption der multidisziplinären Vertiefungsrichtung wird auf das im FB Sozialwesen seit drei Jahren erprobte Lehrkonzept „Theorie und Praxis von Multimedia" aufgebaut, bei dem im Sinne eines konstruktivistischen Ansatzes die Studierenden mit dem Medium AUTHENTISCHE INHALTE und Fragen ihres Fachs bearbeiten – und in multimediale und interaktive Informations-Software umsetzen.

Die Herkunft von Studierenden und Lehrenden ist sehr unterschiedlich. Die Fachhochschule Erfurt ist eine Hochschule mit einem großen regionalen Bezug, die in vielfältiger Weise mit Unternehmen und Einrichtungen Erfurts und der Region verbunden ist. Etwa drei Viertel der Studierenden stammen aus Thüringen, das verbleibende Viertel kommt überwiegend aus den angrenzenden Bundesländern. Seit Gründung der Hochschule haben sich auch ihre internationalen Kontakte kontinuierlich entwickelt; so kommen über 30 Studierende aus dem Ausland. Zahlreiche Verbindungen hat die FH zu ausländischen Hochschulen, so in Frankreich, Großbritannien, Rußland, Ungarn oder USA.

Neben dem obligatorischen Soll des Studiums gibt es an der Hochschule und in der Blumenstadt Erfurt vielfältigste Betätigungsfelder. Sangesfreudige Studierende treffen sich im Chor der FH, Sportbegeisterte finden sich bei Eissportarten oder Leichtathletik, nutzen den nahen Thüringer Wald mit Rennsteigwanderungen oder winterlichen Skiläufen. Kulturfans zieht es zu verschiedensten Veranstaltungen in und um die Stadt, das bekannte Weimar (1999 Europäische Kulturhauptstadt) liegt praktisch um die Ecke. Sehenswürdigkeiten wie der Dom, die Krämerbrücke oder der Thüringer Zoo ziehen viele Besucher an. Unterkunft finden die Studierenden in und um Erfurt, entweder in der privaten „Bude" oder in einem der Wohnheime des Studentenwerks Erfurt-Ilmenau. Diese Einrichtung ist auch für die soziale und kulturelle Betreuung der Studierenden zuständig.

Mit den in der Endausbaustufe vorgesehenen 3.500 flächenbezogenen Studienplätzen wird die Fachhochschule Erfurt zu Beginn des neuen Jahrtausends etwa 3.600 bis 3.800 Studierende haben. Schon jetzt hat sie die höchste Studierendenzahl der Thüringer Fachhochschulen. Ungeachtet dessen herrscht an der Hochschule ein Klima der Zusammengehörigkeit und Gemeinsamkeit; die einzelne Studentin oder der einzelne Student geht nicht in der Anonymität unter, weil „man/ frau sich einfach kennt". Wie sagte doch ein Student auf die Frage, wie es ihm in Erfurt gefiele? „Wir verstehen uns gut, hier haben die Leute noch füreinander Zeit."

Mitglieder des Fachbereichs Bauingenieurwesen während der Erfurter Hochschultage 1998 mit ihrem Infostand in der Erfurter Innenstadt.

Fachhochschule Erfurt
University of Applied Sciences

Adresse:	Altonaer Str. 25a, 99085 Erfurt
Tel.:	(0361) 67 00 – 0
Fax:	(0361) 67 00 – 703
Internet:	http://www.fh-erfurt.de
Rektor:	Prof. Dr.-Ing. habil. Wolfgang Storm
Prorektorin:	Prof. Dr. Gerlinde Krause
Prorektor:	Prof. Dr. Wolf Wagner
Kanzler:	Rudolf Tilly
Beschäftigte:	ca. 285
Studierende	ca. 3.500 im WS 98/99
Studiengänge:	9
	Architektur
	Bauingenieurwesen
	Betriebswirtschaftslehre
	Gartenbau
	Landschaftsarchitektur
	Restaurierung
	Sozialwesen
	Verkehrs- und Transportwesen
	Versorgungstechnik
Bibliothek:	90.000 Bände

Unternehmensportrait

Partner für die Erfurter Wirtschaft und Lernende

Das Institut für kreatives Lernen (IKL Training GmbH) sorgt für Ausbildung auf hohem Niveau und hohe Vermittlungsquoten

IKL Training GmbH

Schulleiter:
Werner Herold

Gründungsjahr:
1990

Mitarbeiter:
12

Tätigkeit:
Aus- und Weiterbildung in kaufmännischen Berufen

Anschrift:
Benaryplatz 2/3
99084 Erfurt
Telefon (0361) 2 25 90 29
Telefax (0361) 2 25 90 30

Seit 1990 ist die IKL Training GmbH als Bildungsunternehmen am Standort Erfurt erfolgreich tätig. Zum Team gehören zwölf festangestellte Mitarbeiter und extern tätige, kompetente Trainer und Referenten. Sie alle verstehen sich als Partner der Wirtschaft und der Lernenden zur Sicherung des notwendigen Wissenstransfers. Überdurchschnittliche Prüfungsergebnisse vor der IHK und gute Vermittlungsquoten in den Arbeitsmarkt sind das Ergebnis einer praxisnahen Unterrichtsgestaltung durch qualifiziertes und motiviertes Lehrpersonal.

Die Villa Benary – Schulungsstandort der IKL Training GmbH.

Im Dezember 1997 konnte das Unternehmen nach DIN ISO 9001 (s. auch Foto unten) zertifiziert werden. Die Bildungseinrichtung IKL Training GmbH verfügt über einen modernen Standard an Unterrichtstechnik in attraktiv ausgestatteten Unterrichts-, Übungs- und Seminarräumen.

Was macht IKL?

Durch den gewaltigen Wandel in der Wirtschaft verändern sich auch die Anforderungsprofile in den Berufen. Der Arbeitsmarkt verlangt Fachkräfte, die sowohl fachlich als auch sozial qualifiziert sind. Deshalb stehen wir Ihnen zur Seite mit unserem Angebot für

· Seminare
· Umschulungen
· Aufstiegsfortbildungen
· Überbetriebliche Erstausbildung
· Weiterbildung
· EDV - Trainings

in Vollzeitform, berufsbegleitend, mit und ohne staatliche Prüfung oder Kammerprüfungen. Spezialisiert ist die IKL Training GmbH für die Berufe Bürokaufmann/-frau, Kaufmann/-frau für Bürokommunikation, Kaufmann/-frau für Grundstücks- und Wohnungswirtschaft, Industriekaufmann/-frau, Kaufmann/-frau für Groß- und Außenhandel und Speditionskaufmann/-frau.

Ausgehend von dem sich auch am Wirtschaftsstandort Erfurt vollziehenden Wandel in der Wirtschaft konzentrieren wir unseren Bildungsauftrag auf neue berufliche Inhalte im Berufsfeld Wirtschaft und Verwaltung. Unsere Aufgaben als Bildungsdienstleister in Sachen „Euro" nehmen wir selbstverständlich auch mit höchster Sorgfalt wahr.

Mit unseren Geschäftsbereichen:

Außerbetriebliche Erstausbildung
Betriebliche Weiterbildung
Berufsbegleitende Qualifizierung

unterstützen wir jeden Einzelnen bei der Realisierung seiner Ziele, setzen uns für die Ziele der Unternehmen ein und unterstützen den Standort Erfurt in seiner wirtschaftlichen Entwicklung.

Übergabe der ISO-Zertifizierungsurkunde im Beisein von Herrn Neigefindt (1.v.links) und anderen Persönlichkeiten.

Bildung

Breitgefächerte Bildungschancen und Angebote für Freizeitgestaltung

Die Stadt Erfurt bietet ihren Kindern und Jugendlichen ein breitgefächertes Spektrum an Bildungschancen, deren Besonderheit in der angestrebten Verflechtung einer guten, lehrplangerechten Schul- und Berufsausbildung mit Angeboten für eine sinnvolle Freizeitgestaltung besteht. Die Vielfältigkeit dieser Erfurter Bildungslandschaft soll in den folgenden Ausführungen in kurzer Form skizziert werden.

Die 34 gleichmäßig über das Stadtgebiet verteilten Staatlichen Grundschulen gewährleisten kurze Schulwege für fast alle Schulkinder der 1. bis 4. Klasse. Die Grundschulkinder können auf Wunsch an der in allen Grundschulen Erfurts angebotenen Mittagessenversorgung teilnehmen und darüber hinaus eine Ganztagsbetreuung im Grundschulhort der jeweiligen Grundschule in Anspruch nehmen. "Offene Unterrichtsformen", Projektwochen, Arbeitsgemeinschaften und Schulfeste unter Nutzung der im allgemeinen sehr großzügig gestalteten Schulgelände unterstützen die Bemühung, den Grundschulkindern neben dem Unterricht im engeren Sinne in ihrer Schule ein umfassendes Bildungs- und Freizeitangebot anzubieten. Den Schülern mit besonderem Förderbedarf stehen sowohl spezielle Förderklassen als auch entsprechende Förderschulen zur Verfügung. Mehrere Grundschulen bieten zusätzlich zum vorgeschriebenen Lehrplan bereits Sprachunterricht an.

Nach dem Besuch der Grundschule folgt die für Thüringen typische Aufteilung der Schülerinnen und Schüler auf die Schulformen Regelschule oder Gymnasium, falls nicht die Aufnahme in eine der zwei Erfurter Gesamtschulen bevorzugt wird. In den Regelschulen kann sowohl der Hauptschulabschluss und Qualifizierende Hauptschulabschluss als auch der Realschulabschluss erworben werden. In den Gymnasien wird das Abitur - wie in Thüringen üblich – bereits nach 12 Schuljahren erreicht.

Die Erfurter Regelschulen sind bestrebt, außer einem soliden Fachunterricht eine umfassende pädagogische Arbeit zu leisten und die Schule als Lebensraum für ihre Schüler zu gestalten. Eine

Dr. Werner Ungewiß

Der Autor ist Amtsleiter des Schulverwaltungsamtes der Erfurter Stadtverwaltung. Seine 3-jährige Berufsausbildung zum Schlosser beinhaltete das Abitur, so daß er nach Ableistung des Grundwehrdienstes ein Studium an der Pädagogischen Hochschule Erfurt mit dem Abschluß als Diplomlehrer für Polytechnik anschließen konnte. Ein Forschungsstudium von 1989 bis 1991 beendete er als doctor paedagogicae.

Vielzahl von schulischen Arbeitsgemeinschaften rundet deshalb die Freizeitgestaltung nach dem Unterricht ab. Als ein Beispiel unter vielen sei die Nutzung der Erfurter Schulsternwarte genannt, in der interessierten Schülern 8 Fernrohre für eine gleichzeitige Himmelsbeobachtung zur Verfügung stehen. Die umfangreiche und moderne Ausstattung der zwei kommunalen Erfurter Technikzentren wird von mehreren Regelschulen zur Unterstützung ihres praxisorientierten Unterrichts im Bereich Wirtschaft/Technik genutzt, und während Computerkabinette früher nur in diesen Technikzentren zur Verfügung standen, sind sie heute bereits in der Mehrzahl der Schulen eingerichtet.

Die Auswahl des gewünschten Gymnasiums liegt nach geltender Thüringer Schulgesetzgebung in Verantwortung der Eltern. In Erfurt führt dies auf Grund des breiten Angebots zur Qual der Wahl, denn auf das Abitur können sich die Kinder ab der 5. Klasse nicht nur in den 9 Staatlichen Gymnasien vorbereiten. Außer den bereits genannten zwei Gesamtschulen stehen noch das Evangelische Ratsgymnasium, die Edith-Stein-

J.-Gutenberg-Gymnasium.

Bildung

Schule (in Trägerschaft des Bistums Erfurt) und das Pierre-de-Coubertin-Gymnasium (Spezialschule für Schüler mit leistungssportlicher Eignung) für eine gymnasiale Ausbildung zur Verfügung. Auch die neun Staatlichen Gymnasien weisen eine unterschiedliche Profilierung auf, die vom mathematisch-naturwissenschaftlichen Spezialschulteil des Albert-Schweitzer-Gymnasiums über zahlreiche weitere Schwerpunktsetzungen bis zum bilingualen Zweig (Geographie- und Geschichtsunterricht in französischer Sprache) des Albert-Einstein-Gymnasiums reicht.

In den Berufsbildenden Schulen Erfurts werden zur Zeit über 12.000 Berufsschüler in 80 Ausbildungsberufen sowie 6 verschiedenen Vollzeitschulformen unterrichtet.

Für die Qualität der Erfurter Förderschulen spricht der Umstand, dass Familien im Interesse ihrer behinderten Kinder ihren Wohnsitz in Erfurt suchten. In diesem Zusammenhang sind vor allem die Staatliche Förderschule für Körperbehinderte sowie die Staatliche überregionale Förderschule für Schwerhörige/Gehörlose Erfurt/Gotha zu nennen, die beide über eine jahrzehntelange Erfahrung, ein Internat und - nach umfangreichen Baumaßnahmen - über eine sehr gute Ausstattung verfügen.

Wie schon erwähnt, gilt der Schaffung von Freizeitangeboten für unsere Kinder und Jugendlichen die besondere Aufmerksamkeit der Erfurter Schulen. Aber auch außerhalb von ihnen bieten sich interessante Freizeiteinrichtungen mit Bildungscharakter für eine Nutzung an. Zu nennen ist hierbei besonders die Erfurter Schülerakademie, die sich im unmittelbaren Stadtzentrum mit der Volkshochschule ein eigenes Schulgebäude, die frühere Schottenschule, teilt. Ihr Bereich Mathematik mit seinen Kursen und Wettbewerben (inkl. Schach) besitzt langjährige Erfahrungen in der Gestaltung der Schülerfreizeit. Aus den Arbeitsgemeinschaften zur Elektronik wurde der heute umfangreichste Bereich Computer, der über 4 Computerkabinette verfügt. Das Angebot reicht vom Computerspiel bis zu den Programmiersprachen C++ und Delphi und wendet sich an Schüler der Klassenstufen 2 bis 12. Aus dem Bereich Biologie entwickelte sich das heute fast eigenständige Schüler-Öko-Zentrum. Die typische Arbeitsweise der Schülerakademie ist der kontinuierliche Besuch von Jahreskursen, nach deren erfolgreichem Abschluss die Teilnehmer Zertifikate erhalten. Der jährliche Tag der offenen Tür dient dem Kennenlernen der Einrichtung, in der gleichermaßen Wünsche der Kinder und Jugendlichen erfüllt und planmäßiger Schulstoff erweitert werden.

Berufsschulunterricht für zukünftige Installateure.

Gezielte Förderung auf vielen Gebieten

Erfolge Erfurter Sportler beruhen nicht zuletzt auf den Möglichkeiten, die ihnen in der Erfurter Bildungslandschaft, beginnend in der Grundschule, geboten wurden. Eislaufen und Leichtathletik im Sportunterricht dafür ausgewählter Grundschulen ermöglichen ein frühzeitiges Training ohne Vernachlässigung schulischer Pflichten. Die gezielte sportliche Förderung setzt sich für ältere Schüler im außerschulischen Bereich unter Anleitung ausgebildeter Sportlehrer fort, wobei neben Leichtathletik, Eiskunst- und Eisschnelllauf auch Eishockey, Volleyball und Radsport im Mittelpunkt des in Erfurt betriebenen Nachwuchsleistungssports stehen. Eine besonders gezielte Förderung ermöglicht das Pierre-de-Coubertin-Gymnasium (mit angegliederten Regelschulklassen), denn durch sein Internat und seine Erfolge besitzt es überregionale Bedeutung.

Neben den aufgeführten naturwissenschaftlichen und sportlichen Betätigungsfeldern sind selbstverständlich auch im musisch-künstlerischen Bereich zahlreiche Angebote vorhanden. Das Jugendtheater in der Schotte und das Kinder- und Jugendtheater des Theaters Erfurt ergänzen und krönen die Arbeit zahlreicher Theatergruppen Erfurter Schulen. In der seit 10 Jahren bestehenden Erfurter Malschule können Kinder und Jugendliche Erfahrungen mit den verschiedensten Ausdrucksmitteln und Gestaltungsformen machen (Malerei, Grafik, Druck, Plastik, Keramik, Mode, Kostüm, Textil, Foto, Video). Nicht zuletzt weist ein reges Leben und emsiges Musizieren in der Musikschule Erfurts darauf hin, daß die Musik für zahlreiche Schüler mehr als ein Unterrichtsfach im Schulalltag ist. ∎

Unterricht im neuen Chemie-Labor des Königin-Luise-Gymnasiums.

Erfurt – mit mehr als 20 Redaktionen Thüringens Medienzentrum

Neben allem Historischen ist Erfurt auch eine ganz gegenwärtige und zukunftsorientierte Stadt. Erfurt ist das Medienzentrum Thüringens. Über 20 Redaktionen oder Redaktionsvertretungen von Rundfunk, Fernsehen und auch den Printmedien sind hier ansässig. Der Mitteldeutsche Rundfunk ist mit seinem Landesfunkhaus ebenso präsent wie die Redaktionen der auflagenstärksten regionalen Tageszeitungen oder die Wochenblätter. Mehrere Nachrichtenagenturen haben in Erfurt eine ständige Vertretung. Der Kinderkanal produziert hier sein Programm.

Thüringens, die seit dem 24.09.1945 erscheint. Die TLZ betrachtet sich selbst als Anwältin ihrer Leser. „Wir schreiben Klartext" ist das Motto der Zeitung. Jeden Tag aufs neue kämpft die TLZ mit ihrer Konkurrenz um das beste Blatt, das bedeutet auch, jeden Tag ein ausgewogenes Verhältnis zu finden zwischen dem regionalen Geschehen und den Ereignissen in der Welt. Offizieller Startschuß ist die Redaktionskonferenz um 12.30 Uhr im Pressehaus. Dort wird nicht nur die Zeitung von heute analysiert, auch die Zeitung von morgen wird geplant.

Daniela Nuber

Die Autorin wurde am 29.03.1973 in Prenzlau geboren. Sie studierte von 1991 bis 1996 Rechtswissenschaften an der Universität Potsdam und absolvierte von 1996 bis 1998 ihr Referendariat in Erfurt. 1998 war sie beim Sachgebiet Presse- und Öffentlichkeitsarbeit der Stadtverwaltung in Erfurt als Praktikantin tätig.

Das Pressehaus, Sitz der Lokalredaktionen von TA und TLZ in der Erfurter Neuwerkstraße.

TA/TLZ Pressehaus Unabhängige Redaktionen – gemeinsame Dienstleistungen

Im April 1997 haben Thüringer Allgemeine und Thüringische Landeszeitung, die beiden auflagenstärksten Zeitungen in Erfurt, ihr neues Domizil, das Pressehaus in der Erfurter Neuwerkstraße bezogen.

Zwar arbeiten die beiden konkurrierenden Redaktionen unabhängig voneinander. Um die Herstellung und den Vertrieb von TA und TLZ kümmert sich jedoch eine große Servicegesellschaft, die Zeitungsgruppe Thüringen. Unabhängige Redaktionen – gemeinsame Dienstleistungen, so lautet das Prinzip, das die Thüringer Zeitungsgruppe von einem der erfolgreichsten Zeitungshäuser, der Zeitungsgruppe WAZ, übernommen hat. Ein Stück Thüringer Geschichte geworden ist die Thüringische Landeszeitung (TLZ), die älteste Zeitung

Jedes Ressort stellt die wichtigsten Themen des Tages vor, gemeinsam wird überlegt, was morgen der Aufmacher werden kann. Unaufhörlich speisen Nachrichtenagenturen wie dpa, adn oder Associated Press die neuesten Meldungen in das TLZ-Redaktionssystem ein, hinzu kommen noch zahlreiche kleinere Dienste – vom Deutschen Wirtschaftsdienst bis zum Pressedienst der Evangelischen Kirche. Die Nachrichtenredaktion der TLZ muß nun auswählen und die wichtigen Nachrichten leserfreundlich aufbereiten. Weil die wichtigsten Ereignisse aber sowieso immer dann passieren, wenn keiner damit rechnet, aktualisiert die TLZ bis 23.00 Uhr. Zu den zehn auflagenstärksten regionalen Zeitungen Deutschlands mit fünfzehn unterschiedlichen Lokalausgaben gehört heute die Thüringer Allgemeine. Am 13. Januar 1990 entschied die Belegschaft der SED-Bezirkszeitung „Das Volk" in einer Urabstimmung mit großer Mehrheit, sich als erste Zeitung in Ostdeutschland vom Herausgeber zu trennen und das Blatt künftig als parteiunabhängige Zeitung erscheinen zu lassen. Noch am selben Tag wurde über den neuen Namen der Zeitung abgestimmt: „Thüringer Allgemeine" heißt sie seitdem.

Ganz in der Nähe ihrer Leser – so präsentiert sich die Lokalredaktion der Thüringer Allgemeinen in der Erfurter Neuwerkstraße. Besonders in der Landeshauptstadt – dem Zentrum der politischen Macht – hat die Thüringer Allgemeine die Hand am Puls der Zeit. Das gilt ebenso für die Politik im Rathaus wie auch für die lokale Kultur.

Die Thüringer Allgemeine versteht sich als „Generalanzeiger in Thüringen", der zugleich den Anspruch hat, den Leser seriös und umfangreich über nationale und internationale Politik zu informieren. Eine Besonderheit ist die tägliche Ratgeberseite, die den Lesern bei der Bewältigung von Alltagssorgen hilft. Die Redaktionen verfügen über modernste Technik. Dank des elektronischen Ganzseitenumbruchs und der digitalen Bildverarbeitung findet inzwischen ein Großteil der technischen Arbeiten für den redaktionellen Teil bereits in den Lokalredaktionen statt.

TA-Druckhaus Bindersleben

Am 17. März 1994 wurde das Druckhaus in Erfurt-Bindersleben eingeweiht. Hier entstand nahe dem Erfurter Flughafen eine der modernsten Zeitungsdruckereien Europas.

Die Buchdruckerkunst in Erfurt hat Tradition. Bereits im 15. Jahrhundert wurde hier mit beweglichen Lettern gedruckt, Erfurt zählt mit zu den ersten Druckorten der Welt überhaupt. Die Rechenbücher von Adam Ries, der in Erfurt unterrichtete, lagen ebenso auf Erfurter Druckpressen wie das erste, von Martin Luther redigierte, evangelische Gesangbuch.

Nach der Wende hatte es das mittelständische Druckgewerbe aufgrund veralteter Technik und drückender Konkurrenz schwer in Erfurt. Nunmehr bestimmen Technik vom Feinsten und ein Team von hochqualifizierten Mitarbeitern das Bild im neuen TA-Druckhaus. Insgesamt 1.800 Mitarbeiter haben in Redaktionen, Versand und in den Verlagsabteilungen Arbeit gefunden. Tageszeitungen wie TA und TLZ, Anzeigenblätter, Beilagen und Prospekte werden schwarzweiß oder farbig in bester Qualität auf fünf Rollenoffsetmaschinen der Firma König & Bauer Würzburg, dem ältesten Druckmaschinenhersteller der Welt, gedruckt.

Der Kinderkanal – Fernsehen für Kinder ohne Risiken und Nebenwirkungen

Bei seinem Sendestart am 1. Januar 1997 ist dem Kinderkanal von ARD und ZDF bei weitem nicht der Erfolg zugetraut worden, den er jetzt vorweisen kann. Aber das Konzept stimmte, vom ersten Tage an war der Erfolg bei den Kindern gewaltig. Das Gemeinschaftsprogramm von ARD und ZDF kann man über Kabel und Satellit Astra 1D empfangen.

Der Kinderkanal ist frei von Werbung und zeichnet sich vor allem dadurch aus, daß seine Mitarbeiter in besonderer Weise auf Qualität und altersspezifische Relevanz der Sendungen achten.

Auf Gewaltdarstellung wird verzichtet. Eine Vielzahl an Magazinprogrammen wird angeboten, dreimal wöchentlich Spielfilme, Thementage und eine Nachrichtensendung für Kinder. Dabei liegt der Anteil an Zeichentrickfilmen unter 30 Prozent. Im Kinderkanal treffen sich die beliebtesten Kinderfiguren, Käpt'n Blaubär begegnet Pippi Langstrumpf, Pumuckl trifft Biene Maja und Pinoccio den Sandmann. Gemeinsam präsentiert werden sie alle in mehr als 40 Minuten umfassenden Studioproduktionen aus Erfurt. Die knapp 30 Festangestellten werden von etlichen freien Mitarbeitern, den ARD-Landesrundfunkanstalten und dem ZDF unterstützt. Im Jahre 1997 konnten die Mitarbeiter bereits auf über 245.000 Sendeminuten zurückblicken. Auch in Zukunft wird der Kinderkanal auf Erfahrung, Tradition und Innovation bauen.

Das Programm des Kinderkanals nimmt eine

Druckzentrum Bindersleben.

ganz besondere Stellung auf dem Fernsehmarkt für Kinder ein. Er bietet Sendungen, die neugierig machen auf die Welt, in der Kinder leben und wird darum auch weiter Partner derjenigen sein, die sein Angebot nutzen.

ZDF-Landesstudio Thüringen

Ein weiterer bedeutsamer Schritt zur Vervollkommnung des Medienstandortes Erfurt ist dem ZDF im Mai 1997 mit der Eröffnung des Landesstudios gelungen: In der Marktstraße 50 wurde ein noch bis 1995 unbewohnbares, denkmalgeschütztes Anwesen in der historischen Altstadt liebevoll und stilgerecht restauriert. Von hier aus nehmen informative und fördernde Beiträge über Land und Leute den Weg auf die Bildschirme in ganz Deutschland. Ein digitales Schnittsystem sowie ein 3-Maschinen-Schnittplatz und ein professionell ausgestattetes Ton- und Aufnahmestudio, aus dem Schaltgespräche, Interviews und Aufzeichnungen mit zwei Kameras möglich werden, erleichtern den 11 Mitarbeitern die Arbeit und beschleunigen den Produktionsablauf. Damit bietet das ZDF-Landesstudio Thüringen das Modernste, was an Fernsehtechnik derzeit auf dem Markt ist.

MDR Landesfunkhaus

Im Rohbau des Landesfunkhauses des Mitteldeutschen Rundfunks ist im September 1998 auf der Erfurter „ega" das Richtfest gefeiert worden. Das Gebäude nahe der Messe wird ohne Tiefgarage eine ausgewiesene Nutzfläche von 7.600 Quadratmetern haben, es soll im folgenden Jahr fertiggestellt und in Betrieb genommen werden. Der moderne Komplex wird neben dem mdr auch dem Kinderkanal von ARD und ZDF sowie dem mdr-Tochterunternehmen Media Consulting Systems (MCS) ein neues Zuhause geben.

Einschließlich Technik und Grundstück rechnet der mdr mit einem Investitionsvolumen von 150 Millionen DM. In dem Haus werden mehr als 300 festangestellte Mitarbeiter zukünftig Fernseh- und Hörfunksendungen produzieren, dazu kommen mehrere hundert freie Mitarbeiter, die an den Produktionen beteiligt sind.

Geplant sind neben Büro- und Redaktionsräumen zwei große Fernsehstudios, die mit neuester Technik ausgestattet werden. Neben zwei großen Fernsehstudios soll auch das Foyer so gestaltet werden, daß dort Produktionen möglich sind. Zwischen Redaktion und Technik gibt es eine Lichtachse mit Galerien und Brücken, die für kurze Wege sorgen sollen.

TV Erfurt

Seit Juni 1997 ist das Erfurter Stadtfernsehen auf Kanal 4 über Kabel zu empfangen. In dem neunköpfigen Team in Erfurt/ Waltersleben arbeiten qualifizierte Redakteure, Techniker, Multimediaspezialisten, Moderatoren und Kamerafachleute, die immer präsent sind, wenn es darum geht, das Aktuellste aufzuarbeiten.

Das Neueste vom Tage bietet der Stadtreport, für den die Kamerateams von TV Erfurt täglich unterwegs sind. Das SportLokal berichtet jeden Dienstag über aktuelle Sportereignisse aus Stadien, Hallen und vom Rasen. Aktuelle Probleme der Stadtpolitik stehen jeden Donnerstag auf dem Programm: „Debatte" berichtet von öffentlichen Veranstaltungen oder lädt zum Streitgespräch ein.

Wer sein Programm selber bestimmen will, kann das Videotextangebot des Senders nutzen und sich so über Vereine, Gastlichkeit in Erfurt und aktuelle Sportergebnisse informieren.

Unternehmensportrait

Lesestoff für ein starkes Land: Die Zeitungsgruppe Thüringen

Über eine halbe Million Exemplare regionaler Abonnementszeitungen verkauft die Zeitungsgruppe Thüringen an jedem Erscheinungstag in einem Verbreitungsgebiet, das nahezu identisch ist mit dem Bundesland

Will man Thüringen kennenlernen, gibt es neben der eigenen Anschauung nur eine weitere Möglichkeit: die Lektüre der Zeitungen des Landes. Und das sind vor allem die in der Zeitungsgruppe Thüringen organisierten Basismedien Thüringer Allgemeine mit Sitz in Erfurt, Ostthüringer Zeitung mit Sitz in Gera und Thüringische Landeszeitung mit Sitz in Weimar.

Sie ist die größte Zeitung im Lande; die Thüringer Allgemeine, deren Chefredaktion ihren Sitz im Druck- und Verlagshaus in Erfurt-Bindersleben hat.

Stärkste Zeitung im Osten des Landes ist die Ostthüringer Zeitung, kurz OTZ, mit Chefredaktion in Löbichau bei Gera.

Als lokale Alternative zu Thüringer Allgemeine bzw. OTZ versteht sich die Thüringische Landeszeitung mit Sitz in Weimar. Ihr Motto: Wir schreiben Klartext.

Unabhängige Redaktionen

Nach dem von der Konzernmutter Mediengruppe WAZ übernommenen Erfolgsprinzip „Unabhängige Redaktionen – gemeinsame Dienstleistungen" werden die drei redaktionell völlig eigenständigen und folglich ganz verschiedenen Zeitungen im Anzeigengeschäft, im Vertrieb, in der Technik und der Verwaltung von Erfurt aus betreut. Denn dort, in dem nach der Wende entstandenen Neubau in Bindersleben nahe dem Flughafen, hat die zentrale Dienstleistungsgesellschaft Zeitungsgruppe Thüringen ihren Sitz.

Junge Verlagskaufleute aus der Ausbildungszeit 1995 – 1998, umrahmt von Führungskräften der Zeitungsgruppe Thüringen, im August 1998 in Erfurt.

Medienvielfalt für Thüringen gesichert

Die Zeitungen konkurrieren an den einzelnen Orten des mit dem Bundesland fast deckungsgleichen Verbreitungsgebietes heftig miteinander: in der Landeshauptstadt zum Beispiel die Thüringer Allgemeine mit der TLZ, andernorts die OTZ mit der TLZ; jede will das jeweils bessere redaktionelle Angebot für die Leser bieten. Die Medienvielfalt im Land wird durch das geschilderte Prinzip gesichert, und die Leser honorieren es. Das zeigen die Reichweiten der Titel.

Reichweite von fast 72 Prozent

Von den 1,77 Millionen Menschen über 14, die im Verbreitungsgebiet der Zeitungsgruppe Thüringen leben, erreichen Thüringer Allgemeine, OTZ und TLZ 1,27 Millionen oder 71,8 Prozent. Mehr als sieben von 10 Erwachsenen lesen also mindestens einen der von der Zeitungsgruppe Thüringen betreuten Titel. Die Akzeptanz der Zeitungen

Auch ehrenamtlich engagiert in Erfurter Clubs und Vereinen: Wilfried Goosmann, Geschäftsführer der Zeitungsgruppe Thüringen. Sein Credo: „Service ist alles."

ist bei Frauen und Männern nahezu gleich groß (72,6 gegenüber 70,9 Prozent) und geht quer durch alle Berufs-, Alters- und Einkommensgruppen (Quelle: MA '97). Ergänzende Copytests der ZGT lassen eine stolze Lesedauer von durchschnittlich 35 Minuten erkennen.

Günstig, lesefreundlich, service-orientiert

Solche Zahlen kommen nicht von ungefähr. Zum einen gehören die Zeitungen der Gruppe deutschlandweit zu denen mit den günstigsten Abonnementspreisen. Der Vorteil der Zusammenarbeit in der Gruppe macht sich hier bemerkbar. Es ändert nichts am Inhalt der Zeitungen, wenn ein und derselbe Zusteller die Thüringer Allgemeine genauso austrägt wie die TLZ und ein anderer neben der OTZ auch die TLZ.

Zum zweiten sind die Zeitungen dank der Investition von Hunderten von Millionen Mark in modernste Offset-Technik an den Druckorten Erfurt und Löbichau farbig und leserfreundlich geworden. Der Gesellschafter WAZ hat hier direkt nach der Wende die Weichen für die Zukunft gestellt und in Thüringen das Beste an neuzeitlicher Zeitungstechnik installiert.

Drittens schließlich bieten die Zeitungen Lesern wie Anzeigenkunden den Service eines sehr dichten Geschäftsstellennetzes, das auch kleine Orte nicht ausspart.

Unternehmensportrait

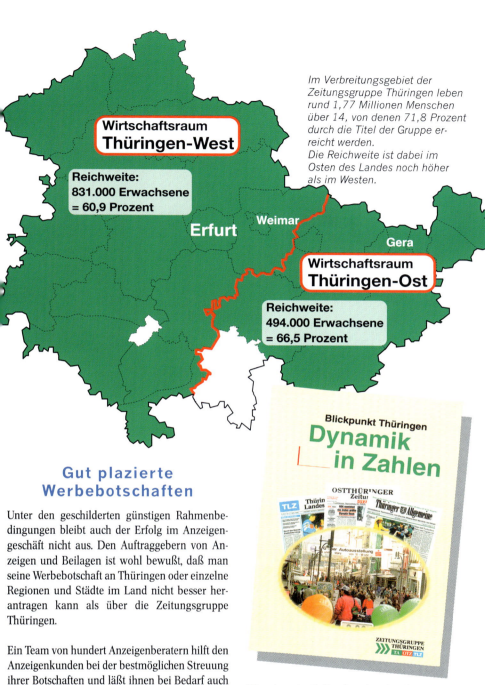

*Im Verbreitungsgebiet der Zeitungsgruppe Thüringen leben rund 1,77 Millionen Menschen über 14, von denen 71,8 Prozent durch die Titel der Gruppe erreicht werden.
Die Reichweite ist dabei im Osten des Landes noch höher als im Westen.*

Wer als potentieller Anzeigenkunde mehr über die Leistungsdaten der Zeitungsgruppe Thüringen wissen will, kann unter Telefon (0361) 227-5200 die hier abgebildete kostenlose Broschüre „Dynamik in Zahlen" anfordern.

Gut plazierte Werbebotschaften

Unter den geschilderten günstigen Rahmenbedingungen bleibt auch der Erfolg im Anzeigengeschäft nicht aus. Den Auftraggebern von Anzeigen und Beilagen ist wohl bewußt, daß man seine Werbebotschaft an Thüringen oder einzelne Regionen und Städte im Land nicht besser herantragen kann als über die Zeitungsgruppe Thüringen.

Ein Team von hundert Anzeigenberatern hilft den Anzeigenkunden bei der bestmöglichen Streuung ihrer Botschaften und läßt ihnen bei Bedarf auch die Unterstützung des hauseigenen Grafikstudios bei der Gestaltung ihrer Anzeigen zukommen.

In die Zukunft gedacht: Investition in die Jugend

Damit der Erfolg dem Unternehmen, das seit der Wende rund 2.000 Arbeitsplätze geschaffen hat, auch in Zukunft treu bleibt, investiert die Zeitungsgruppe Thüringen in außergewöhnlich starkem Maße in die Ausbildung. Mit derzeit 56 angehenden jungen Verlagskaufleuten in allen Lehrjahren zusammengenommen ist sie der größte Ausbilder dieser Art in den neuen Bundesländern.

Die Zukunftsorientierung der Zeitungsgruppe Thüringen kommt aber auch in zahlreichen Veranstaltungen und Aktionen mit Lesern und Anzeigenkunden zum Ausdruck. Ein ganz aktuelles Projekt ist der Thüringer Gründerpreis „Marktlücke", der hervorragende Existenzgründungen im Lande durch Anzeigenvolumen und Marketing-Beratung würdigt. ■

Geschäftsführung
Wilfried Goosmann
Werner Fiedler

Hauptanzeigenleitung
Michael Röder

Hauptvertriebsleitung
Eberhard Heinze

Mitarbeiter
1.995 plus 7.000 Zusteller

Leistungen
Anzeigenakquisition, Herstellung und Vertrieb von Thüringer Allgemeine, Ostthüringer Zeitung und Thüringischer Landeszeitung

Anschrift
Zeitungsgruppe Thüringen
Gottstedter Landstraße 6
99092 Erfurt
Telefon: (0361) 227-4
Telefax: (0361) 227-50 07

Druckhäuser
TA- Druckhaus Erfurt GmbH & Co. KG
Gottstedter Landstraße 6
99092 Erfurt
Telefon: (0361) 227-50 40/41
Telefax: (0361) 227-50 42

OTZ-Druckzentrum GmbH & Co. KG
Alte Straße 1
04626 Löbichau
Telefon: (03447) 52-4
Telefax: (03447) 52-59 04

Anzeigenblätter
Allgemeiner Anzeiger
Werbe- und Verlagsgesellschaft mbH
Gottstedter Landstraße 6
99092 Erfurt
Telefon: (0361) 227-4
Telefax: (0361) 227-5034

Direktverteilung
Thüringer Direktmarketing GmbH
Gottstedter Landstraße 6
99092 Erfurt
Telefon: (0361) 227-54 30
Telefax: (0361) 227-54 33

Kinderkanal

Der Kinderkanal von ARD und ZDF in Erfurt

Zweifellos, Erfurt ist eine geschichtsträchtige Stadt, und die gewaltigen Anstrengungen zur Wiederherstellung des Stadtbildes in den vergangenen Jahren lassen für Bewohner wie für Besucher ein Stück dieser Vergangenheit wieder aufleben. Aber was verbindet man anderswo mit dem Namen Erfurt? Sicherlich wissen historisch Interessierte zumindest, was es etwa mit dem Stadtwappen auf sich hat. Jene, die in der DDR aufgewachsen sind, assoziieren womöglich den Begriff „Robotron" mit Erfurt. Die Nachkriegsgeneration aus dem Westen wird sich wahrscheinlich an das erste deutsch-deutsche Treffen zwischen Willy Brandt und Willi Stoph erinnern, an die Bilder vom Fenster des Hotels „Erfurter Hof".

Ein mit positiven Bildern besetztes Image ist eine der grundlegenden Voraussetzungen für einen erfolgreichen Wirtschaftsstandort, neben ökonomischen, strukturellen und geographischen Daten, versteht sich. Daher ist es nicht unerheblich, wenn beispielsweise die Namen erfolgreicher Sportler mit dem Namen einer Stadt in Verbindung gebracht werden. Und wenn ein bundesweit relevanter – und überdies erfolgreicher – Fernsehsender in einer Stadt seine Heimat findet, dann schmückt das diese Stadt.

Der Kinderkanal von ARD und ZDF hat sicherlich nicht die Bedeutung und Prominenz von RTL oder ZDF. Aber dieser zielgruppenorientierte Spartensender hat sich in einer Stadt niedergelassen, die medienpolitisch bis dahin lediglich regionale Bedeutung hatte. Nun erscheint der Name „Erfurt" mehrmals täglich auf dem Fernsehbildschirm, und das hat Konsequenzen: Die

logo-die Kindernachrichtensendung. Das logo-Team v.l.h.: Georg Bussek, Verena Egbringhoff, vorn: Antje Pieper, Helen Wild, Alexander Antoniadis.

Albert Schäfer

Albert Schäfer wurde am 06.09.1961 in Heidelberg geboren. Er studierte Politik, Geschichte und Soziologie in Heidelberg und München.

Anschließend absolvierte er ein Volontariat bei einem Fernsehpressedienst ebenfalls in München

1989 wechselte Schäfer in der ZDF-Redaktion „Kinder und Jugend" in Mainz.

1992 übernahm er die Leitung der ZDF-Redaktion „Kinder II".

1995 wechselte er zur Studio-TV-Film nach Berlin.

1997 wurde er zum Geschäftsführer der Studio-TV-Film berufen.

Seit dem 1. Juni 1997 ist er Programmgeschäftsführer des Kinderkanals von ARD und ZDF.

Die Kinderkanal-Moderatoren v.l.n.r.: Franziska Rubin, Karsten Blumenthal, Juri Tetzlaff, Andree Pfitzner, Singa Gätgens.

Kinderkanal

Spannung pur! – Die „Wenn. Dann. Die... Show!" mit Wolfgang Lippert und der Kletterwand.

Erfurter Briefträger wissen um die tonnenschwere Resonanz, die von der Identifikation der jungen Zuschauer mit „ihrem" Erfurter Sender kündet. Der Kinderkanal und Erfurt bilden mittlerweile begrifflich ein Paar – bei den Kindern, ihren Eltern und allen medienpolitisch Interessierten. Das Senderlogo, das sogenannte „Doppel-X", es wohnt in Erfurt.

Darin steckt eine große Chance. Nahezu täglich besuchen Kinder – in Begleitung von Eltern und Lehrern – den Kinderkanal, viele übernachten hier. Die geographische Lage Erfurts garantiert dem Kinderkanal – und damit der Stadt – einen großen Einzugsbereich, und das landschaftliche Umfeld bietet die Möglichkeit, weitere touristische Ziele in nächster Umgebung anzusteuern. Was bisher noch fehlt, sind weitere Angebote, die eine Verknüpfung herstellen zwischen dem Kinderkanal und einer auch für die jungen Besucher des Senders attraktiven Stadt. Aber auch hier kann sich in den kommenden Jahren vieles weiterentwickeln. Mit dem bevorstehenden Umzug in das neue, an das ega-Gelände angrenzende, Landesfunkhaus des Mitteldeutschen Rundfunks wird eine ideale Nachbarschaft entstehen. Der Kinderkanal denkt bereits heute darüber nach, eine kleine Bühne im Freien zu nutzen, die den Blick auf die Gartenlandschaft der ega freigibt und sicherlich weitere Anziehungskraft ausüben wird, wenn die ersten Fernsehsendungen von dort – mit eindeutigem Bekenntnis zur lokalen Umgebung – ausgestrahlt werden. Vom Erfolg der Umsetzung dieser Überlegungen wird es abhängen, ob der Kinderkanal und die Stadt gemeinsam weitere Schritte unternehmen wollen, um in Erfurt für Kinder (und damit Eltern) attraktive Angebote rund um das neue Funkhaus zu schaffen.

Der Kinderkanal und Erfurt – gemeinsam haben sie die Perspektive einer weiteren positiven Entwicklung. Denn bisher ist erst ein Anfang gemacht. Etwa dreißig festangestellte Mitarbeiter beschäftigt der Kinderkanal derzeit. Außerdem sind circa 25 freie Mitarbeiter, projektbezogen bis zu vierzig Personen, zusätzlich für den Kinderkanal tätig. Zunächst kamen viele von außerhalb, um sich hier niederzulassen, bald fanden aber mehr und mehr Erfurter eine neue Beschäftigung. Darüberhinaus ist der Kinderkanal mittelbar Arbeitgeber. Die „Media Communication Systems" (MCS), der sogenannte technische Dienstleister von Landesfunkhaus und Kinderkanal, beschäftigt derzeit 60 festangestellte und circa 20 freie Mitarbeiter, von denen etwa die Hälfte für den Kinderkanal tätig sind. Dadurch sind nicht nur Arbeitsplätze entstanden. Vor allem findet hier auch Aus- und Weiterbildung im Medienbereich statt, und da ist die Nähe der TU Ilmenau ebenso von Vorteil wie die der Bauhaus-Universität in Weimar und die neue Erfurter Uni. Selbstverständlich bedient sich der Kinderkanal auch zahlreicher Dienstleister, wie Druckereien, Fotolabors, graphische Betriebe, Büroausstatter, Restaurantbetriebe etc.

Wichtiger jedoch als die direkten Auftragsvergaben sind die Kontakte, die aufgrund der Tatsache, daß der Kinderkanal hier beheimatet ist, entstehen. Zahlreiche Multiplikatoren und Ent-scheidungsträger aus dem politischen und dem Medienbereich besuchen den Kinderkanal an seinem Standort. Dadurch können wir vielleicht noch mehr dazu beitragen, daß aus einer Stadt mit großer Geschichte eine Stadt mit zukunftsfähigem Profil im Bewußtsein möglichst vieler wird.

Der Kinderkanal von ARD und ZDF fühlt sich in Erfurt sehr wohl, und wir hoffen, daß wir unseren Teil zu einer stetigen Aufwärtsentwicklung beitragen können.

Die Hauptdarsteller der Kinderweekly „Schloss Einstein".

Wohnen

Wohnen in einer Stadt, die gleichzeitig Großstadt und doch überschaubar ist

Das Gesicht und das Flair einer Stadt werden geprägt durch die Menschen, die Straßen und Plätze beleben, die in den Gebäuden wohnen und arbeiten. Zunehmend erlangt der weiche Standortfaktor „Wohnen" als Grundlage der Lebensqualität an Bedeutung und entscheidet Standortakquisitionen.

Individuelle Wohnbedürfnisse und Möglichkeiten der Finanzierung erfordern ein vielseitiges Angebot an Wohnformen und Wohnräumen. Die Siedlungsstruktur und die städtebauliche Gestalt der Landeshauptstadt Erfurt spiegeln die historische Entwicklung, die rasanten Veränderungen der letzten zehn Jahre und aktuelle Bauprojekte wider und definieren unterschiedliche Wohnstandorte mit differenzierten Profilen, wie z.B. Altstadt, Ein- und Zweifamilienhausgebiete oder gründerzeitliche Wohnquartiere. Grundsätzlich wird jedoch die soziale Durchmischung der Haushalte innerhalb der Wohnquartiere favorisiert.

Altstadtkern

Der mittelalterliche Altstadtkern ist geprägt durch überwiegend kleinteilige Strukturen, die dank eines Notsicherungs- und Sanierungsprogramms des Thüringer Innenministeriums in den Jahren 1992 bis 1994 gerettet werden konnten. Die Einmaligkeit der Erfurter Altstadt mit zahlreichen Einzelbaudenkmalen führte konsequenterweise zu der Ausweisung als Flächendenkmal und zur Sicherung der qualitätsvollen Baustrukturen. Sukzessive werden die teils verfallenen Gebäude, unterstützt durch Städtebaufördermittel, saniert und wieder bewohnbar.

Dipl.-Ing. Daniela Ott-Wippern

Die Autorin, geboren am 28. April 1968 in Bad Godesberg, machte 1987 ihr Abitur in Bonn.
1988 einjährige Höhere Handelsschule für Abiturienten.
Von 1989 bis 1995 Studium in Bonn und Oldenburg: Geographie bzw. Stadt- und Regionalplanung.
Seit Juli 1995 als Sachbearbeiterin im Stadtplanungsamt Erfurt, Abt. Vorbereitende Bauleitplanung beschäftigt.
Schwerpunkte: Wohnungsbau, Erneuerung der Großwohnsiedlungen in industrieller Bauweise und Handel.

Charakteristisch für die Altstadt ist das Wohnen am Wasser – das Flüsschen Gera durchfließt die Altstadt mit mehreren Seitenarmen – in idyllischen Gassen und an Plätzen. Zugleich befindet sich in der Altstadt der oberzentrale Citybereich, wodurch eine enge räumliche Verknüpfung und starke funktionelle Mischungen vorhanden sind, die großstädtischen Ansprüchen gerecht werden und individuelle Rückzugsmöglichkeiten bieten.

Gründerzeitliche Wohnquartiere

Um die Altstadt herum entstanden nach 1870 gründerzeitliche, mit Mischnutzungen durchsetzte Wohnquartiere, die glücklicherweise in ihrer städtebaulichen, rastermäßigen Grundstruktur zusammenhängend erhalten blieben und nun eine Aufwertung als Wohnquartiere mit eingestreuten gewerblichen Nutzungen erfahren. Tendenziell finden sich im Norden und Osten dichter und einfacher gebaute, geschlossene Blockstrukturen,

Altstadt, Marbacher Gasse: Sanierungsbeispiele im Altstadtbereich.

Wohnen

Altstadt, Lange Brücke / Fischersand: Neubauprojekt Wohnanlage in historischen Kontext.

während im Süden und im Westen Stadtvillen z.T. im Jugendstil kennzeichnend sind und gehobenen Wohnansprüchen reflektieren.

Die teilweise immer noch fußläufige Nähe zum Stadtzentrum und die Sanierungsleistungen der Eigentümer in den letzten Jahren erzielen eine städtische Wohnstandortqualität, die zunehmend nachgefragt wird.

Besondere Aufmerksamkeit wird gegenwärtig der Oststadt gewidmet, die in das europäische Förderprogramm URBAN aufgenommen ist. Bestehende Nutzungsschwächen und bauliche Mängel können so ausgeglichen, das Wohnumfeld entscheidend aufgewertet werden.

Wohnbereiche in Zeilen- und Blockbauweise

Im Anschluss an den Gründerzeitgürtel gruppieren sich mehrgeschossige Miethäuser in unterschiedlicher Architektursprache, die blockweise charakteristische Elemente entsprechend der jeweiligen Bauzeit repräsentieren.

Beispielsweise sind die Ideen des Weimarer Bauhauses im Bereich Flensburger Straße, Dortmunder Straße und Hamburger Straße nachvollziehbar. Der sogenannte „Hamburger Block" an der Liebknechtstraße veranschaulicht die Struktur des sozialen Wohnungsbaus der zwanziger Jahre. Der Arbeiterwohnungsbau besiedelte auch Quartiere im nördlichen Stadtgebiet, angelagert an gewerblich genutzte Standorte und Produktionsstätten. So entstand z.B. im Geviert Salinenstraße, Hohenwindenstraße, Barkhausenstraße und Teichstraße ein mehrstöckiger Arbeiterwohnblock, der den neuesten Ansprüchen an Belichtung und Belüftung sowie sozialen Gemeinschaftsgedanken Rechnung trug.

In der Nachkriegszeit wurden Wohnquartiere am Steinplatz, am Studentenrasen und in Daberstedt errichtet, die den enormen Wohnraumbedarf der Bevölkerung decken sollten und heute stabile Wohngebiete breiter Schichten sind. Ab 1965 etablierte sich bereits die Technik der industriellen Großblockbauweise, die z.B. im Fuchsgrund oder südlich der Riethstraße angewandt wurde.

Großwohnsiedlungen in industrieller Bauweise

Das sozialpolitische Wohnungsbauprogramm und stadtplanerische Vorstellungen zu Zeiten der DDR sowie die Fortschritte der industriellen Fertigung begründeten Mitte der 60-iger Jahre eine neue Phase der Stadterweiterung.

Großwohnsiedlung Großer Herrenberg, Am Kammweg: Modernisierte „Plattenbauten" mit Neugestaltung des Wohnumfeldes.

Eingeleitet wurde diese durch den Bau des Gebietes „Johannesplatz", das im Zeitraum 1965 bis 1972 in unmittelbarer Nachbarschaft zum nördlichen Gründerzeitbereich und zur Magistrale „Madgeburger Allee" eingeordnet ist. Dadurch bietet dieses Wohnquartier eine hohe Standortgunst und ist wegen seiner vergleichsweise geringen Größe von ca. 3.400 Wohnungen gut in das Stadtgefüge integriert.

Entsprechend der Orientierung der baulichen Entwicklung auf eine Nord-Süd-Achse schließen sich im Norden der Stadt vier und im Südosten der Stadt drei Großwohnsiedlungen in industriel-

Erfurt-Süd, Friedrich-List-Straße: Wohnstraße Gründerzeitquartier.

Wohnen

Tiefthal: Dörflicher Ortsteil im Nordwesten Erfurts.

Erfurt-Windischholzhausen: Neubaugebiet Ein- und Zweifamilienhäuser.

ler Bauweise an. In den letzten Jahren wurden auch hier durch die Eigentümer und durch den Einsatz von Städtebaufördermitteln umfangreiche Erneuerungsmaßnahmen durchgeführt, mit dem Ziel, die planerisch gut durchdachten Siedlungen infrastrukturell zu bereichern und heutigen Ansprüchen anzupassen.

Nach der staatlichen Doktrin, von „außen nach innen" zu entwickeln, wurden während des Bestehens der DDR auch innerstädtische Quartiere geschliffen und durch industrielle Hochhausriegel und Quartiersstrukturen ersetzt.

Insgesamt umfaßt der Bestand des industriellen Wohnungsbaus ca. 43.000 Wohnungen, wodurch ihre Bedeutung für die Versorgung der Bevölkerung mit preisgünstigem Wohnraum deutlich wird.

Bischleben: Fachwerkrestaurierung.

Dörfliche Ortsteile

Schon immer wurden umliegende Dörfer in die Stadt Erfurt eingemeindet. Darunter sind auch sogenannte Küchendörfer, beipielsweise Hochheim, Bindersleben und Marbach, die traditionell enge Beziehungen zur Stadt Erfurt unterhalten. Zuletzt wurde 1994 im Freistaat Thüringen eine Gebietsreform durchgeführt. Für die Landeshauptstadt Erfurt bedeutete dies, daß ein Kranz von Ortsteilen das städtische Siedlungsgefüge durch neue Siedlungstypen ergänzt.

Dörflich geprägte Ortskerne bieten einen eigenen Reiz als Wohnstandort, der allerdings mancherorts noch entdeckt werden will. Behutsame Sanierungen von Fachwerkhäusern und Gehöften sind jedoch beispielgebend und hoffentlich Initialzündung für weitere Investitionen.

Siedlungen

Die „vorstädtischen Kleinsiedlungen" der zwanziger und dreißiger Jahre, die entstanden sind, um arbeitslose Familien mit Wohnraum zu versorgen und ihnen die Möglichkeit zur Selbstversorgung zu geben, sind heute ein wichtiges Refugium für Grünoasen und großzügige Hausgärten. Sie kennzeichnen das Weichbild der Stadt und vermitteln zwischen kompakten, städtischen Baustrukturen und der Peripherie. Zu nennen sind beispielsweise die Sulzer Siedlung, die Ringelbergsiedlung, die Siedlung Schmira und die Cyriaksiedlung.

Ein- und Zweifamilienhausgebiete

Sowohl im kompakten Stadtgebiet als auch in den Ortsteilen finden sich Ein- und Zweifamilienhausgebiete, die allerdings nur etwa ca. 14 % des Erfurter Wohnungsbestandes von ca. 102.400 Wohnungen ausmachen. In diesem Segment besteht ein hoher Nachholbedarf, da zu Zeiten der DDR der Anteil dieser Bauform am Wohnungsbau verschwindend gering war. Folglich finden sich insbesondere Gebiete aus den zwanziger und dreißiger Jahren sowie neuere Projekte.

Nach der Wiedervereinigung

Die letzten Jahre waren turbulent. Vieles wurde ausprobiert, getestet und leider sind im Wohnungsneubaus auch städtebauliche Mißgriffe entstanden, die der Dynamik der Entwicklung geschuldet worden waren. Dennoch wurde einiges geleistet, der Weg für zahlreiche Baumaßnahmen geebnet. Sowohl im Erfurter Stadtgebiet als auch in den Ortsteilen entstanden Neubaugebiete für Ein- und Mehrfamilienhäuser sowie verstreut im Stadtgebiet Einzelwohnanlagen.

Unter Federführung des Stadtplanungsamtes wird intensiv an weiteren Planungen für den Wohnungsneubau gearbeitet und insbesondere werden individuelle Baumöglichkeiten vorbereitet. Der Flächennutzungsplan der Landeshauptstadt Erfurt – Arbeitsstand Entwurf – sichert ausreichend Wohnbauflächen für die städtebauliche

Wohnen

Entwicklung der nächsten 10 – 15 Jahre. In zeitlichen Abständen können, sofern aktuelle Bedarfe bestehen, insgesamt mindestens 12.000 Wohnungen gebaut werden. Dabei wird der Schwerpunkt des Wohnungsneubaus allerdings beim Ein- und Zweifamilienhausneubau liegen.

Standorte für den Wohnungsneubau

Die Standorte für den Wohnungsneubau konzentrieren sich auf eine neu entwickelte Ost-West-Achse, die infrastrukturell hervorragend erschlossen wird. Die Arbeiten an neuen Stadtbahnverbindungen in das Stadtzentrum haben bereits begonnen. Gegenwärtig nimmt die Entwicklung des neuen Wohngebietes „Ringelberg", im Osten der Stadt gelegen, einen besonderen Stellenwert der Neubautätigkeiten ein. Hier entsteht ein vielseitiges Wohngebiet mit Einkaufsmöglichkeiten, Schulen, Mehrfamilienhäusern und Eigenheimen mit einer Stadtbahnhaltestelle direkt vor der Tür.

Im Westen der Stadt wird der Ortsteil Marbach erweitert, Einfamilienhäuser können heute und zukünftig hier gebaut werden. Mittel- bis langfristig wird die Ortslage Schmira erschlossen sein, Siedlungserweiterungen sind hier ebenfalls vorgesehen.

Erfurt-Buchenberg: Ergänzungsbauten in einer Wohnsiedlung des industriellen Wohnungsbaus.

In der Kernstadt werden u.a. im Rahmen des Flächenrecycling Standorte für den Neubau von städtischen, verdichteten Bauformen aufbereitet und stärken dadurch die Urbanität der Landeshauptstadt. Insbesondere das Brühl, ein ehemaliger Gewerbestandort direkt hinterm Dom, und die Wohnungsbaupotentiale im Entwicklungsareal der Universität bieten attraktive Standortbedingungen und die Möglichkeit, moderne Bauformen im gewachsenen Kontext zu präsentieren.

Planungsphilosophie

Die Zielstellung der städtebaulichen Entwicklung orientiert auf die Sicherung der „Stadt der kurzen Wege". Dies bedeutet, daß alle Anstrengungen unternommen werden, sämtliche Wohnquartiere zum einen optimal an das Stadtzentrum anzubinden und zum anderen die Grundversorgung in fußläufiger Distanz zu gewährleisten. Ein hierarchisch gegliedertes, dezentrales Versorgungsnetz, bestehend aus Stadtzentrum, Stadtteilzentren und Nahversorgungszentren sichert ein feingliedriges und durchgängiges Warenangebot. Kulturelle und soziale Einrichtungen sowie zahlreiche Sportmöglichkeiten und Freizeitangebote unterstützen den weichen Standortfaktor „Wohnen" und bilden zusammengenommen ein zugkräftiges Argument, in Erfurt zu investieren und das lebenswerte Angebot zu entdecken.

„Wohnen in Erfurt" heißt, ein breites Angebot an Wohnperspektiven vorzufinden, leistungsfähige Infrastrukturen nutzen zu können und in einer aufstrebenden Stadt zu leben, die gleichzeitig überschaubar und großstädtisch ist.

Die Bedeutung der Landeshauptstadt Erfurt als Thüringer Zentrum der Wissenschaft und der Medien, der öffentlichen Verwaltung, für Dienstleistungsanbieter, Logistik- und sonstige Unternehmen bedingt eine vielseitig strukturierte, interessierte und engagierte Bevölkerung, die den Organismus Stadt belebt und dem Wirtschaftstandort Erfurt Profil verleiht.

Erfurt-Löbervorstadt; Neubebauung auf einer Gewerbebrache im Gründerzeitgürtel.

Unternehmensportrait

Lumm Möbel GmbH

Lumm Möbel GmbH

Geschäftsführer:
Bernd Lumm

Gründungsjahr:
1958, als GmbH 1991

Mitarbeiter:
50

Geschäftstätigkeit:
Herstellung und Vertrieb von Büromöbeln

Anschrift:
Werner-Uhlworm-Straße 22
99085 Erfurt
Telefon (0361) 5 62 63 86
Telefax (0361) 6 46 11 65

Alte Handwerkstradition und aktuelles Know-how

50 hochqualifizierte Mitarbeiter produzieren mit modernem Maschinenpark das gesamte Sortiment der Büromöbelbranche

CNC-gesteuerte Formatbearbeitungs- und Kantenanleimmaschine.

Schon vor der politischen Wende in der DDR war das Unternehmen europaweit für seine Qualitätsarbeit bekannt. Es produzierte vorrangig Schrankwände für den Export nach Schweden, Kanada und Großbritannien.

Die Ursprünge der Lumm Möbel GmbH liegen im Handwerk. Durch Zusammenschluß verschiedener Handwerksbetriebe war 1958 eine Genossenschaft des Handwerks gegründet worden, die bis 1972 bestand und dann auf Regierungsbeschluß verstaatlicht wurde.

Nach der deutschen Wiedervereinigung hat sich der Betrieb neu profiliert und firmiert seit September 1991 unter dem Namen „Lumm Möbel GmbH". Inzwischen beschäftigt das Unternehmen am östlichen Stadtrand Erfurts 50 Mitarbeiter; mit einem modernen Maschinenpark können sie höchsten Qualitätsstandard garantieren. Das Produktionsprofil erstreckt sich derzeit über das gesamte, breitgefächerte Sortiment der Büromöbelbranche. Mit CNC-gesteuerten Maschinen können auch komplizierteste Konstruktionsvorgaben realisiert werden. Die Firma verbindet auf diese Weise alte Handwerkstradition mit aktuellem Know-how und modernster Holztechnologie.

WEEKE 3ST 10, eine CNC-gesteuerte Genauigkeits-Dübellochbohrmaschine.

Eine Zweimesser-Furnierpaketschere, ebenfalls CNC-gesteuert.

Unternehmensportrait

DeTe Immobilien schafft intelligente Lösungen

Die Deutsche Telekom Immobilien und Service GmbH schafft Flächen und Gebäude für das Informationszeitalter

Gebäude des Regionalbüros der DeTe Immobilien in Erfurt.

DeTe Immobilien ist das Immobilien- und Serviceunternehmen im Konzernverbund der Deutschen Telekom AG und mit rund 10.000 Mitarbeitern auch deren größte Tochtergesellschaft. Das Aufgabenspektrum des Unternehmens ist in internes und externes Geschäft gegliedert. Im Konzern hat DeTe Immobilien die Aufgabe, allen Nutzern der Deutschen Telekom AG die benötigten Flächen komplett und effizient bewirtschaftet zur Verfügung zu stellen. Die Telekom-Tochter verfügt unter anderem über einen bundesweiten Fundus an Grundstücken in besten Lagen. Im Portfolio befinden sich nicht nur Bürogebäude, Vermitttungseinrichtungen der Telekommunikation oder Fernmeldetürme. Ergänzt wird die breite Palette auch durch Museen, Labor- und Forschungszentren, Fachhochschulen, Gästehäuser, Logistikzentren, Wohnungen und sogar Bunker.

Die Leistungen bei der Entwicklung reichen von Objekten mit Wohnnutzung über reine Gewerbeobjekte bis hin zur Mischnutzung. Dabei achtet DeTe Immobilien auf eine hohe Flächeneffizienz, große Reversibilität und eine zukunftsorientierte Ausstattung der Gebäudetechnik.

Das Leistungsspektrum der Bereiche Planung und Bau reicht von der Beratung über Planung und Projektmanagement bis hin zur schlüsselfertigen Erstellung von Gebäuden und Anlagen jeder Art. Hierfür sind bundesweit 150 Architekten sowie 250 Bauingenieure, Bauleiter, Spezialisten, Gutachter und Wertermittler bei DeTe Immobilien tätig.

Leistungsschwerpunkt des Unternehmens ist der Bereich Bewirtschaftung, für den ein Großteil der Mitarbeiter tätig ist. Bei der Optimierung des Bewirtschaftungsaufwandes richtet sich DeTe Immobilien nach den jeweiligen Nutzeranforderungen und Rahmenbedingungen. Das gilt für Flächen mit komplexer Energie- und Kommunikationstechnik ebenso wie für Büro-, Handels- und Dienstleistungs- sowie Lager- und Logistikflächen. Dabei setzt sich DeTe Immobilien generell das Ziel, die betreuten Flächen und Gebäude für die Nutzer wertoptimal verfügbar zu machen.

DeTe Immobilien praktiziert Facility Management-Gebäudebewirtschaftung- mit innovativen Methoden und Techniken. So wird modernste Telekommunikation zur qualitativen Leistungsverbesserung und Kostenreduktion eingesetzt. Das reicht von gebäudeübergreifendem Flächenmanagement mit Online- und Echtzeit-Prozessen bis zur Einsatzlenkung von Personendiensten für Just-in-time-Service.

Die Ausrichtung auf den Kunden ist der oberste Unternehmensgrundsatz bei DeTe Immobilien. Für die Zufriedenheit und den Erfolg der Auftraggeber ist Qualität der wichtigste Maßstab. Deshalb hat DeTe Immobilien entsprechende Leitlinien entwickelt, Organisation und Arbeitsabläufe optimiert und ein kundenorientiertes Qualitätsmanagement integriert.

Mit 135 neuen Technikgebäuden, 26 multifunktionalen Betriebsgebäuden, 65 Masten und Türmen, elf konventionellen Technikgebäuden, sieben Verwaltungsgebäuden sowie zwölf Umbauten und Instandsetzungen von Großobjekten hat DeTe Immobilien seit der Wende die Grundlage für den weiteren infrastrukturellen Aufbau der Telekommunikation in Thüringen geschaffen. Gleichzeitig entstanden modernste Arbeitsplätze mit neuester Kommunikationstechnik für 4.850 Konzernbeschäftigte. Rund eine Milliarde Mark hat das Unternehmen investiert. Im Freistaat ist das Dienstleistungsunternehmen mit insgesamt 285 Mitarbeitern präsent.

DeTeImmobilien
Deutsche Telekom Gruppe

DeTe Immobilien,
Deutsche Telekom Immobilien und Service GmbH

Geschäftsführung:
NN, Vorsitzender der Geschführung
Dieter Kahn, GF Administration und Finanzen
Helmut Rötzel, GF Personal und Recht
Ferdinand Tigge mann, GF Facility Management
NN, Geschäftsführer Real Estate Management

Gründungsjahr:
1996

Mitarbeiter:
10.000

Geschäftstätigkeit:
Entwickeln, Planen, Bauen und Bewirtschaften von Immobilien

Anschrift Zentrale:
Deutsche Telekom Immobilien und Service GmbH
Kaiser-Wilhelm-Ring 4-6
48145 Münster

Anschrift Niederlassung:
Deutsche Telekom Immobilien und Service GmbH
Niederlassung Koblenz
August-Thyssen-Straße 32
56070 Koblenz

Anschrift Regionalbüro:
Deutsche Telekom Immobilien und Service GmbH
Regionalbüro Erfurt
Mühlweg 16
99091 Erfurt

Info Hotline: (0180) 23066
http://www.deteimmobilien.de

Stadt und Umwelt

Erfurt – eine gesunde Stadt. Landschaft und Siedlungsraum der Stadt

Innerstädtischer Grünzug „Venedig".

Erfurt, die Landeshauptstadt Thüringens, hat gegenwärtig ca. 204.000 Einwohner und erstreckt sich mit ihren 44 Stadtteilen auf einer Fläche von 269 km².

Die Stadt liegt am Südrand des innerthüringischen Becken- und Hügellandes in einer nach Norden offenen Mulde. Das Hauptsiedlungsgebiet ist weitestgehend eben und wurde in der Aue der Gera angelegt.

Der Fluß Gera, dessen Quellgebiet im Thüringer Wald (Schmücke/Schneekopf) liegt, hat an einer Einsattelung im Südwesten der Stadt die ehemals miteinander verbundenen Muschelkalkrücken von Fahnerscher Höhe und Steiger (höchste Erhebung am Waldschlößchen mit 344 m) durchbrochen. Seine Sohle liegt heute im Ortsteil Hochheim bei etwa 192 m über NN. Infolge Gefälleverringerung verzweigt sich der Fluß im Altstadtgebiet mehrfach und bildet einen nach Norden führenden Bogen. Domhügel, Petersberg, Daberstedter Schanze und Herrenberg überragen entlang einer tektonischen Störungslinie die übrige Stadt und wurden in markanter Weise architektonisch gestaltet.

Im Osten und Norden des Stadtgebietes befinden sich Flußterrassen und Schotterfelder der Gera. Moränenmaterial und vereinzelte Findlinge bezeugen, daß Inlandeis während der Elsterkaltzeit bis zum Steigerwald vorgedrungen war. Die anstehenden Festgesteine des Muschelkalkes und des Keupers werden zum Teil von Löß bzw. Auelehm überlagert, welche Voraussetzung für die Bildung fruchtbarer Böden waren.

Schwarzerdeböden und gute klimatische Bedingungen begünstigten ganz wesentlich die Entwicklung von Landwirtschaft und Gartenbau im Erfurter Becken. Das Klima ist trockenwarm, niederschlagsarm (die Jahresmittelwerte liegen um 8°C bzw. 550 mm) und leicht kontinental beeinflußt.

Im dicht besiedelten Erfurter Raum finden wildlebende Pflanzen und Tiere nur noch wenige naturnahe Habitate. Jedoch sind im Siedlungsbereich selbst sowie auch in der umgebenden Kulturlandschaft außerordentlich artenreiche Pflanzen- und Tierlebensgemeinschaften anzutreffen. Ausgedehnte Waldgebiete befinden sich im Süden Erfurts mit dem Steigerwald (ca. 700 ha), der mit seinem Laubmischwaldbestand 1967 als Landschaftsschutzgebiet ausgewiesen wurde und dem Willrodaer Forst. Zwischen Erfurt-Altstadt und dem Ortsteil Gispersleben befinden sich entlang der Gera Auwaldreste. In den Randgebieten der Stadt sind vereinzelt in den landschaftlich intensiv genutzten Flächen kleine Feldgehölze, z. T. mit Feuchtbiotopen, eingestreut.

An sonnenexponierten Böschungen und Hängen sind schutzwürdige Halbtrocken-, kleinflächig auch Trockenrasen erhalten geblieben. Wertvolle Sekundärbiotope haben sich in den letzten Jahrzehnten z. T. dort entwickelt, wo großräumig Kies oder Ton abgebaut wurde und wird – vor allem am nördlichen Stadtrand.

Im Altstadtzentrum und im Bereich der Zitadelle Petersberg sowie der Cyriaksburg sind im Laufe von Jahrhunderten schutzwürdige Mauerbiotope entstanden, die auf Felsstandorten lebenden Tieren und Pflanzen Lebensraum bieten.

Entsprechend dem Naturschutzgesetz wurden in Erfurt bisher etwa 70 Schutzgebiete bzw. Naturdenkmale mit einer Fäche von ca. 2.018 ha ausgewiesen.

Dr.-Ing. Gunter Sieche

Der Autor, geboren am 3. August 1944 in Brandau, Kreis Brüx, studierte von 1963 bis 1968 an der Technischen Hochschule für Maschinenbau in Magdeburg.

1968 bis 1985 Versuchsingenieur, Gruppenleiter, Abteilungsleiter Grundlagenuntersuchung im Kombinat Umformtechnik Erfurt. Aspirantur an der TH Magdeburg (von 1971 bis 1978).

1985 bis 1990 Hauptinspektor im Amt für Standardisierung und Meßwesen, Bereich Warenprüfung, Erfurt.

Postgraduales Studium Schallschutz an der Technischen Universität Dresden (von 1984 bis 1986).

1990 bis 1991 Fachgebietsleiter Lärm und Schwingungen, Mitarbeiter „Technischer Aufsichtsdienst" im Amt für Arbeitsschutz, Erfurt. Seit 1991 Amtsleiter des Umweltschutzamtes und seit 1997 Amtsleiter des Umwelt- und Naturschutzamtes in der Stadtverwaltung Erfurt.

Als Besonderheit sind die bis ins Stadtzentrum hineinreichenden Kleingartenanlagen zu nennen sowie die zahlreichen Flächen des traditionellen Erfurter Erwerbsgartenbaus.

Parks und Gärten

Wer beim Spaziergang durch Erfurts historische Altstadt ausruhen möchte, kann das in einem der inzwischen zahlreichen Cafés, Restaurants, Bistros und Biergärten tun. Park- und Grünanlagen laden zum Verweilen ein. Etwa 485 Hektar Erholungs-

Stadt und Umwelt

fläche, 1.954 Hektar Wald (ca. 4,7 m² öffentliches Grün je Einwohner) und 377 Hektar Wasserfläche einschließlich der rund 310 km Gewässer erster und zweiter Ordnung prägen die landschaftstypische Fauna und Flora der Stadt.

Große Grünbereiche befinden sich auf den ehemaligen Wallanlagen von der Elisabethbrücke bis hin zum heutigen Löberwallgraben mit seinem 100-jährigen Baumbestand. Die bewegte Geländemodellierung und geschwungene Wegeführung geben dieser Anlage ein unverwechselbares Gepräge.

Der Stadtpark, ehemals „Daberstedter Schanze", wurde in den Jahren 1905 bis 1912 durch die Gartenbaudirektoren O. Linne und M. Bromme angelegt. Er ist Bestandteil des Grünringes entlang des Flutgrabens. Den Zugang von der Stadt bildet ein repräsentativer, doppelläufiger Treppenaufgang mit portalartig eingefaßter Wasserkunst (1908), der durch eine Terrasse mit Wasserbecken abgeschlossen wird.

An der Stelle des heutigen Dreienbrunnenparkes war im Mittelalter noch Sumpfland, das mit Weiden, Erlen, Eschen und vor allem mit Espen versehen war, wovon später der Name „Espach" abgeleitet wurde.

1899/1900 wurde hier ein öffentlicher Park angelegt, der in der Hauptsache mit heimischen Gehölzen bepflanzt wurde und dessen landschaftlicher Charakter bis heute erhalten blieb.

Das südlich der Cyriaksburg gelegene Hanggelände mit angrenzendem Dreienbrunnenpark hat so günstige Voraussetzungen in geologischer und klimatischer Hinsicht, daß hier 1961 ein Dendrologischer Garten angelegt wurde. Der Brühler Garten hat eine bewegte Vergangenheit; im Mittelalter als Friedhof angelegt, wurde dieser 1802 eingeebnet und in einen Lustgarten für den regierenden Statthalter von Erfurt umgewandelt. Als der Erfurter Magistrat durch die französische Besatzungsmacht verpflichtet wurde, alle Begräbnisstätten innerhalb der Stadt zu schließen, entstand 1818 in diesem Garten der erste öffentliche städtische Friedhof in der Brühler Vorstadt.

Blick von der Schwellenburg in das Thüringer Becken.

Nach Eröffnung des Südfriedhofs im Jahr 1871 wurde dieser wieder zur öffentlichen Grünanlage. 1924 wurde begonnen, den Brühler Garten mit dem damaligen Baumbestand in einen Konzertgarten zu verwandeln. Erst 1960 wurde die Gesamtanlage erneuert und erhielt ihre heutige Form.

Der Nordpark, ein Park mit Auencharakter, der nach 1927 angelegt wurde, ist mit 9 Hektar die größte Parkanlage Erfurts. Vorhandene und noch weiter auszubauende Wegeverbindungen führen vom Nordpark bis zum Süden der Stadt in den Steigerwald, der ein über 700 Hektar großes Areal umfaßt und als „Grüne Lunge" Erfurts mit mehr als 36 Kilometern markierten Wanderwegen ein beliebtes Ausflugsziel darstellt.

Die Erfurter Gartenbauausstellung (ega) mit ihrem engen Bezug zur Gartenbautradition ist untrennbar mit Erfurts Ruf als Blumenstadt verbunden. Nach inhaltlicher Neukonzipierung ist sie mit ihrem waldartigen Parkbereich, den gartenbaulichen Ausstellungsflächen, dem Gartenbaumuseum in der Cyriaksburg, gepflegten Restaurants und vielfältigen Freizeitangeboten attraktiver Anziehungspunkt mit hohem Erholungs- und Unterhaltungswert.

Lufthygiene/Immissionsschutz

Seit der Wiedervereinigung veränderte sich die Umweltsituation grundlegend und die Luftqualität verbesserte sich in diesem Zeitraum entscheidend.

Nach dem aus den Leitkomponenten für die Luftbelastung Schwefeldioxid (SO_2), Stickstoffdioxid (NO_2), Kohlenmonoxid (CO) und Schwebstaub gebildeten Luftbelastungsindex, der in vielen Städten für die Bewertung der Luftgüte zugrunde gelegt wird, war Erfurt 1991 noch als deutlich belastet (Stufe 4 eines fünfstufigen Bewertungsmaßstabes) einzuordnen.

Bis heute verbesserte sich die Luftqualität soweit, daß nur noch eine schwache lufthygienische Belastung entsprechend der Stufe 2 gemessen wird.

Besonders deutlich zeigt sich die lufthygienische Verbesserung an der Komponente Schwefeldioxid. Seit 1989 hat sich der Konzentrationswert um 94 Prozent reduziert. Damals war die Belastung noch mehr als doppelt so hoch wie zulässig; heute erreicht sie nur noch 7 % des zulässigen Grenzwertes.

Feuchtbiotop im geschützten Landschaftsbestandteil „Kalkhügel" im Westen von Erfurt.

Diese Schadstoffreduzierung ist nicht nur eine Folge der wirtschaftlichen Umstrukturierung, sondern auch das Ergebnis der Umstellung von Heizwerken und Heizkraftwerken sowie zahlreicher Heizungen öffentlicher und privater Haushalte von festen auf flüssige und gasförmige Brennstoffe.

So reduzierte sich beispielsweise bei den privaten Haushalten von 1990-1997 der Anteil der Kohleheizungen von 46% auf 15%, wobei der Anteil der fernwärmeversorgten Wohnungen von 45% nahezu gleich blieb.

Diese Entwicklung wurde und wird weiter forciert durch die seit 1994 in Erfurt gültige Fernwärmesatzung, ein spezielles Förderprogramm zur Installation von Fernwärmeanlagen und Brennwertkesseln auf Gasbasis in Gebieten mit noch vielen Kohleheizungen sowie den Ausschluß von festen und zum Teil auch flüssigen Heizmedien bei Neubauprojekten.

So konnte auch der Kohlendioxidausstoß von 1990 bis 1997 um 38% gesenkt werden. Bis zum Jahr 2000 wird sich der CO_2-Ausstoß um weitere 14 % reduzieren, wie das CO_2-Minderungskonzept, das für Erfurt im Zeitraum 1997/1998 erstellt wurde, belegt.

Selbst die immer mehr Beachtung findende Komponente Ozon (O_3) hat sich in den letzten Jahren nicht erhöht. Auch in den Sommermonaten wurde nur selten der Ozonwarnwert von 180 µg/m³ überschritten.

Aufgrund der gesamtstädtischen Klimauntersuchung liegen umfangreiche Erkenntnisse zu Strömungs- und Ausbreitungsverhältnissen vor. Diese können bei Bedarf zur Verfügung gestellt werden.

Die Lärmsituation wurde im Rahmen eines gesamtstädtischen Schallimmissionsplanes untersucht. Für vom Straßenverkehr erheblich belastete Wohnhäuser besteht ein Lärmschutzfensterprogramm.

Stadt und Umwelt

Abfallwirtschaft

Die Grundsätze des Kreislaufwirtschafts-und Abfallgesetzes wurden Bestandteil der neuen Abfallwirtschaftssatzung der Stadt Erfurt, die ab 1. Januar 1998 zeitgleich mit einer neuen Abfallgebührensatzung in Kraft trat.
Die Ziele der Abfallwirtschaft der Stadt Erfurt wurden danach wie folgt festgelegt:

Ein wichtiges „Werkzeug" für jeden Bürger zum Erreichen gemeinsamer Umweltziele: der Abfall-Ratgeber.

Präsentation der Mülltrennsysteme am „Tag der Umwelt" 1998 auf dem Erfurter Fischmarkt".

1. den Anfall von Abfällen so gering wie möglich zu halten,
2. Schadstoffe in Abfällen zu vermeiden und zu verringern,
3. nicht vermeidbare Abfälle schadlos und möglichst hochwertig zu verwerten,
4. nicht verwertbare Abfälle zur Verringerung ihrer Menge und Schädlichkeit zu behandeln,
5. nicht verwertbare Abfälle umweltschonend abzulagern.

Die „geordnete Deponie" in Erfurt-Schwerborn.

Mit dem neuen Abfallsatzungsrecht sollen wirksame Anreize zur Abfallvermeidung gegeben und umfassende Möglichkeiten zur Abfallverwertung geschaffen werden.
Priorität hat dabei die Abfallvermeidung. Hier ist jeder Einzelne gefordert, durch sein Konsumverhalten einen wirksamen Beitrag zu leisten, z.B. durch Nutzung von Mehrwegsystemen, durch Kauf von Frischprodukten ohne Verpackung oder durch Kauf von langlebigen und reparaturfähigen Geräten.
Die nicht vermeidbaren Abfälle sind einer Verwertung bzw. die nicht verwertbaren Abfälle einer ordnungsgemäßen Beseitigung zuzuführen, wobei es dazu notwendig ist, bereits an der Anfallstelle eine Trennung der Abfälle nach Stoffgruppen vorzunehmen.
Für die einzelnen Stoffgruppen werden in der Stadt Erfurt verschiedene Sammelsysteme angeboten, wie die zweimal jährliche Sperrmüll- und Schrottsammlung aus Haushalten sowie die mobile Sonderabfall-Kleinmengensammlung, aber auch ein umfassendes Sammelbehältersystem für Papier/Pappe, Glas getrennt nach Farben und Verkaufsverpackungen mit dem grünen Punkt (LVP). Hinzu kommt die Entsorgung von Altkühlgeräten, Fernsehgeräten und Waschmaschinen auf Anforderung.
Für die organischen Abfälle wurde 1998 ein weiteres Getrenntsammelsystem eingeführt, die Biotonne. Bisher wurden Grünabfälle über die an verschiedenen Standplätzen aufgestellten Großcontainer getrennt erfaßt und der Verwertung zugeführt. Dies wurde durch die flächendeckende Einführung der Biotonne ergänzt.
Für die verwertbaren Abfälle besteht außerdem die Möglichkeit der Abgabe auf den 3 existierenden Wertstoffhöfen in der Stadt Erfurt.
Die Wirksamkeit der getrennten Wertstofferfassung spiegelt sich in den steigenden Erfassungsmengen wider. Gleichzeitig ist ein Rückgang des Hausmüllaufkommens zu verzeichnen.
Die nicht verwertbaren Abfälle aus der Stadt Erfurt werden auf der Hausmülldeponie Erfurt-Schwerborn ordnungsgemäß beseitigt.
Diese Deponie wurde seit 1991 schrittweise dem Stand der Technik angepaßt und ist heute eine der modernsten Deponien der Bundesrepublik. Sie verfügt über einen übersichtlich gestalteten Eingangsbereich mit computergestütztem Erfassungs- und Wägesystem sowie über ein Basisabdichtungssystem, Sickerwasserfassungssystem und eine Entgasungsanlage.
Zur Reduzierung der zu deponierenden Abfallmenge wurden verschiedene Verwertungsstrategien verfolgt und zusätzlich folgende Anlagen auf dem Gelände der Deponie errichtet: eine Pflanzenabfall-Kompostierungsanlage, eine Baustellenabfallsortieranlage, eine Bauschuttrecyclinganlage und eine Bodenbörse.

Die deponierten Abfallmengen gingen damit seit 1993 kontinuierlich zurück.
Mit dem vorhandenen und noch ausbaufähigen Deponieraum ist die Entsorgungssicherheit für die nicht verwertbaren Abfälle aus der Stadt Erfurt auch in den nächsten Jahren gewährleistet.

Trinkwasser

Das heute vorhandene Wasserversorgungssystem ist Bestandteil einer 122-jährigen Entwicklung von Stadtgeschichte und Kommunalhygiene.
Das Versorgungsgebiet umfaßt neben der mit der Gebietsreform gewachsenen Stadt Erfurt auch 25 Gemeinden mit Ortsteilen im Umland, den Bereich des Zweckverbandes „Erfurter Becken".
Jährlich werden 12,0 Mio. m^3 Wasser, das entspricht einem Pro-Kopf-Verbrauch von 136,7 Litern täglich, von den Stadtwerken zur Wasserversorgung bereitgestellt.
Vom Aufkommen werden 2/3 als Grundwasser aus dem Muschelkalk als Hauptgrundwasserleiter aus einer Tiefe von bis zu 110 m im Stadtgebiet selbst gewonnen. Die Wasserschutzgebiete erstrecken sich über die Ortsteile Möbisburg, Hochheim, Bischleben, Rhoda, Hochstedt und Molsdorf. Schwerpunkte der Wassergewinnung sind die Wasserwerke in Möbisburg, Hochheim, Dreienbrunnen sowie 6 Tiefbrunnen am Steigernordrand. Das gewonnene Grundwasser verfügt über eine sehr hohe Qualität und erfüllt ohne größere Aufbereitungsmaßnahmen und Chemikalienzugabe die strengen Qualitätsanforderungen der Bestimmungen der BRD und der EG. Der hohe Gehalt an lebenswichtigen Mineralien wie Calcium und Magnesium ist der Nutzung als Trinkwasser sehr zuträglich. Das verbleibende Drittel des Wasserbedarfs wird als Fernwasser aus Talsperren bezogen.
Die Trinkwasserqualität wird durch jährlich 1400 mikro-biologische Untersuchungen und 50 Vollanalysen überwacht.
Das Wasserversorgungsunternehmen hat einen wichtigen Anteil an der kommunalen Entwicklung durch die Erschließung einer Vielzahl von Baugebieten. Es ist für die Wirtschaft und für die Privatkunden ein zuverlässiger Partner.

Abwasserbehandlung

Die Stadt Erfurt ist für das Stadtgebiet abwasserbeseitigungspflichtig. Diese Aufgabe nehmen der Enwässerungsbetrieb des Tiefbauamtes sowie verschiedene Abwasserzweckverbände (AZV) wahr.
Im bebauten Stadtgebiet wird eine zentrale Abwasserkanalisation betrieben und die Abwässer werden im zentralen Klärwerk Erfurt-Kühnhausen behandelt. Diese Abwasserbehandlungsanlage besitzt eine mechanische und eine biolo-

Stadt und Umwelt

Luftaufnahme: Erfurter Wasserwerk und Dreibrunnenbad.

gische Reinigungsstufe. Sie wurde für den Kohlenstoffabbau ausgelegt. Zusätzlich wird seit geraumer Zeit als Übergangslösung eine chemische Phosphorsimultanfällung betrieben, mit der die nach anerkannten Regeln der Technik geforderten Grenzwerte hinsichtlich Phosphor bereits eingehalten werden. Die geforderte Reinigungsleistung hinsichtlich Stickstoff soll durch eine Weiterbehandlung des Abwassers in einer dritten Reinigungsstufe erzielt werden. Mit deren Bau wurde bereits begonnen. Kernstück der Erweiterung sind zusätzliche Belebtschlammbecken in der biologischen Stufe, sie dienen der Stickstoffelimination und der biologischen Phosphorelimination. Mit der Fertigstellung wird 2001 gerechnet.

Die Länge des Kanalnetzes beträgt 618 km zuzüglich der ca. 205 km Hausanschlußkanäle. Das Grundgerüst der Entwässerung bilden 23 Hauptsammler für Schmutz- und Mischwasserableitung sowie weitere Regenwasserhauptsammler, die zum Teil verrohrte Vorfluter durch das Stadtgebiet sind. Im Entwässerungsnetz der Stadt werden zur Zeit ca. 40 Sonderbauwerke (Kläranlagen, Pumpwerke, Regenrückhalte- und Überlaufbecken) betrieben.

Die Mitbehandlung von Mischwasser bei Regenereignissen ist nur in begrenztem Umfang möglich. So werden im Stadtgebiet 56 % der Flächen im Mischsystem und 44% im Trennsystem entwässert.

Von 269 km^2 Gesamt-Stadtfläche werden ca. 27 km^2 bebaute Fläche über das zentrale Abwassernetz entsorgt. Der Anschlußgrad beträgt gegenwärtig 87,2 %. Zur Zeit werden ca. 14 km^2 bebaute Fläche der Stadt, vor allem die umliegenden Ortsteile dezentral entsorgt (von AZV bediente Ortsteile inbegriffen). Die Abwasserbehandlung wird hier hauptsächlich auf den Grundstücken in Form von Kleinkläranlagen oder abflußlosen Sammelgruben realisiert. Alternativ stehen Interimskläranlagen für Wohn- und Gewerbegebiete zur Verfügung. Die noch nicht erschlossenen Gebiete werden aber im Zuge des Netzausbaues in den nächsten Jahren schrittweise an eine Kanalisation mit zentraler Abwasserbehandlung angeschlossen.

Altlasten

In Zusammenarbeit mit der Thüringer Landesanstalt für Umwelt in Jena (TLU) wurde das 1992 begonnene Kataster kontaminationsverdächtiger bzw. altlastenverdächtiger Flächen der Stadt Erfurt aktualisiert.

Auf der Grundlage des im Umwelt- und Naturschutzamt vorhandenen Datenbestandes wurde von der TLU 1996 für das gesamte Stadtgebiet eine beprobungslose Erstbewertung aller Verdachtsflächen beauftragt.

Die Standorte und Ablagerungen werden als kontaminationsverdächtig eingestuft, wenn der Verdacht auf unsachgemäßen Umgang mit umweltgefährdenden Stoffen bisher nicht ausgeschlossen werden kann.

Für die Ausweisung eines Grundstückes als Altlastenverdachtsfläche ist zwingend, daß es sich bei dem darauf lokalisierten Standort um einen stillgelegten bzw. einen Betrieb handelt, der artfremde produktionsspezifische Stoffe in Bezug auf die gesamte bisherige Vornutzung des Grundstückes einsetzt und daß ein hinreichender Verdacht auf unsachgemäßen Umgang mit umweltgefährdenden Stoffen besteht. (Ablagerungen und Verfüllungen außerhalb von z. Zt. betriebenen Deponien gelten als stillgelegt. [Altablagerungen]).

Altlastenverdächtige Flächen des Landes Thüringen werden gemäß § 17 Abs. 1 Satz 1 des Thüringer Abfallwirtschafts- und Altlastengesetzes (ThAbfAG) vom 31. Juli 1991 in einer bei der Thüringer Landesanstalt für Umwelt (TLU) geführten Verdachtsflächendatei erfaßt.

Das Kataster kontaminations- bzw. altlastenverdächtiger Flächen der Stadt Erfurt wird vom Umwelt- und Naturschutzamt verwaltet und geführt.

Der Datenaustausch mit der TLU sowie die Pflege und Erweiterung des Datenbestandes erfolgt durch das Umwelt- und Naturschutzamt.

Auskünfte aus dem Datenbestand an private Dritte (Bürger, Ing.-büros, Verbände etc.) erteilt die Thüringer Landesanstalt für Umwelt.

Flurstückseigentümer, die durch Vorlage eines Grundbuchauszuges ihr berechtigtes Interesse nachweisen, erhalten Auskunft durch das Umwelt- und Naturschutzamt. Personenbezogene Daten Dritter (z.B. Vorbesitzer, Verursacher, Nutzer) werden nicht weitergegeben.

Weitere Informationen

Erfurt hat ein Umweltberatungszentrum „Kompetent", welches von den Stadtwerken betreut wird. Hier können Bürger und insbesondere die Schüler Informationen zur Umwelt erhalten.

In Zusammenarbeit mit den Stadtwerken/Stadtwirtschaft GmbH gibt die Stadtverwaltung jährlich einen Abfallratgeber mit wichtigen Adressen, Ansprechpartnern und Informationen zur Abfallentsorgung heraus, den jeder Haushalt der Stadt erhält.

Die „Naturlehrstätte Fuchsfarm" des Umwelt- und Naturschutzamtes im Erfurter Steiger dient der praxisnahen Umweltbildung von interessierten Bürgern, insbesondere Kindern und ihren Betreuern.

Über den aktuellen Zustand der Erfurter Umwelt können sich die Bürger durch Präsentationen in den Ämtern, im Internet (http://www.erfurt.de) oder direkt bei den Mitarbeitern des Umwelt- und Naturschutzamtes, auch über ein „Umwelttelefon" zur Bürgerberatung und Problemlösung im Umweltbereich, informieren. Hierzu wird außerdem umfangreiches Material zu Umweltdaten und Fakten- wie die Publikation „Erfurter Umwelt in Zahlen" – bereitgestellt.

Der jährliche Geschäftsbericht des Umwelt- und Naturschutzamtes kann weitergehende Einblicke in die Arbeit der unteren Umweltbehörden gewähren. ■

„Naturlehrstätte Fuchsfarm" im Erfurter Steigerwald.

Unternehmensportrait

Milchwerke Thüringen – der regionale Markenartikler

Mit neuen Erzeugnissen hat das moderne Erfurter Unternehmen seine führende Marktposition weiter gefestigt

Milchwerke Thüringen GmbH

Aufsichtsrat:
Vorsitzender:
Siegfried Wagner
Stellvertreter:
Rudolf Heidhues
Joachim Kunze

Geschäftsführer:
Dr. Horst Ottenberg

Mitarbeiter:
310 + 14 Azubi

Umsatz:
366 Mio. DM (1997)

Milchanlieferung:
ca. 0,9 Mio. Liter täglich (Jahresdurchschnitt)

Rohmilchaufkommen:
335 Mio. kg (Referenzmenge 1998)

Organisation:
212 Gesellschafter
334 milchliefernde Betriebe

Gesellschaftskapital:
32 Mio. DM

Anschrift:
Leipziger Straße 100
99085 Erfurt
Telefon (0361) 59 77-0
Telefax (0361) 59 77-155, -240

Über 430 Millionen mit Milchprodukten gefüllte Packungen wie Flaschen, Kartons oder Becher haben im vergangenen Jahr das Unternehmen Milchwerke Thüringen verlassen. Das bedeutet einen täglichen Ausstoß von mehr als einer Million Einheiten, die auf 1.000 Paletten mit 33 Lastzügen transportiert werden. Die Milchwerke Thüringen GmbH ist eine der drei Vertriebsgesellschaften der Humana Milchunion-Unternehmensgruppe, welche momentan die Nr. 1 der Molkereibetriebe in Deutschland ist.

Milchwerke Thüringen GmbH.

In den Bereichen der Milchbasisprodukte wie Trinkmilch, Butter, Speisequark etc. oder Joghurt und Desserts, wie beispielsweise das neue Sahneerzeugnis „Crèmidee", stellen die Erzeugnisse der Milchwerke Thüringen absatz- und umsatzträchtige Säulen in der Gruppe dar. Dabei steht die Marke „Osterland" vorrangig für den Vertrieb in den neuen Bundesländern, die Marke „Ravensberger" bundesweit.

In den Hauptproduktionsgruppen wie Konsummilch, Buttermilch, Speisequark, Butter und Desserts hat das Unternehmen die Produktion von Jahr zu Jahr erheblich gesteigert. Dabei werden 35 Prozent des Rohmilchaufkommens des Freistaates Thüringen verarbeitet. Den größten Anteil daran haben mit 56 Prozent die Agrargenossenschaften, gefolgt von den GmbH's mit 30 Prozent. 99,5 Prozent der angelieferten Milch gehörten zur Qualitätsklasse 1.

Die Marktposition der Milchwerke Thüringen konnte insbesondere durch neue Produkte mit höherer Wertschöpfung gefestigt werden. Neue Produkte mit bekannten Rezepturen wie der Hausmacherquark, die rote, grüne und gelbe Grütze oder die Kaltschale „fix und fertig" festigen die Position als regionaler Markenartikler.

Im Bereich der Kinderprodukte werden mit den bekannten Fernsehfiguren wie dem Sandmännchen, Pittiplatsch sowie Schnatterinchen Joghurts und Puddings in der „Abendgruß-Range" erfolgreich vermarktet.

Mit dem Aufbau des Exportgeschäftes, insbesondere nach Osteuropa, ist begonnen worden. Der Gesamtumsatz des Unternehmens beträgt 370 Mio. DM.

In den letzten fünf Jahren wurden 160 Mio. DM investiert. So konnte kürzlich mit einer 4-Millionen-Mark-Investition in ein weiteres automatisches Hochregallager die Leistungsfähigkeit des Unternehmens weiter erhöht werden. Die meisten Erzeugnisse sind DLG-prämiert oder tragen das CMA-Gütezeichen, seit 1993 hat das Unternehmen die EG-Zulassung und ist nach DIN ISO 9001 zertifiziert.

Produktionshalle, Neubau.

Unternehmensportrait

Blumengroßmarkt im Herzen einer Gartenbauregion

Der UGA-Blumengroßmarkt Thüringen in Erfurt hat inzwischen die 20-Millionen-DM-Umsatzgrenze erreicht

Die innovativen Kräfte der Familienbetriebe und die Bündelung der Stärken des einzelnen in der Vermarktungsgemeinschaft waren, im Rückblick betrachtet, das Erfolgsrezept niederrheinischer Gärtner, die heute eine Spitzenposition im Blumenhandel einnehmen. Aus kleinsten Anfängen heraus entwickelte sich in der Region unterer Niederrhein mit Schwerpunkt im Landkreis Kleve ein Anbaugebiet für gartenbauliche Erzeugnisse, das inzwischen eine der bedeutendsten Anbauregionen in Europa ist.

Teilansicht – Blumengroßmarkt Thüringen in Erfurt.

Die heute gut geführten und mit modernster Technik ausgestatteten Erzeugerbetriebe mit durchschnittlich 10-15.000 qm Unterglasfläche sind für den Wettbewerb im großen Blumenmarkt Europa gerüstet.

Die UGA Niederrhein GmbH ist einer der führenden Vermarkter von Gartenbauerzeugnissen und ist Deutschlands größter Exporteur von Topfpflanzen. UGA-Produkte sind heute in zehn europäischen Ländern im Handel präsent, mit Erzeugnissen der mehr als 1.000 Vertragslieferanten.

Auf der West-Ost-Schiene, außerhalb des kontinuierlich gewachsenen Produktionsgebietes am Niederrhein, unterhält die UGA sechs ihrer insgesamt neun Zweigstellen, die als Abholmärkte mit Warenzustellservice fungieren, und zwar in Mülheim/Ruhr, Paderborn, Kassel-Lohfelden, Erfurt, Hainspitz und Frankenheim bei Leipzig.

Der von der UGA Niederrhein GmbH betriebene Blumengroßmarkt Thüringen in Erfurt, im Herzen einer Region mit gartenbaulicher Tradition und Geschichte, der inzwischen die 20-Mio.-DM-Umsatzgrenze erreicht, hat sich zu einem gefragten Informations- und Handelszentrum für die grüne Branche in Thüringen und darüber hinaus entwickelt.

Der zentrale Vermarktungsstandort in Erfurt ist voll eingebunden in das EDV-gestützte Warenwirtschaftssystem der UGA Niederrhein GmbH. Großhandelsfähige Warenpartien werden online den Marktpartnern im Vertriebssystem des Unternehmens kenntlich gemacht und fließen somit ein in die überregionale Vermarktungsschiene.

Schnittblumen in vollem Sortiment, täglich frisch aus deutscher Produktion von der UGA-Blumenversteigerung in Straelen und aus den führenden Anbauregionen der Welt, ebenso wie über 10.000 floristische Bedarfsartikel, jeweils angeboten von leistungsstarken Partnern in der Marktgemeinschaft am Blumengroßmarkt, sind Magnet für den qualitäts- und preisbewußt einkaufenden Handel in der Region. Topf-, Grün- und Blütenpflanzen im jahreszeitlich vollen und aktuellen Sortiment bilden, an der Nachfrage orientiert, den Schwerpunkt des Angebotes im Blumengroßmarkt.

Eine wachsende Zahl von Produzenten in den neuen Bundesländern, die sich abgenabelt haben von alten Strukturen auf der Produktions- und Vermarktungsebene, sind in der Vermarktungsgemeinschaft der Union gartenbaulicher Absatzmärkte GmbH mit ihrem Blumengroßmarkt in Thüringen Speerspitze für eine wieder erfolgreiche und wirtschaftlich starke Gartenbauregion Thüringen.

Die UGA Niederrhein GmbH wird sich als solider und wirtschaftlich starker Partner einbringen in eine „Euregionale Vermarktungsgesellschaft", in einem europaweiten Vertriebsnetz mit einem Umsatz von rd. 1,6 Mrd. DM. ■

Union gartenbaulicher Absatzmärkte GmbH

Geschäftsführer:
Dr. Uwe Billstein
Franz Josef Nahen

Gründungsjahr:
1970

Umsatz:
400 Mio. DM

Mitarbeiter:
370

Sitz: 47638 Straelen
Anschrift:
Hans-Tenhaeff-Straße 44
47638 Straelen
Telefon: (02834) 910-0
Telefax: (02834) 910-170

Vermarktungszentrale Topfpflanzen:
Anschrift:
Südstraße 81
47623 Kevelaer
Telefon: (02832) 125-0
Telefax: (02832) 125-125

Blumengroßmarkt Thüringen in Erfurt
Gründungsjahr:
1991

Marktleiter:
Gerhard Wenner

Umsatz:
ca. 20 Mio. DM (1998)

Anschrift:
Bergrat-Voigt-Straße 7
99087 Erfurt
Telefon: (0361) 7 48 33 10
Telefax: (0361) 7 48 33 81

Ansicht einer Produktionsfläche mit Cyclamen (Alpenveilchen) aus einer Gesamtproduktion von jährlich rd. 1,5 Mio. Stück.

Tourismus

Rendezvous in der Mitte Deutschlands – in Erfurt, dem Tor zu Thüringen

In der historischen Altstadt – Haus zum Sonneborn.

Die touristische Destination Erfurt wird geprägt durch einen der am besten erhaltenen mittelalterlichen Stadtkerne Deutschlands, ein reizvolles Ensemble aus reichen Patrizierhäusern und liebevoll rekonstruierten Fachwerkhäusern, überragt vom monumentalen Ensemble des Mariendoms und der Severikirche. Einmalig in Europa ist die Krämerbrücke – mit 120 Metern die längste und mit 32 Häusern komplett bebaute und bewohnte Brücke. In ungewöhnlicher Nachbarschaft zum Domberg lockt die einzige weitgehend erhaltene barocke Stadtfestung Mitteleuropas zur Erkundung ihres verzweigten Minenlabyrinths.

Die Stadt zog in ihrer wechselvollen Geschichte als wirtschaftliches, geistiges, kulturelles und politisches Zentrum Thüringens schon immer große, den jeweiligen Zeitgeist mitbestimmende Persönlichkeiten an. Zu den weltweit bekannten früheren Erfurter Gästen oder zeitweiligen Bewohnern gehörten Martin Luther, Adam Ries, Johann Wolfgang von Goethe, Friedrich Schiller, Wilhelm Humboldt, Johann Sebastian Bach, Zar Alexander I. und Napoleon. Daran erinnernde Bauten, wie das Augustinerkloster oder der Kaisersaal, wurden rekonstruiert und vermitteln unseren Gästen einen würdigen und sehr lebendigen Umgang mit der Geschichte.

Die Landeshauptstadt Thüringens ist auf einem guten Weg, im vielfältigen Städte- und Kulturtourismus auf dem nationalen und internationalen Markt ihren eigenen spezifischen Platz zu finden und auszubauen. Die Landesregierung, zahlreiche Behörden und Verbände, gewerbliche Ansiedlungen und rege Geschäftstätigkeit schaffen intensive Impulse zum Aufbau eines anspruchsvollen Tagungs- und Kongreßwesens. Neben der Pflege des städtebaulichen Erbes wurde deshalb dem Aufbau dafür notwendiger Voraussetzungen und Rahmenbedingungen in den vergangenen Jahren größte Aufmerksamkeit gewidmet. Am Rande der Stadt, in unmittelbarer Nähe der ega, dem „größten Thüringer Garten", wurde die Messe Erfurt neu aufgebaut. Dieser Komplex ermöglicht es seit 1997, in Erfurt auch Kongresse mit bis zu 6.000 Teilnehmern oder kulturelle Großveranstaltungen durchzuführen bzw. ein Thüringer Messegeschäft zu initiieren.

Die geographisch äußerst günstige Lage Erfurts in der Mitte Deutschlands wird zunehmend zu einer besonders verkehrsgünstigen Lage hin entwickelt, die für den weiteren touristischen Aufschwung unabdingbar ist. Insbesondere für die Forcierung des überregionalen und internationalen Tourismus wird eine deutlich verbesserte Erreichbarkeit durch den Ausbau des Flughafens,

Dr. Carmen Hildebrandt

Die Autorin wurde 1959 in Brotterode/Thüringen geboren. 1984 promovierte sie als Wirtschaftsgeograph an der PH Dresden. Von 1984 bis 1996 war sie in Berlin tätig, u. a. als Dozentin an der Humboldt-Universität und als Beraterin für Tourismus und Regionalplanung, danach als Projektleiterin in der Entwicklungsgesellschaft Wassertourismus Nordwest, Brandenburg.
Seit 1998 ist sie Geschäftsführerin der Tourismus-Gesellschaft Erfurt.

den Anschluß an das ICE-Netz und die Verdichtung des Autobahnnetzes von immanenter Wichtigkeit sein. Die innerstädtische Komplementierung durch Anbindung der strategisch wichtigen Punkte an das Netz der öffentlichen Verkehrsmittel und die Optimierung des ungestörten Erlebnisses der verkehrsberuhigten Innenstadt durch fußläufig entfernt gelegene neue Parkhäuser sind günstige Voraussetzungen, die touristische Vermarktung immer erfolgreicher betreiben zu können.

Die Statistik

Die Statistik belegt eine insgesamt günstige und stabile touristische Entwicklung in der Landeshauptstadt Erfurt seit 1993:
Das Angebot an Hotel- und Pensionsbetten verdoppelte sich in Erfurt von 1993 zu 1997 auf 4.000 Gästebetten in 53 gewerblichen Beherbergungsstätten.
Auch die Zahl der Übernachtungen in den Hotels und Pensionen stieg seit 1993 kontinuierlich an,

Touristischer Service aus einer Hand.

von ca. 280.000 auf ca. 470.000 Übernachtungen in 1997. Im Jahr 1998 setzte sich dieser positive Trend weiter fort. So konnten die Hotels und Pensionen im Monat Mai die höchsten Übernachtungszahlen seit dem Beginn der statistischen Erfassung 1991 in Erfurt verzeichnen. Im Vergleich zum ersten Halbjahr 1997 stiegen die Übernachtungszahlen im ersten Halbjahr diesen Jahres nochmals um 4 %. Bei Annahme dieser Zuwächse auch im zweiten Halbjahr 1998 dürften die Übernachtungszahlen im Jahr 1998 voraussichtlich bei ca. 490.000 liegen und mit den Übernachtungen bei den Privatvermietern eine halbe Million überschreiten.

Da das Angebot der Übernachtungsmöglichkeiten deutlich schneller stieg als die Zahl der Gästeübernachtungen zunahm, sank die durchschnittliche Auslastung der gewerblichen Gästebetten von 56 % (1991) auf 35 % (1994), bleibt seitdem jedoch nahezu konstant bei ca. 34 %. Dies entspricht dem Bundesdurchschnitt und ist höher als die thüringenweite Auslastung (30 %). Die Aufenthaltsdauer der Erfurter Gäste liegt derzeit bei ca. 1,8 Tagen, mit leicht steigender Tendenz.

Der Anteil der internationalen Gäste an den Übernachtungen beträgt in der Landeshauptstadt knapp 9 % und damit beinahe das doppelte des thüringenweiten Durchschnitts. Der internationale Gästestrom fand seinen bisherigen Höhepunkt im Jahr 1996, als die Stadt Erfurt den 450. Todestag des bekanntesten Studenten und Priesters der Stadt, des Reformators Martin Luther, feierte und intensiv international vermarktete.

Der Tourismus in Erfurt ist stark saisonal geprägt. Der relativ stabile Jahreszeitenverlauf wird gekennzeichnet von den deutlichen Frühjahrs- und Herbstspitzen der touristischen Nachfrage.

Alle vorhandenen Erhebungen zu verkauften Eintrittskarten (ega, Zoo) und die Beobachtung der Besucherströme am Dom und Krämerbrücke begründen die Annahme, daß zusätzlich zur halben Million Übernachtungsgäste 1 bis 1,2 Millionen Tagesgäste im Jahr 1997 die Landeshauptstadt besuchten.

Die Tourismus GmbH Erfurt

Die Stadt Erfurt mißt dem Tourismus als Wirtschaftsfaktor eine wichtige strukturfördernde Bedeutung zu. Mit dem Ziel einer weiteren Förderung dieses Wirtschaftsbereiches wurde die kommunale Tourismusförderung umstrukturiert und im Jahr 1997 die Tourismus GmbH Erfurt (TG Erfurt) als offizielle Organisation zur Tourismusförderung in der Landeshauptstadt Erfurt von den beiden Gesellschaften, der Stadt Erfurt (74 %) und dem Tourismusverein Erfurt e.V. gegründet.

Die TG Erfurt wird dabei die Stadt in ihrer Profilierung als touristischer Standort unterstützen und begleiten. Dies beinhaltet die Vervollkommnung des Serviceangebotes entsprechend den individuellen Bedürfnissen der Gäste und der Tourismuswirtschaft, die Beratung der touristischen und am Tourismus partizipierenden Unternehmen der Stadt zur Gestaltung verkaufbarer/buchbarer Angebote sowie eine Unterstützung der Konzipierung und Umsetzung tourismusrelevanter Entwicklungsprojekte.

Weiterhin präsentiert die TG Erfurt die Stadt mit ihrer reichen kulturellen Vergangenheit und einer lebendigen Gegenwartskultur als Stätte für Kongresse und Messen sowie als potenten Wirtschaftsstandort auf dem nationalen und internationalen Tourismusmarkt.

Von diesem Gesellschaftsauftrag abgeleitet sind alle unternehmerischen Anstrengungen der TG Erfurt auf eine höchstmögliche Förderung des Tourismus in der Landeshauptstadt Erfurt gerichtet. Die kommunale Tourismusförderung wird von der TG Erfurt als ein wesentliches Instrument der zukunftsorientierten Wirtschafts- und Stadtentwicklung verstanden.

Die Landeshauptstadt Erfurt repräsentiert auf dem Markt nicht nur sich selbst, sondern ist zugleich Visitenkarte des Freistaates Thüringen. Dies erfordert um so mehr eine nachhaltige touristische Entwicklung vor Ort sowie deren überzeugende Präsentation nach innen und außen.

Die touristische Entwicklung der Landeshauptstadt bekommt zusätzliche Impulse durch die Vernetzung innerhalb des Thüringer Tourismus. Als Gründungsmitglied des Vereins Städtetourismus in Thüringen e.V. arbeitet Erfurt auf dem Gebiet des Tourismusmarketings z.B. sehr eng mit Weimar und Eisenach sowie darüber hinaus mit der Region Thüringer Wald zusammen, um den Gästen einen noch abwechslungsreicheren Aufenthalt im Freistaat bieten zu können.

Die touristische Vermarktung der Stadt ist in den Jahren 1999 und 2000 in die überregionale und internationale Themenkampagne der Deutschen Zentrale für Tourismus eingebunden, da die Themen der Jahre 1999 und 2000 wiederum Jubiläen weltbekannter Erfurter Bewohner aufgreifen werden. Das Jahr 1999 ist dem 250. Geburtstag J. W. v. Goethes gewidmet, das Jahr 2000 dem 250. Todestag J. S. Bachs sowie dem 600. Geburtstag von J. Gutenberg, dem Erfinder des Buchdruckes. Die Tourismus GmbH Erfurt wird sehr engagiert daran mitwirken, den Bekanntheitsgrad der Landeshauptstadt über diese Themen im In- und Ausland zu erhöhen, potentielle Gäste bzw. Multiplikatoren für einen Besuch Erfurts zu interessieren und somit die touristische Entwicklung weiter nach vorne zu bringen. ∎

Idylle am Flußufer der Gera.

Krämerbrücke.

Die Tourist Information am Fischmarkt.
Wann dürfen wir Sie begrüßen?

Gartenbau in Erfurt – 1.000-jährige Tradition und neue Chancen

Erfurter Waidspeicher.

Kreisgärtnermeister Helmut Schröpfer

Bereits 1919 wurde der Gartenbaubetrieb Schröpfer gegründet. Helmut Schröpfer ist heute Kreisgärtnermeister. Der Autor dieses Beitrages ist der Leiter der Lehr- und Versuchsanstalt Gartenbau Erfurt, Dr. Eberhard Czekalla.

Erfurt hat eine lange gartenbauliche Tradition. Zunächst waren es die Mönche, die aus dem Rhein-Main-Gebiet im Gefolge von Bonifacius das heutige Territorium der Stadt Erfurt missionierten und dabei Garten- und Weinbau im Klostergarten des Erfurter Petersbergs etablierten.

Im 9. Jahrhundert wurden die „Prinzipien kaiserlicher Musterwirtschaft" Karls des Großen in Erfurt mit der Bildung von Küchendörfern verwirklicht, die die Klöster mit Gartenbauprodukten versorgten.

Die Produktion und Verarbeitung von Färberwaid schrieb Geschichte in der mittelalterlichen Stadt Erfurt. Das Monopol in der Verarbeitung von und im Handel mit Waid brachte Erfurt Reichtum, der noch heute im Stadtkern am Beispiel der Bauten der Waidjunker zu sehen ist.

Martin Luther, der von 1501 bis 1510 in Erfurt lebte und wirkte, bezeichnete die Erfurter als des „Heiligen Römischen Reiches Gärtner". Er erkannte damit den hohen Stand der Gartenkultur in Erfurt an. Schon im 12. Jahrhundert waren die Voraussetzungen für Gartenbau vor den Stadttoren geschaffen worden. Neben Obst und Wein wurden zunehmend auch Gemüse und Kräuter angebaut.

Christian Reichart (1685 bis 1775), Erfurter Gärtner, Chronist und Ratsmeister, war es vorbehalten, mit seinem gartenbaulichen Schaffen, z.B. neuen Selektionen von Gemüse und Zierpflanzen, der Einführung der Fruchtfolge, der Entwicklung neuer Gerätschaften und Produktionssysteme, z.B. des Brunnenkresseanbaus, den Weg des intensiven deutschen Gartenbaus zu ebnen.

Das Erbe Christian Reicharts wurde von den ihm nachfolgenden Gärtnergenerationen verwirklicht. Sie führten den Erfurter Gartenbau von Mitte des 19. Jahrhunderts bis zum Ausbruch des Ersten Weltkrieges zu Weltruhm. Der Erfurter Gartenbau dominierte die Züchtung und den internationalen Handel mit gartenbaulichem Saat- und Pflanzgut. In dieser Zeit wurden zum Teil noch heute weltbekannte Saatzuchtbetriebe wie I. C. Schmidt, Ernst Benary, F. C. Heinemann, N. L. Chrestensen, Carl Weigelt, Kakteen Haage und weitere, über 100 Kunst- und Handelsgärtnereien sowie über 100 Gemüsebaubetriebe gegründet.

Weltbekannte Samenlieferanten

Die beiden Weltkriege und die Abkopplung auch des Erfurter Gartenbaus in der Zeit von 1945 bis 1990 von internationalen Märkten brachten schwerwiegende Einschnitte für den Gartenbaustandort Erfurt, der sich aber nach einer Stabilisierungsphase nun wieder im Aufwind befindet. Traditionelle Zweige des Erfurter Gartenbaus sind Züchtung und Samenbau gartenbaulicher Arten. Sie sind heute vor allem durch die weltbekannte Firma N. L. Chrestensen Erfurter Samen- und Pflanzenzucht GmbH, gegründet 1867, die Firma Kakteen Haage und den Betrieb Rose Saatzucht

Christian-Reichart-Denkmal in der Fachhochschule.

Gartenbau

vertreten. Ihre Flächen und Produktionsstätten befinden sich im blühenden Borntal sowie entlang der Bundesstraße 4 im Norden der Stadt. Wichtige Arbeitsfelder der Firma N. L. Chrestensen Erfurter Samen- und Pflanzenzucht GmbH sind neben der Züchtung und Saatgutvermehrung die Jungpflanzenproduktion, Saat- und Pflanzguthandel sowie Gartenmarkt und Floristik. Sie ist mit Erfurter Saat- und Pflanzgut auch auf internationalen Märkten präsent.

Traditionell hochwertige und breite Sortimente

Das Unternehmen Kakteen Haage produziert seit über 175 Jahren Kakteen und Kakteensaatgut sowie Sortimente von Sukkulenten und Tillandsien. Der Betrieb Rose Saatzucht zeichnet sich vor allem durch Sommerblumen- und Staudensaatgutvermehrung aus.

Der Gartenbaubetrieb Frank Lindig in Erfurt-Dittelstedt zieht Gemüsejungpflanzen und Beet- und Balkonpflanzen an. Neben der Bundesstraße 7 in Richtung Weimar werden bei Zierpflanzen Buckenauer an traditionsreichem Standort ebenfalls Saatgut und Jungpflanzen erzeugt. Hier befinden sich auch die Staudengärtnerei Siegmar Poltermann und Stauden-Spezial Annemarie Steinecke GbR, die für ein qualitativ hochwertiges und breites Sortiment zusammenarbeiten. Die Stauden- und Friedhofsgärtnerei Bartel in der Nähe des Hauptfriedhofes und E. Koch Staudenkulturen Erfurt-Bischleben stehen ebenfalls für Vielfalt und Qualität des Staudensortiments.

Brunnenkresseanbau um 1850 im Dreienbrunnenfeld – Motiv einer Postkarte aus dem Jahre 1914.

Gemüse mit gutem Ruf

Den Erfurter Gemüseanbau mit einem hohen Anteil an Blumenkohlproduktion repräsentieren alteingesessene Betriebe wie Fischer Gemüse und Gartenbaubetrieb Karl-Heinz Gloria, die ihre Produkte zum überwiegenden Teil in Erfurt selbst vermarkten, und die Gärtnerei Manfred Topf ebenso wie die im Jahre 1998 neu gegründeten oder stark erweiterten Gartenbaubetriebe Albrecht Germanus, GbR Nicolai und Wiegand sowie Günter Linzer, die ihre Produkte über den Gemüsegroßmarkt Thüringen-Sachsen e.G., Sitz Laasdorf, vermarkten. Sie nutzen die günstigen ökologischen und ökonomischen Standortbedingungen Erfurts für eine kontrollierte, umweltgerechte Erzeugung von Gemüse, welches nicht nur in Deutschland einen guten Namen hat.

Gewächshäuser mit einer Fläche von mehr als 10 ha

Die Zierpflanzenproduktion für die Vermarktung über die UGA Niederrhein (Union Gartenbaulicher Absatzmärkte), über die Erzeugerge-

Probefeld der N.L. Chrestensen, Erfurter Samen- und Pflanzenzucht GmbH.

Gartenbau

Asternsaatgutvermehrung der Rose Saatzucht-Betriebe.

zieren. Stellvertretend für weitere 13 Betriebe dieser Sparte, wie die Gartenbaubetriebe Reim, Braß und Schmidt, Carl, I. Schneider, Klenart, Freier, Pötzsch, Schulter, Walter, Wieder und Claus, stellen wir den Betrieb des Kreisgärtnermeisters Helmut Schröpfer vor.

Der Gartenbaubetrieb Karl und Helmut Schröpfer in Erfurt-Melchendorf wurde 1919 gegründet. Bis zum Jahre 1990 hat der Betrieb zur Marktversorgung mit Schnittblumen, Beet- und Gruppenpflanzen, blühenden Topfpflanzen sowie Jungpflanzen eine Gewächshausfläche von 2.200 m² und eine Freilandfläche von 0,45 ha bewirtschaftet.

Aber auch Dekorationen wurden ausgeführt. 1991 baute der Familienbetrieb ein Verkaufsgewächshaus mit Einzelhandelsgeschäft. Um neben den Bereichen Einzelhandel und Grabpflege auch den Produktionsbereich weiter zu entwickeln, erfolgte 1993/94 der Bau von 1.850 m² modern ausgerüsteter Gewächshausfläche.

Helmut Schröpfer ist seit 1991 Kreisgärtnermeister der Kreisgruppe Erfurt sowie Vizepräsident des Landesverbandes Thüringen Gartenbau e.V.

Im Familienunternehmen Schröpfer, das ja auch an der Gemeinschaft Erfurter Friedhofsgärtner beteiligt ist, werden auch Gärtner ausgebildet.

Im Jahre 1997 schlossen sich die 4 Erfurter Gartenbaubetriebe K. und H. Schröpfer, Olaf meinschaft Thüringer Zierpflanzen e.G. oder über andere Vermarktungsorganisationen, welche Floristikgeschäfte, Endverkaufsgärtner, Baumärkte, Gartenmärkte und Einzelhandelsketten mit Beet- und Balkonpflanzen sowie blühenden Topfpflanzen beliefern, hat im Nordosten der Stadt (Erfurt-Mittelhausen) einen qualitativ und quantitativ (über 10 ha Gewächshäuser) potenten Standort. Die Erplant Gartenbau eG kultiviert hier ebenso ihre Zierpflanzen wie die Gärtnerei Böttner GbR Zierpflanzen, Palinske Zierpflanzen und Gärtnerei Schneider. Hier züchtet auch die Firma Bachmann Zierpflanzen Mittelhausen GbR Chrysanthemen und produziert Jungpflanzen des Beet-, Balkon- und Ampelpflanzensortiments bis hin zu Schnittblumen, und hier ist auch der Sitz des Landesverbandes Gartenbau Thüringen e.V.

Schröpfer – ein Erfurter Familienunternehmen

Die größte Anzahl Erfurter Gartenbaubetriebe ist mit der Produktion von Beet-, Balkon-und Ampelpflanzen beschäftigt, die sie für den Verkauf in der eigenen Vermarktungseinrichtung, für den Wochenmarkt oder abgestimmt für die Sortimentsergänzung der Berufskollegen produ-

Pelargonien bei Bachmann Zierpflanzen Mittelhausen GbR.

Gartenbau

Chrysanthemenseminar in der Lehr- und Versuchsanstalt.

Schröpfer, Freier und Bartel zur Gemeinschaft Erfurter Friedhofsgärtner zusammen, um friedhofsgärtnerische Leistungen, insbesondere Grabpflege, auf Erfurter Friedhöfen anzubieten und durchzuführen. In Zusammenarbeit mit der Treuhandstelle Dauergrabpflege Hessen/Thüringen prägen sie zunehmend das Gesicht der Erfurter Friedhöfe.

Baumschule mit 100-jähriger Tradition

Im Juli 1998 feierte die Baum- und Rosenschule Kühr in Erfurt-Tiefthal ihr 100-jähriges Betriebsjubiläum. Sie ist bekannt für hervorragende Qualität bei der Anzucht von Rosen, Obstgehölzen und Alleebäumen, aber auch für einen guten Service im Verkauf.

Bildung und Forschung

Die Bedeutung des Gartenbaustandorts Erfurt wird nicht zuletzt durch die Erfurter Garten- und Ausstellungs- GmbH, die Fachhochschule Erfurt, Fachbereiche Gartenbau und Landschaftsarchitektur, die Abteilung Zierpflanzen des Instituts für Gemüse- und Zierpflanzenbau Großbeeren/Erfurt e.V. sowie die Lehr- und Versuchsanstalt Gartenbau Erfurt (LVG) bereichert, die sowohl Aufgaben gartenbaulicher Forschung, Aus- und Weiterbildung sowie die Präsentation der Ergebnisse der Arbeit des Berufsstandes in Erfurt wahrnehmen. ■

Gartenmarkt auf dem Erfurter Domplatz.

Kunst und Kultur

In der Stadt von Luther, Gutenberg und Ries leben auch heute die Künste

Eine Stadt, die Persönlichkeiten wie den Mystiker Meister Eckhart und den Reformator Martin Luther, aber ebenso den Buchdrucker Johann Gutenberg und den Rechenkünstler Adam Ries in ihren Mauern beherbergte, in deren gastfreundlichen Häusern die Dichter und Denker der Weimarer Klassik zusammentrafen, deren Bürger aus eigener Kraft eine der ältesten deutschen Universitäten gründeten und in diesem Jahrhundert wiedergründeten, ist ihrer Geistes- und Kulturgeschichte auch in Gegenwart und Zukunft verpflichtet.

Wirtschaft und Kultur eng verbunden

Dabei gehört es zu den Besonderheiten, daß Wirtschaft und Kultur immer wieder eine enge Symbiose eingingen:
Zuerst wohlhabende Waidhändler und später erfolgreiche Fabrikanten, aber immer auch die Kraft der gesamten Bürgerschaft, sicherten die Arbeit der Universität und begründeten die heutige Schönheit dieser über 1250-jährigen Stadt, deren Altstadtkern mit der einzigen bebauten Brücke nördlich der Alpen und ihren zahlreichen prachtvollen Patrizierhäusern in Fachwerk und Sandstein zu den Kleinodien der Baukunst aus Mittelalter und Renaissance gehört, eingeschlossen von einem nicht minder reizvollen Gründerzeitring mit kostbaren Jugendstilvillen.

Starke Zünfte bildeten offensichtlich den goldenen Boden für das bis heute sich reich entwickelnde Kunsthandwerk, das eine bis zu ihrer Schließung renommierte Kunstgewerbeschule hervorbrachte und noch heute die Stadtkultur spezifisch prägt, wie beispielsweise der Bund Thüringer Kunsthandwerker regelmäßig mit umfangreichen Präsentationen dokumentiert.

Industrielle der Gründerzeit und des beginnenden 20. Jahrhunderts wie etwa Alfred Hess förderten in Partnerschaft mit mutigen Kunst-

Jürgen Bornmann

Der Autor ist am 25.4.1948 geboren. 1967 schloß er die Schule mit dem Abitur ab. Das anschließende Studium führte ihn nach Jena und Halle, wo er 1972 den Abschluß eines Diplomingenieurs im Bereich der Naturwissenschaften erwarb. In den Jahren bis 1989 folgten unterschiedliche wissenschaftliche Tätigkeiten und Positionen in der Wirtschaft. 1990 übernahm Jürgen Bornmann die Funktion des Wahlleiters für die ersten drei demokratischen Wahlen nach der Wende und wurde in den folgenden Jahren mit leitenden Aufgaben in den Bereichen Sport und Kultur der Stadtverwaltung Erfurt betraut.
Seit 1995 ist er Kulturdirektor der Thüringer Landeshauptstadt Erfurt.

experten die Künstler ebenso wie die Kunstmuseen.

Landeshauptstadt einer traditionsreichen Region

Die thüringische Landeshauptstadt knüpft bewußt und mit Blick auf ihre Zukunft in einer an kulturellen Traditionen reichen Region und einem hoffentlich kulturell geprägten Europa an diese historischen Gegebenheiten an und macht die wirkungsvolle Verbindung von Historizität und Aktualität in einer weiteren Besonderheit dieser Stadt deutlich: Kultur und Geist der Gegenwart finden ihre Gestaltungsräume in liebevoll und sachkundig restaurierter Architektur der Vergangenheit und lassen auf diese Weise den produktiven Spannungsbogen zwischen den

Angermuseum – Fayencensaal.

Kunst und Kultur

Zeitebenen erlebbar werden. Der Beispiele gibt es genug:

Kunststätten in Erfurt

Die größte Kunsthalle Thüringens residiert mit der Galerie am Fischmarkt im Haus zum Roten Ochsen, einem modern ausgebauten Renaissancehaus mit figürlich plastisch verzierter Fassade;
die romanische Basilika der Peterskirche wurde durch sensibel auf den Raum bezogene Installationen in das internationale Forum Konkrete Kunst verwandelt;
im Kulturhof zum Güldenen Krönbacken des alten Universitätsviertels werden zeitgenössisches Kunsthandwerk, Malerei oder Installationen in einem der ältesten Patrizierhäuser und dem dahinterliegenden Waidspeicher ausgestellt, während im Hof Jazzbands oder Kabaretts ihr Können unter Beweis stellen;
das Angermuseum zeigt beispielsweise Thüringer Fayencen, Malerei des 19. und 20. Jahrhunderts oder auch die Wandgemälde von Ernst Heckel in einem prunkvollen Packhof aus dem Barock;
das Stadtmuseum präsentiert Zeugnisse regionaler Entwicklungsgeschichte im Haus zum Stockfisch, geschmückt mit ornamentalen, farbig gegliederten Sandsteinreliefs der Spätrenaissance;
das Museum für Thüringer Volkskunde hat seinen umfangreichen Fundus im rustikalen Gemäuer eines alten Hospitals untergebracht;
das Naturkundemuseum macht über vier Etagen eines über 400-jährigen Speicher- und Manufakturbaus die Geschichte und Gegenwart des Lebens im Thüringer Raum lebendig.
An den befruchtenden Geist ihrer prominentesten Bewohner und Besucher knüpft das international ausgerichtete und von vielen städtischen und regionalen Kulturvereinen geprägte Veranstaltungs- und Ausstellungsprofil des Kulturforums Haus Dacheröden an, das man durch eines der schönsten Renaissanceportale der Stadt betreten kann, und einen weiteren historischen Waidspeicher nutzen Puppentheater und Kabarett gemeinsam.
Und nicht zuletzt begründet sich die Eröffnung einer Begegnungsstätte in der restaurierten Kleinen Synagoge im November 1998 aus dem Bedürfnis, wichtige Wurzeln der urbanen Identität Erfurts mit der Verpflichtung zu Toleranz und Akzeptanz unterschiedlicher Lebenspositionen in Gegenwart und Zukunft durch die Brücke der Kultur und Bildung zu verbinden.

Naturkundemuseum.

Kulturveranstaltungen auf Straßen und Plätzen

Doch auch die Straßen und Plätze der lebendig gewachsenen Stadtstruktur bieten interessante

Barfüßerkirche – „Jazz Bruch".

Kunst und Kultur

Theater Erfurt: Open air-Theater-Festival auf den Stufen des gotischen Mariendoms. Leonard Bernstein mit „MASS".

Möglichkeiten für publikumswirksame Kulturprojekte – ob für das alljährlich von Hunderttausenden besuchte Altstadtfest rund um die Krämerbrücke oder das Straßentheaterspektakel „Artefact" und das internationale Puppentheaterfestival „Synergura", ob für das Multimediaprojekt „Via regia" und den beliebten Weihnachtsmarkt auf dem riesigen Areal des Domplatzes oder das international gefragte jährliche Open air-Theaterfestival auf den Stufen des gotischen Mariendoms, maßgeblich getragen von den Ensembles des Erfurter Opern- und Schauspielhauses.

„Der Stadtgoldschmied" – ein weltweit begehrter Preis

Aber Traditionsbewußtsein mit Zukunftsorientierung braucht nicht unbedingt historische Gemäuer. Das inzwischen auch international zu einer Institution gewordene Erfurter Schmucksymposium entstand zwar auf den Wurzeln einer starken Metall- und Schmuckgestalterzunft in Stadt und Region, aber vor allen in den Köpfen und Werkstätten der ansässigen Künstler und hat seit einigen Jahren Heimstatt in den städtischen Künstlerwerkstätten, die auch dem ebenfalls zweijährlich weltweit ausgeschriebenen Stadtgoldschmied – ebenso wie zahlreichen Thüringer Künstlern – anregende Arbeitsmöglichkeiten geben.

Kunst und Kultur

Neben den nur begrenzten Möglichkeiten der direkten Förderung durch finanzielle Zuschüsse können so bildende Künstler aller Genres in einer schwierigen Ateliersituation praktische Unterstützung finden. Zugleich wird das Fehlen einer künstlerisch orientierten Hochschuleinrichtung in der Stadt teilweise kompensiert, das durch die zwar hochqualifizierte, aber auf den Lehrerberuf ausgerichtete Ausbildung des Instituts für Kunst der Pädagogischen Hochschule nicht gänzlich ausgeglichen werden kann.

Im Land der Bach-Familie

Unterstützend für eine kunstorientierte Ansiedlungspolitik wirkt außerdem der von der Stadt geförderte Standort des Landesverbandes Bildender Künstler mit Arbeits- und Galerieräumen auf der Krämerbrücke im Herzen der Stadt. Eine sich schrittweise entwickelnde Szene privater Verkaufsgalerien ergänzt dabei das von der Kommune getragene Ausstellungsangebot.

Und Erfurt, mitten im Land der berühmten Bach-Familie gelegen und Heimatstadt des Komponisten Pachelbel, ist auch eine Stadt der Musik. Philharmonische Festtage des städtischen Orchesters, Orgelkonzerte in den zahlreichen Kirchen, rund dreißig Chöre und Musikgruppen, die Renaissancemusik, Folklore, experimentelle zeitgenössische Musik, Jazz oder Rock in historischen Sälen – wie etwa dem prachtvollen, nach Napoleons Besuch so benannten Kaisersaal –, in Kellern und Höfen oder den reizvollen Biergärten der Altstadt zu Gehör bringen, legen klingendes Zeugnis darüber ab – und auch für die kulturelle Identität und Aktivität der Bürger, die sie in weit über einhundert Kulturvereinen unter Beweis stellen, vom Jugendtheater „Schotte" über Jugendkunstschulen wie die „Erfurter Malschule" und die Designschule „Imago" bis hin zum einzigen Programmkino Thüringens mit eigener Spielstätte am Hirschlachufer, vom Europäischen Kulturzentrum in Thüringen über das Jugendorchester „Stadtharmonie" bis zum Erfurter Jazzklub.

Zurückhaltender folgen die Erfurter schließlich den Spuren des Buchdrucks: Der „GrafikArt e.V." pflegt die Kunst der Druckgrafik im bildnerischen Bereich, die Literaturszene jedoch einschließlich der Ansiedlung und Förderung von Autoren bedarf noch kräftigerer Entwicklungsschübe. Ideen und Impulse gehen zwar mit Lesereihen und Ausstellungen oder großen Projekten wie „Bücherfrühling" und „Herbstlese" von den Bibliotheken, Buchläden, dem Friedrich-Boedecker-Kreis und dem Kunsthaus Michaelisstraße bzw. – etwa mit der experimentellen „deponenta" – vom im Haus Dacheröden ansässigen Literaturbüro Thüringen aus, doch an Verlagen als Existenzbasis für freie Schriftsteller mangelt es bisher.

In Erfurt leben die Künste – gebraucht und gefördert durch die Bürger, die Politiker, die Verwaltung der Stadt, mit wechselnden Kräften, Intentionen und Konstellationen über die Jahrhunderte bis heute und hoffentlich auch noch in einem kulturvollen neuen Jahrtausend, auf da? sich alle kulturell Engagierten der Stadt in der vom Stadtjubiläum 1992 inspirierten, bisher beispiellosen Symbiose eines gemeinsamen Beitrags „Erfurt '99-Wege" zum Jahr der Kulturhauptstadt Weimar mit anspruchsvollen Projekten aller Genres zusammengefunden haben; denn sie sehen im Miteinander statt im Gegeneinander die einzige Chance für unseren Planeten. ■

Künstlerwerkstätten der Stadt Erfurt.

Die „Bibliotheca Amploniana" mit 979 wertvollen Handschriften

Am Ausgang des Mittelalters galt Erfurt als die bücherreichste Stadt Norddeutschlands. Diesen Ruf erwarb sie sich nicht nur durch die zahlreichen Klosterbibliotheken, sondern auch durch die umfangreiche private Sammlung des Gelehrten Amplonius Rating de Bercka, der nur wenige Jahre in der Stadt an der Gera verbrachte, ihr aber einen Bücherschatz hinterließ, der auch heute, fast 600 Jahre später, nicht nur in der Wissenschaftswelt einen sehr guten Klang hat: die Bibliotheca Amploniana.

Mit ihren 979 Handschriften gilt die Amploniana heute als die umfangreichste noch erhaltene Sammlung eines spätmittelalterlichen Gelehrten überhaupt. Die Bibliotheca Amploniana, die „größte private Handschriftensammlung der Hochscholastik in Deutschland", hat „an Bedeutung für die wissenschaftliche Literatur des späteren Mittelalters in Deutschland nicht ihresgleichen". Die Sammlung verfügt nicht nur über herausragende, zum Teil einzigartige Handschriften und Textzeugen, vorwiegend aus dem 12. bis 15. Jahrhundert, sondern bietet auch aufschlußreiche Notizen über das Leben des Amplonius. Sie ist für Jahrzehnte seines Lebens sogar einzige Quelle für unsere heutigen Kenntnisse.

Amplonius Rating de Bercka wurde wahrscheinlich zwischen 1365 und 1367 im zu Kurköln gehörenden Rheinberg, am linken Rheinufer südlich von Xanten gelegen, geboren. Der Zusatz „Rating" deutet auf die Herkunft der Familie seines Vaters, die aus dem rheinischen Ratingen stammte. Amplonius, dessen Namenspatron der gelehrte Märtyrer Appollonius war, stammte aus einer wohlhabenden und angesehenen Rheinberger Familie. Sein Vater gab ihm schon in seiner Jugend Geld für Bücher.

Amplonius besuchte zwischen 1380 und 1383 die Schule in Soest. Dem Schulrektor, Heinrich von Orsoy, war die frühe Liebe seines Schülers zu Büchern bekannt. Beide haben offenbar ein gutes Verhältnis zueinander gehabt, da Heinrich dem Amplonius in seinem Testament 1397 eine wertvolle Handschrift des Boethius hinterließ.

1383 und 1384 besuchte der junge Amplonius die Schule eines nicht weiter bekannten Johannes in Osnabrück. Dessen Name steht in einer Handschrift, die Amplonius 1383 von einem Mitschüler

Kathrin Paasch

Die Autorin wurde 1966 in Erfurt geboren und studierte in Jena Germanistik und Anglistik. Sie ist wissenschaftliche Bibliotherkarin und seit 1995 Leiterin der Abteilung wissenschaftliche Sondersammlungen der Stadt- und Regionalbibliothek Erfurt.

feierlich vor anderen Schülern überreicht bekam, weil er als liebenswert galt und besonderes Interesse an der gelehrten Bildung zeigte. Noch am selben Tag, es war der 20. Dezember 1383, kaufte Amplonius eine weitere Handschrift. Diese beiden Bände weisen die frühesten Besitzvermerke der Sammlung auf und markieren den möglichen Beginn seiner Sammeltätigkeit.

1384 kaufte Amplonius den grundlegenden Kanon des Avicenna von dem damaligen Leibarzt des Erzbischofs und Kurfürsten Friedrichs III. von Köln, Tilmann von Syberg. Von diesem erhielt er später weitere Bände. Amplonius äußert sich über Tilmann ausführlich und lobend in einer Handschrift, so daß angenommen werden kann, daß Tilmann ihn zum späteren Studium der Medizin ermuntert hatte.

Im Januar 1385 ist Amplonius an der Prager Universität zu finden. 1388 promovierte er zum magister artium, zum Magister der freien Künste. Zwei Handschriften hat Amplonius nachweislich in Prag erworben. In seine Prager Zeit fallen auch die ersten, von ihm selbst kopierten, das heißt selbst abgeschriebenen Texte, die er für seine Studien benötigte. Ein medizinischer Sammelband zeugt zum Beispiel von der Art des in Prag betriebenen Unterrichts; er enthält Kopien der wichtigsten medizinischen und naturwissenschaftlichen Hand- und Hilfsbücher.

Blick in die Bibliotheca Amploniana.

Ab 1388 wieder in Soest und ab 1391 in Köln

Am 13. September 1388 finden wir Amplonius wieder in Soest. Er beendet an diesem Tag eine Handschrift mit dem Vermerk des Ortes. Er muß also unter Bruch der vorgeschriebenen universitären Regeln, die eine mehrjährige Lehrtätigkeit verlangen, die Universität Prag verlassen haben. Amplonius hat nun in Soest wahrscheinlich kurzzeitig an seiner ehemaligen Schule unterrichtet. In einer Notiz in der eben erwähnten Handschrift ärgert sich Amplonius über die schlechte, mit Fehlern behaftete Qualität der abzuschreibenden Vorlage. Später wird sich Amplonius mehrere Abschriften ein und desselben Textes zulegen, um dann die richtige Lesart rekonstruieren zu können.

Am 25. März 1391 ist er in der Matrikel der Universität in Köln zu finden, die seit 1389 bestand. Neben seiner Lehrtätigkeit an der medizinischen Fakultät studierte Amplonius weiter und legt dort 1392 das Bakkalaureat ab.

Wohnung im „Haus zur Arche Noah"

Am 29. April 1392 trägt sich der ungefähr 27 Jahre alte Amplonius bei der ersten Immatrikulation der im gleichen Jahr gegründeten Erfurter Universität in die allgemeine Studentenmatrikel ein. Dort wird er „Magister in artibus et baccallarius in medicina" genannt.

Er erhielt auch in Erfurt Handschriften geschenkt, erwarb sie käuflich oder schrieb Texte ab. Hinzu kommt seit der Erfurter Zeit die Möglichkeit, seine Sammlung durch Abschriften jüngerer Studenten oder Lohnschreiber vermehren zu lassen. Durch einen Eintrag in einer Handschrift kennen wir auch die Wohnung des Amplonius, das „Haus zur Arche Noah" in der Michaelisstraße, direkt neben der Universität.

Amplonius promovierte am 12. Oktober 1393 zum Doktor der Medizin. Es war die erste Promotion überhaupt, die an der Erfurter medizinischen Fakultät durchgeführt wurde. Am 5. Mai 1394 wurde Amplonius zum Rektor der Universität gewählt. Er war damit der zweite Rektor in der Erfurter Universitätsgeschichte, blieb aber nur 9 Monate in diesem Amt. Aus der Rektorzeit des Amplonius sind nur die Zahlen der Immatrikulierten, 46 Personen, bekannt. Von seiner Dozententätigkeit wissen wir nichts. Allerdings muß die Universität einen wichtigen Meilenstein in seinem Leben gebildet haben, daß er Jahre später der Stadt und Universität nicht nur seine Handschriftensammlung übereignete, sondern auch das nach ihm benannte Collegium Amplonianum einrichten ließ.

Obwohl sich Amplonius in Erfurt verstärkt der Medizin widmete – er war hier auch als Arzt tätig – hatte sein Interesse an den früheren Fächern des Grundstudiums nicht nachgelassen, was sich an den in dieser Zeit angelegten Handschriften zur Philosophie zeigt. Die Anschaffung seiner zahlreichen Handschriften deutet auf gute Einkünfte aus seiner universitären Tätigkeit und als Arzt hin.

Schon in der Erfurter Zeit begann Amplonius, sich auch mit theologischen Fragen zu beschäftigen. In Wien, wo er 1395 nachgewiesen ist, ging er neben seiner Lehre an der medizinischen Fakultät auch theologischen Studien nach.

1399, als in Wien eine große Pest wütete, befand sich Amplonius schon nicht mehr in der Stadt, sondern wohnte bereits in Köln. Dort ist er von 1401 bis 1414 als Leib- und Hofarzt des Erzbischofs und Kurfürsten Friedrich III. von Köln nachgewiesen.

Mit seinem Dienstherrn brach Amplonius am 27. September 1401 zu einer Romfahrt des deutschen Königs Ruprecht auf. Das Unternehmen endete für ihn bereits im November 1401, am 9. Januar 1402 war er mit Friedrich III. wieder in Köln.

Als sie sich zu Anfang Dezember 1401 auf dem Rückweg in Meran befanden und auf die Öffnung des Alpenpasses warten mußten, fertigte Amplonius für seine Bibliothek mehrere Abschriften einzelner Traktate Die Bekanntschaften Amplonius' mit den Italienern haben Früchte getragen: Er erwarb zahlreiche Bücher aus den Gebieten der Poetrie und Philosophia moralis, der Astronomie und Mathematik.

Nach seiner Rückkehr aus Italien wandte sich Amplonius stärker seiner praktischen Arzttätigkeit zu. Sie war nicht nur auf den Erzbischof und dessen Hof beschränkt, sondern dehnte sich über das gesamte Erzbistum aus. Auf seinen Reisen war Amplonius bestrebt, seine Bibliothek zu vervollständigen und ging dabei planmäßig vor, indem er sich Listen über noch anzuschaffende Bücher anlegte.

Zahlreiche Handschriften hat Amplonius von verschiedenen angesehenen rheinischen Klöstern gekauft. Oftmals wurde der Besitzvermerk, möglicherweise durch Amplonius selbst, ausradiert. Manchmal ist der Kauf und die damit verbundene Übertragung auch in breiten Worten geschildert.

1402 erwarb Amplonius die 40-bändige Sammlung des Theologen Johannes de Wasia aus Brügge, die vor allem astronomische Schriften enthielt.

In den Kölner Jahren hatte Amplonius zeitweilig sieben Schreiber im Dienst, so einen Johannes Wijssen aus Berka, offensichtlich sein Neffe, dem

Erstes Blatt des naturphilosophischen Lehrbuchs "Libri VIII physicorum" von Aristoteles, geschrieben um 1310, mit Schmuckinitiale und Zierleiste, die einen Zweifüßler mit Menschenkopf zeigt.

wir Lebensdaten des Amplonius zwischen 1406 und 1410 verdanken.

In einer Handschrift von 1407 wird Amplonius nicht nur als Arzt, sondern auch als Theologe benannt. Er muß also um dieses Jahr mit seinen theologischen Studien zu einem Abschluß gekommen sein.

1412 Stiftung der Bibliothek

Seit 1412 kennen wir Amplonius als Besitzer einer Pfründe an der Apostelkirche zu Köln: Vorbedingung einer solchen Pfründe war die Ehelosigkeit. Amplonius war zwar nicht verheiratet, jedenfalls hat die jüngere Forschung darüber keinen Nachweis finden können, auch wenn ältere Geschichtsschreiber dies gern sehen möchten, sondern lebte mit seiner Haushälterin Kunigunde von Hagen aus Herford zusammen und hatte mit ihr 4 Kinder. Ein Sohn, der den Namen des Vaters mit dem Zusatz „de Fago" führte, wurde 1415 an der Erfurter Universität eingeschrieben und 1421 zum Magister der freien Künste promoviert.

Durch die Aufnahme in den geistlichen Stand erlangte Amplonius eine ehrenvollere und angese-

Bibliotheca Amploniana

Schmuckinitiale „B" aus einem Text des Aristoteles: Sterbender, der seine Seele, als Kind dargestellt, aushaucht. Die Seele wird von einem Engel, Michael, in Empfang genommen (40 x 27 mm).

henere gesellschaftliche Stellung als bisher.

In das Jahr 1412, auf den 1. Mai, fällt auch die Stiftung seiner Bibliothek und des Kollegiums in Erfurt. Über die Gründe, die Amplonius veranlaßt haben, seine Sammlung gerade nach Erfurt zu geben, wo er nur drei Jahre gelebt hatte, läßt sich nur spekulieren. Jedenfalls gibt keine Quelle Auskunft, warum Amplonius seine Heimat und Köln, die ihm zum Zeitpunkt der Schenkung viel näher gelegen haben müssen, überging. Immerhin bedachte er die Rheinberger und Kölner mit kostenfreien Plätzen in seinem Kollegium.

Kurz nachdem die Absicht des Amplonius, seine Bibliothek zu verschenken, in Erfurt bekannt wurde, schenkte die Stadt ihm für sein Kollegium ein Haus in der Michaelisstraße, „Zur Himmelpforte" oder „Porta coeli" genannt, überließ es ihm frei von allen Lasten und gab auch später, als der Platz nicht mehr ausreichte, das angrenzende Haus hinzu. Die Stadt und auch die Universität hatten Amplonius gedrängt, seine Sammlung noch zu seinen Lebzeiten nach Erfurt zu geben, obwohl Amplonius sie eigentlich bis zu seinem Tod für seine wissenschaftlichen Studien in Köln behalten wollte.

Amplonius verpflichtete sich auch, Bücher, die er nach der Schenkung erwerben sollte, ebenfalls in die nun Erfurter Sammlung zu geben, was er nachweislich tat.

Für die 633 Handschriften mit über 4000 Einzelschriften fertigte Amplonius dann eigenhändig einen Katalog an.

Dauerhafte Bewahrung durch die Stadt Erfurt

1421 kam es aus nicht zu klärender Ursache zum Streit zwischen Amplonius und der Stadt Erfurt, in dessen Verlauf Amplonius seine Büchersammlung zurückhaben wollte, die Stadt dagegen auf Bezahlung von Verlusten bestand. Die Streitigkeiten gelangten bis nach Rom vor den Papst. Erst hier fiel die Entscheidung zugunsten Erfurts. Amplonius fügte sich und versöhnte sich, 1423 wurde der Streit beigelegt.

Amplonius verfaßte nun eine zweite Stiftungsurkunde: für 17 Kollegiatsstellen, 13 Magister und 4 Studenten und stellte Geld zur Verfügung. 1424 zogen seine beiden Söhne, Amplonius de Fago und Dionysius de Fago, mit 3 Landsleuten aus Rheinberg in das Kollegium ein.

Bis 1433 hören wir nun nichts mehr von Amplonius. Jetzt erst legte er die endgültigen Bestimmungen für seine Stiftung aus Anlaß von Diebstählen wertvoller Handschriften fest. Das Collegium Amplonianum, wie es nach seinem Stifter hieß, erhielt ein Statut, das das Leben im Kolleg bis hin zu den Mahlzeiten und der Kleidung regelte. 15 Kollegiaten durften im Kollegium wohnen; der Rat der Stadt Rheinberg erhielt das Recht, 9 Stellen zu besetzen, Erfurt konnte zwei geborene Erfurter in das Kollegium schicken, persönliche Freunde von Amplonius erhielten eine Kollegiatur. Drei Kollegiaten durften von der Stadt Soest sowie von der Lebensgefährtin des Amplonius, die übrigens bei seinem Eintritt in den geistlichen Stand mit ihren zwei Töchtern ins Mainzer Klarissenkloster eingetreten war, bestimmt werden.

Auch die Bibliotheksordnung wurde in den Statuten festgelegt. Danach hatte jeder neue Student beim Eintritt in das Kollegium ein Buch zu stiften. So wuchs nach der Erfindung des Buchdrucks die Amploniana um circa 1500 Drucke des 16. bis 18. Jahrhunderts an.

Die letzten testamentarischen Verfügungen des Amplonius über sein Kollegium gelangten erst nach seinem Tode nach Erfurt. Überraschenderweise wird das genaue Todesdatum dieses für Erfurt wichtigen Mannes hier wie auch in Köln nicht bekannt. Er soll um 1435 in Köln gestorben sein.

Obwohl das Collegium Amplonianum mit der Aufhebung der Erfurter Universität 1816 ebenfalls aufgelöst wurde und die Bücher zunächst in Vergessenheit gerieten, wurden sie 1842 von einem engagierten Erfurter Bürger, dem Schulrat Graffunder, durch die Eingliederung in die Königlich Preußische Bibliothek Erfurt gesichert. 1908 kaufte die Stadt Erfurt die Amploniana zusammen mit den übrigen Beständen dem preußischen Staat ab und verpflichtete sich, die Bibliothek „mit allen ihren Beständen dauernd zu erhalten und einzelne namentlich wertvolle Teile der übernommenen Bestände nicht zu veräußern". Die kostbaren Handschriften werden heute – ganz im Sinne des Amplonius – in der Stadt- und Regionalbibliothek Erfurt aufbewahrt, restauratorisch betreut und der allgemeinen Nutzung zur Verfügung gestellt.

Unternehmensportrait

Bergal: höchste Qualität mit modernster Technik

Mit seinen Produkten hat die Erfurter Flechttechnik GmbH eine Marktlücke erschlossen und liefert heute über Europa hinaus

Die Gründung erfolgte um die Jahrhundertwende, als Bandweberei und Flechterei. Durch großes fachtechnisches Wissen konnte das Unternehmen mit den Schwerpunkten:
- Herstellung und weltweiter Vertrieb von Bändern und Etiketten für die Bekleidungsindustrie
- Herstellung von Schnürsenkeln für die Schuhindustrie und den Schuhhandel

zu einem führenden Betrieb in Europa heranwachsen.

Zwischen 1965 und 1970 wurde die Bandweberei geschlossen und ein Ausbau der Flechterei eingeleitet. Es begann die Produktion von technischen Geflechten.

In der ehemaligen DDR entwickelte man sich zum führenden Hersteller von:
- Kerzendochten
- Isolierhohlschläuchen und Schnüren für die Elektrotechnik/Elektronik
- Schnürsenkeln für Industrie und Handel.

Es kam die Wende und damit veränderten sich auch die marktwirtschaftlichen Bedingungen. 1991 wurde das Unternehmen durch die Treuhand an die Unternehmensgruppe Barthels-Feldhoff in Wuppertal und Bergal in Sprockhövel verkauft. 40 Mitarbeiter aus dem alten Stamm haben mit ihrem fachtechnischen Wissen und ihrem handwerklichen Können den Betrieb in die Marktwirtschaft begleitet. Durch gezielte Weiterbildungsmaßnahmen besitzen die Facharbeiter heute den aktuellsten Kenntnisstand ihrer Branche.

Es wurden zusammen mit neu gewonnenen Kunden neue Produkte entwickelt. Die wichtigsten sind heute:
- Produktion der neuen Bergal-Senkellinie, die – aus Umweltschutzgründen mit einem Minimum an Verpackungsmaterial aus Papier –, europaweit an den Fachhandel geliefert wird,
- Produktion von Geflechten für die Elektromotorenindustrie,

Auf diesen Flechtmaschinen werden Kerzendochte hergestellt.

- Entwicklung und Produktion von modischen Senkeln für die Schuhindustrie,
- Entwicklung von Kerzendochten mit neuen, umweltfreundlichen Präparationen,
- Entwicklungen im Bereich Medizintechnik, Membrantechnik, Faseroptik u.v.a..

Durch die hauseigene Färberei und die vielfältigen Möglichkeiten der Endfertigung hat der kreative und versierte Betrieb die Möglichkeit, auf individuelle und spezielle Kundenwünsche einzugehen.

Das Unternehmen hat mit seinen Produkten eine Marktlücke erschlossen und beliefert Märkte in
- Europa,
- Amerika,
- Afrika.

Die BERGAL Erfurter Flechttechnik GmbH hat umfangreiche Investitionen in den Bereichen Produktion, Vertrieb und Verwaltung unternommen, denn höchste Qualität setzt modernste Technik voraus. Dadurch konnten neue Arbeitsplätze geschaffen werden; heute sind 44 Mitarbeiter beschäftigt.

Durch Qualität, Zuverlässigkeit und Termintreue hat sich die Firma einen großen Kundenstamm geschaffen und steht seit 1994 auf stabilen Fundamenten. Die Zertifizierung nach DIN 9001 garantiert eine hohe Qualität.

Für die Zukunft ist geplant, durch neue Investitionen in Gebäude und in das Betriebsgelände dem Unternehmen einen attraktiven Rahmen zu geben.

Bergal Erfurter Flechttechnik GmbH

Geschäftsführer:
Hans-Peter Hoffman

Gründungsjahr:
1991

Mitarbeiter:
44

Kunden:
Bundesrepublik Deutschland
Europa
Amerika
Afrika

Anschrift:
Stauffenbergallee 13
99086 Erfurt
Telefon: (0361) 5 98 97-0
Telefax: (0361) 5 98 97-96

Gastronomie

Komfort und individuelle Gastlichkeit für Touristen und Geschäftsreisende

Gastliches Erfurt. Das Erfurter Gastgewerbe präsentiert sich heute mit internationalem Flair. Neben namhaften internationalen Hotels laden vor allem kleinere, mittelständische Hotels und Pensionen in reizvoller Innenstadtlage oder an den grünen Hängen der Stadt ein zum Verweilen. Die Privathoteliers haben seit 1990 nicht gespart und mit viel Liebe in eine moderne Ausstattung investiert. Egal welche Sternenkategorie heute ein Gast wählt, überall erwartet ihn bester Komfort und individuelle Gastlichkeit. Demnächst soll in Erfurt ein angemessenes Fünfsternehotel die Beherbergungslandschaft vervollständigen.

Nicht mehr wegzudenken aus der Gastgewerbebranche Erfurts ist das Erfurter Gastro Berufsbildungswerk, mittlerweile die größte und renommierteste Bildungseinrichtung für gastgewerbliche Aus- und Weiterbildung des Freistaates. Angesiedelt ist hier ebenfalls Thüringens einzige Hotelfachschule.

Gastronomie hat in Erfurt eine jahrhundertealte Tradition

Bei einem Spaziergang durch die Innenstadt findet der aufmerksame Gast an zahlreichen Häusern Hinweise, daß hier einst Bier gebraut wurde. 632 sogenannte Biereigenhöfe soll es im 17. Jahrhundert gegeben haben. Nun, so viele sind es heute nicht mehr, aber die Vielfalt der gastronomischen Angebote ist nicht zu verachten. Das Bierbrauen hat die Erfurter Braugold Brauerei übernommen, ergänzt durch 3 urige Gasthausbrauereien.

Hier aß Napoleon

Wer heute auf den geschichtsträchtigen Erfurter Straßen wandelt, kommt nicht umhin, auch eines der historischen Gasthäuser zu besuchen. Vom Rittermahl über essen wie zu Martin Luthers Zeiten bis zum Studentengelage oder zur gutbürgerlichen Gaststube ist vieles zu finden. Über die Stadtgrenzen hinaus bekannt ist die singende Wirtin, Rosi Balz, in der historischen Museumsgaststätte. Für besonders festliche Anlässe empfiehlt sich der Erfurter Kaisersaal, wo sich einst Kaiser Napoleon mit den Königen Europas traf.

Spezialitäten aus der internationalen Küche

Das kulinarische Angebot reicht vom Thüringer Rostbrätel, echten Thüringer Klößen, Spezialitäten aus Wald und Flur der Umgebung über chinesische, italienische, griechische, tunesische, türkische, indische, japanische, mexikanische, amerikanische, irische Spezialitäten bis zu

Heinrich Schneider-Sandahl

Der gebürtige Münchner Heinrich Schneider-Sandahl ist seit 1991 in Thüringen zu Hause und mit Begeisterung Erfurter. Besonders die historische Altstadt mit ihren architektonischen und kulturell einmaligen Zeugnissen macht für ihn die Landeshauptstadt Erfurt so attraktiv.
Verschiedene Lebensstationen führten den gelernten Koch und Konditor über eine Tätigkeit in einer Unternehmensberatung zurück in das Gastgewerbe. Seit 1996 arbeitet Heinrich Schneider-Sandahl als Direktor des Sleep & Meet Hotel und Seminarcenter. Er engagiert sich für positive Rahmenbedingungen der Branche und die Entwicklung des Tourismus in Erfurt. Die Berufskollegen wählten ihn deshalb auch im Februar 1997 zum Kreisvorsitzenden des Thüringer Hotel- und Gaststättenverbandes.

Erfurt ist offen für seine Gäste. Blick auf den Mariendom und die Severikirche.

Gastronomie

Blick über die Altstadt.

höchsten internationalen Gourmetfreuden. Die original Thüringer Bratwurst fehlt ebenso wenig, aber die wird am liebsten – traditionell vom Grill an der Straßenecke zubereitet – auch gleich dort verzehrt.

... und abends ins Vergnügungsviertel

Viele dieser gastronomischen Möglichkeiten sind in der Michaelisstraße angesiedelt, dem neuen Kneipenviertel Erfurts. Hier findet der Geschäftsmann nach Erledigung seiner Termine einige der besten Cocktail- und Musikbars der Stadt.
Jüngeres Publikum zieht es in die Großdiskothek MAD im Nordosten der Stadt. Verschiedene Altersgruppen spricht die Erlebnisdiskothek Fun 1 Lollipop im Norden an. Hinzu kommen mehrere Studentenklubs. Livemusik ist in der Rotplombe, der früheren Puddingfabrik, mehrmals in der Woche zu hören.
Alles zusammengenommen ist Erfurt auch eine gastronomische Reise wert. ■

Grüne Schildchensmühle.

Sport

Erfurt – das vielseitige sportliche Angebot für Aktive und Zuschauer

Wenn man an Erfurt in Verbindung mit Sport denkt, fallen den meisten Menschen sicher auf Grund der überragenden Erfolge in der jüngsten Vergangenheit zuerst die Namen der Eisschnelläuferinnen Gunda Niemann-Stirnemann und Franziska Schenk ein. Hervorragende Ergebnisse Erfurter Athleten bei sportlichen Großereignissen wie Olympischen Spielen, Welt- und Europameisterschaften haben jedoch schon eine lange Tradition. Die Grundlagen dafür wurden durch Jutta Langenau (Schwimmen) und Siegfried Herrmann (Leichtathletik) in den fünfziger und sechziger Jahren gelegt. Von Cornelia Sirch, Birte Weigang, Roland Matthes (Schwimmen), Johanna Klier, Siegrun Siegl, Sabine Busch, Volker Beck (Leichtathletik), Detlef Macha, Mario Kummer, Maik Landsmann (Radsport) wurde in den siebziger und achtziger Jahren die Erfolgskette fortgesetzt und von Uwe Peschel (Radsport), Heike Warnicke und Sabine Völker (Eisschnellauf) und den eingangs erwähnten beiden Sportlerinnen in diesem Jahrzehnt weitergeführt. Man kann mit Recht feststellen, daß diese Erfurter Sportler den Namen der Thüringer Landeshauptstadt national und international bekannt gemacht haben.

Olympiastützpunkt

Solche sportlichen Erfolge waren und sind ohne ein entsprechendes Umfeld (Trainingsbedingungen, qualifizierte Trainer, medizinische Betreuung) nicht möglich. In den Jahren nach der deutschen Wiedervereinigung wurden in Erfurt große Anstrengungen unternommen, die Basis für den Leistungssport zu erhalten und auszubauen. Mit der Bildung des Olympiastützpunktes Thüringen wurden die organisatorischen Voraussetzungen geschaffen, Erfurter Leistungssportler umfassend betreuen zu können. Die Stadt Erfurt hat unter Einbeziehung von Fördermitteln des Bundesinnenministeriums und des Thüringer Ministeriums für Soziales und Gesundheit wichtige Sportstätten für den Leistungssport neu gebaut bzw. umgebaut und dabei vollständig saniert. Das betrifft im Sportzentrum Erfurt-Süd die Leichtathletikhalle, die 400-m-Eisschnellaufbahn, die Tribüne des Steigerwaldstadions und die Schwimmhalle Süd. Es ist auch ein glückliches Ergebnis der politischen Veränderungen seit 1990, daß diese Sportanlagen heute nicht nur dem Leistungssport zur Verfügung stehen, sondern ebenso vom Schul- und Breitensport und den Einwohnern (z.B. beim sehr beliebten öffentlichen Eislaufen) genutzt werden können.

Wichtiger Breitensport

Es sei an dieser Stelle betont, daß dem Schul-, Breiten-, Freizeit-, Gesundheits-, Behinderten- und Seniorensport eine große und wachsende Bedeutung zukommt und unter den heutigen gesellschaftlichen Bedingungen in Erfurt nicht mehr von einer Benachteiligung dieser Bereiche zugunsten des Leistungssports gesprochen werden kann. Welche Bedeutung insgesamt in Erfurt dem Sport beigemessen wird kommt auch dadurch zum Ausdruck, daß bereits im Jahre 1993 ein Sportstätten-Leitplan erarbeitet und durch einen Beschluß des Stadtrates bestätigt wurde. Ein entsprechendes Landesgesetz, das von den Gemeinden und Landkreisen die Aufstellung eines solchen Fachplanes forderte, wurde dagegen erst 1994 verabschiedet. Im Sportstätten-Leitplan der Stadt Erfurt wurde der Bestand und der bauliche Zustand der vorhandenen kommunalen Sportanlagen erfaßt und bewertet. Dabei mußte leider festgestellt werden, daß es viel zu wenig Sportplätze und Sporthallen, aber auch Tennisanlagen, Kegel- und Bowlingbahnen und kommerzielle Sportangebote gab und außerdem die Mehrzahl der vorhandenen Sportanlagen in einem sehr schlechten Bauzustand war.

Seither hat sich die Situation durch den Neubau der bereits erwähnten Sportbauten im Sportzentrum Erfurt-Süd aber auch durch den Bau von drei neuen Sportplatzanlagen (u.a. mit 4 Spielfeldern mit einer Kunstrasenoberfläche), den Neubau von zwei Schulturnhallen und die Sanierung mehrerer Schulturnhallen, sowie durch den Neubau bzw. die Sanierung von 11 Tennisfreiplätzen verbessert. Dadurch und wegen der rückläufigen Bevölkerungsentwicklung hat sich das Defizit an Sportanlagen verringert. In den letzten drei Jahren wurde außerdem eine ganze Reihe kommerzieller Sportanlagen mit Angeboten im Tennis (12 Hallen- und 4 Freiplätze), Squash, Badminton, Bowling, Fitness und Kart-Motorsport eröffnet. Auch heute muß jedoch eingeschätzt werden, daß im Bereich der Sportstättensanierung noch ein gewaltiger Nachholbedarf besteht.

13 Prozent aller Erfurter im Sportverein

Erfreulich stellt sich die Entwicklung der Mitgliederzahlen in den Erfurter Sportvereinen dar.

Dipl.-Ing. Jochen Siebenmark

Der Autor ist Amtsleiter des Sportamtes Erfurt. Er wurde 1941 in Weimar geboren und erlernte den Beruf des Werkzeugmachers. Es folgten Ing.-Studien der Feinwerktechnik (1959-1962), der EDVA (1966-1969) und der Elektronik (1972-1979). Von 1962-1990 war er als Technologe/Konstrukteur und als Vertriebsleiter bei Robotron tätig, seit 1990 im Sportamt der Stadt Erfurt.

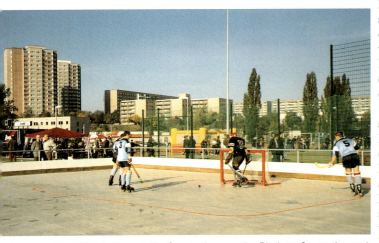

Die 1997 fertiggestellte Sportanlage an der Riethstraße, zu der auch ein Rollhockeyspielfeld gehört.

Sport

Während 1991 nur 14.231 Sportler in 93 Vereinen organisiert waren, gibt es 1998 fast 27.000 Aktive in über 190 Sportvereinen. Damit sind derzeit 13% aller Erfurter Einwohner in Sportvereinen organisiert. Da dieser Wert im bundesweiten Durchschnitt bei fast 30% liegt, ist in Erfurt noch mit einer beachtlichen Zunahme der organisierten Sportler zu rechnen. Von den Vereinen werden Sportangebote in vielen unterschiedlichen Disziplinen unterbreitet. Das reicht von den äußerst populären Sportarten Fußball, Turnen/Gymnastik und Volleyball über Kegeln, Kampfsport, Tanzen und Eislaufen bis zu Kanuslalom, Eisstockschießen und Rollhockey. Man kann mit Sicherheit sagen, daß jeder Sportinteressierte ein passendes Angebot für sich finden wird. Durch die wachsende Zahl kommerzieller Sportanbieter haben auch die Erfurter, die sich nicht an einen Verein binden möchten sowie Besucher und Gäste Erfurts die Möglichkeit, sich sportlich aktiv zu betätigen. Hier ist in Zukunft noch eine deutliche Ausweitung der Angebote, besonders was Tennis und Reitsport betrifft, zu erwarten. In Kürze wird man in Erfurt im Ortsteil Schaderode auch Golf spielen können. Eine Driving-Range ist an diesem Standort bereits seit 1997 in Betrieb. Der Bau eines turniergerechten, vereinseigenen 18-Loch-Platzes und eines öffentlichen 9-Loch-Platzes soll 1999 abgeschlossen werden.

Neue Halle für Großveranstaltungen

Mit der Fertigstellung der großen Mehrzweckhalle auf dem neuen Messegelände in Erfurt-Schmira im Jahre 1997 ist es jetzt möglich, in Erfurt Sportveranstaltungen mit mehreren Tausend Zuschauern durchzuführen. Mit zwei Handballspielen der 1. Bundesliga und Fußballturnieren hat die Mehrzweckhalle ihre Tauglichkeit für solche Veranstaltungen nachgewiesen.

Internationale Sportveranstaltungen

Als Ausrichter großer nationaler und auch internationaler Sportveranstaltungen ist Erfurt seinem Ruf als Stadt mit großen Sporttraditionen in den letzten Jahren gerecht geworden. So fanden 1996 auf der neuen Eisschnellaufbahn die Deutschen Einzelstreckenmeisterschaften statt. Im Jahre 1998 war Erfurt Zielort der Radrundfahrt „Internationale Friedensfahrt". Seit 1995 wird alljährlich in der neuen Leichtathletikhalle das Hallensportfest „Erfurt Indoor" mit internationalen Spitzenathleten durchgeführt. 1994 wurden im Steigerwaldstadion die Deutschen Meisterschaften in der Leichtathletik mit großem Erfolg durchgeführt. Für das Jahr 1999 erhielt Erfurt erneut den Zuschlag für diese Veranstaltung. Nach Aussagen des Deutschen Leichtathletik-Verbandes waren dafür die überaus positiven Eindrücke der Meisterschaften 1994 ausschlaggebend. Dazu zählen: die modernen Sportanlagen, die ausgezeichnete Organisation, die Anteilnahme der vielen Zuschauer, aber auch eine erlebenswerte Stadt mit zahlreichen Sehenswürdigkeiten, einem umfangreichen kulturellen Angebot und einem gut ausgebauten Hotel- und Gastronomiegewerbe.

Höhepunkte unter den Sportereignissen der letzten Jahre – nicht nur für die Erfurter, sondern die Fußballanhänger aus ganz Thüringen – waren Gastspiele von Mannschaften der 1. Bundesliga wie FC Bayern München, Borussia Dortmund, SV Werder Bremen, Schalke 04 u.a. im Steigerwaldstadion. Neben solchen Veranstaltungen für den Spitzensport gibt es in Erfurt aber auch bekannte Breitensportveranstaltungen mit großen Teilnehmerfeldern. Dazu gehören der Erfurter Citylauf, der Erfurter Silvesterlauf und die Thüringer Burgenfahrt als Radsportveranstaltung für Jedermann. Die Stadtverwaltung Erfurt ist in allen diesen Fällen aktiver Mitorganisator und einer der wichtigsten Förderer für diese Veranstaltungen. Man kann abschließend feststellen, daß die Entscheidungsträger Erfurts erkannt haben, welche Bedeutung eine intakte Sportinfrastruktur als „weicher" Standortfaktor für Gewerbeansiedlungen und damit für die Schaffung von Arbeitsplätzen haben. Die Mitarbeiter des Sportamtes sind hochmotiviert, den Nutzungszustand der kommunalen Sportplätze, Sport- und Turnhallen, Freibäder und Schwimmhallen sowie Sondersportanlagen schrittweise weiter zu verbessern. Investoren im Bereich der Sport- und Freizeitinfrastruktur sind in Erfurt auch weiterhin sehr willkommen; sie können auf die allseitige Unterstützung seitens der Stadtverwaltung bei der Verwirklichung derartiger Projekte bauen.

Sportzentrum Erfurt-Süd mit Steigerwaldstadion, Leichtathletik-Halle und Eissportzentrum.

Sportplatzanlage mit 400-m-Rundlaufbahn und Kunstrasenspielfeld auf dem Dach eines Einkaufmarktes in der Kranichfelder Straße.

Geschichte der Stadt

Erfurt von den Anfängen bis zur Gegenwart – die Wirtschaftsgeschichte

Die Dichterin Ricarda Huch bezeichnet ein Charakteristikum Erfurts treffend, wenn sie schreibt „Erfurt ist ein fruchtbar Bethlehem. Erfurt liegt am besten Ort. Da muß eine Stadt stehen, wenn sie gleich wegbrennete.' So urteilte Luther; aber er warf auch den Erfurtern vor, daß der Überfluß der Natur sie träge mache und daß sie am Fett erstickten. Eine so außerordentlich begünstigte Stadt, reich durch die Produkte der Erde, leicht zu befestigen, am Kreuzungspunkt alter Handelsstraßen gelegen, seit Jahrhunderten besiedelt, hätte eine ruhmreiche und glücklichere Geschichte haben sollen; reich wurde sie auch, gewann aber nie die ausschlaggebende Stellung, die ihr, wie man meinen könnte, als Mittelpunkt Deutschlands gebührt hätte."

Die geschützte Lage inmitten des Thüringer Beckens sowie die Fruchtbarkeit der Umgebung waren die Voraussetzung für die frühe Anwesenheit von Menschen auf dem Gebiet der späteren Erfurter Stadtmark. Menschliche Spuren sind hier ohne Unterbrechung seit der Jungsteinzeit nachweisbar. Doch wenngleich Erfurt zu den deutschen Städten gehört, die sich eines weit zurück im ersten nachchristlichen Jahrtausend liegenden Ursprungs rühmen können, bedurfte es natürlich vieler Kettenglieder in der menschlichen Entwicklung, bis am Unterlauf der im Thüringerwald entspringenden Gera eine Siedlung namens Erfurt entstand. Erstmals ist eine solche Siedlung in einem Brief des hl. Bonifatius an Papst Zacharias aus dem Jahre 742 erwähnt. Bonifatius hatte in diesem Jahr oder schon 741 in „Erphesfurt" ein Bistum errichtet. Das Bistum hat nicht lange Bestand; es wird noch zu Lebzeiten des Bonifatius mit der Diözese Mainz vereinigt. Diese Verknüpfung mit dem Rhein-Main-Raum führt geistige und wirtschaftliche Befruchtung, doch langfristig auch große Schwierigkeiten mit sich. Die Mittelpunktstellung innerhalb des Reiches, deren sich Erfurt später wird erfreuen können, besteht damals noch nicht. Nach der 531 bis 534 erfolgten gewaltsamen Unterwerfung des thüringischen Königreiches, dessen politischer Mittelpunkt im Erfurter Raum gelegen hatte, durch die Franken, der Einbeziehung in das Fränkische Reich und dem Vorrücken slawischer Stämme bis an die Saale liegt das Gebiet an der Ostgrenze des Frankenreiches. Im Diedenhofener Kapitular Karls des Großen aus dem Jahre 805 wird Erfurt, in dem sich damals bereits eine Königspfalz – auf dem Petersberge gelegen – befindet, als der zwischen Magdeburg und Hallstatt (bei Bamberg) einzige Platz des Grenzhandels mit den Slawen genannt.

Dr. Rudolf Benl

Der Autor ist 1953 in Nürnberg geboren, studierte in Erlangen, machte 1977 seine erste Staatsprüfung und die zweite Staatsprüfung 1980. 1983 folgten archivarische Staatsprüfung und Promotion. 1984 bis 1992 war er Leiter des Stadtarchivs Heidelberg, seit 1992 ist er Leiter des Stadtarchivs Erfurt.

Handwerkliches Leben entsteht

Die Siedlung westlich der Gera entwickelt sich zu einem frühstädtischen Zentrum, an dem sich Fernhändler auch auf Dauer niederlassen und handwerkliches Leben entsteht. Doch auch östlich des Gerabogens, insbesondere im Bereich der drei den Handel begünstigenden Furten, siedeln Menschen. Aufenthalte der Könige Ludwig des Deutschen und Heinrich I. sowie des Kaisers Otto II. in Erfurt sind nachweisbar. Gegen Ende des 10. Jahrhunderts gehen wesentliche

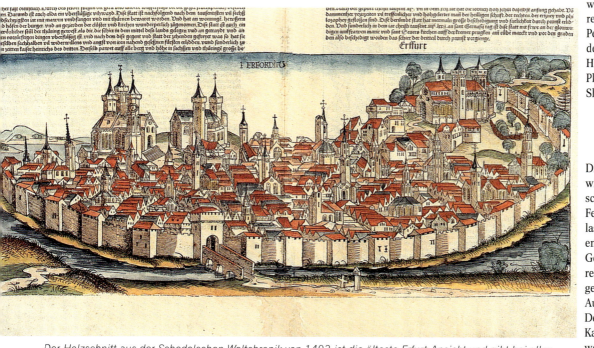

Der Holzschnitt aus der Schedelschen Weltchronik von 1493 ist die älteste Erfurt-Ansicht und gibt bei aller Ungenauigkeit im einzelnen einen Gesamteindruck vom „türmereichen Erfurt".

Geschichte der Stadt

Dom und Severikirche stellen die Stadtkrone Erfurts dar.

Schon im 14. Jahrhundert mehr als 30 Innungen

Gewerbe wie das Bäcker- und das Fleischerhandwerk bringen schon im 13. Jahrhundert manchem Ausübenden viel ein. Daß das Weberhandwerk wie schlechthin alles, was mit der Textilerzeugung und -verarbeitung zu tun hat, in dem inmitten des schafereichen Thüringen gelegenen Erfurt schon im 13. Jahrhundert von größter Bedeutung ist, versteht sich von selbst. Die aus thüringischer Wolle gefertigten Tuche gelten als besonders dauerhaft. Doch sind alle Gewerke in Erfurt vertreten; schon zu Beginn des 14. Jahrhunderts waren mehr als 30 Innungen nachweisbar. Aus der Mitte des 13. Jahrhunderts stammen auch die ältesten Nachrichten vom Waidanbau. Die auf den Böden und unter den klimatischen Verhältnissen Mittelthüringens gedeihende Waidpflanze ist bis ins 17. Jahrhundert das Blaufärbemittel schlechthin. In Waidmühlen werden die Blätter des gelbblühenden Kreuzblütlers zu Brei vermahlen, dann wird die Masse zu Ballen geformt, von den Bauern in die Stadt gebracht, hier von Erfurter

weltliche Rechte des Königtums auf den Erzbischof von Mainz über. Die Entwicklung zu einer Siedlung städtischen Charakters wird dadurch nicht gehemmt. Die Siedlung östlich des Gerabogens rückt in den Vordergrund. Die „Kaufmännerkirche" (ecclesia mercatorum) bezeugt noch heute, daß dort ein früher Mittelpunkt des Fernhandels gewesen ist. Die Verschiebung der Reichsgrenze und dann auch der deutschen Siedlung nach Osten läßt Erfurt erst voll in den Genuß seiner günstigen Lage im Straßennetz kommen. Die wichtigste dieser Straßen, die urkundlich erstmals 1252 so genannte „strata regia" (Königstraße, via regia), für die ab dem 15./16. Jahrhundert auch die Bezeichnung „Hohe Straße" verwendet wird, verbindet das Rhein-Main-Gebiet und das Rheinland mit Ostmitteleuropa. Westlich von Erfurt liegen an dieser Straße Gotha und Eisenach, von wo sie über Fulda und Gelnhausen nach Frankfurt am Main führt, ostwärts führt sie von Erfurt nach Leipzig, Görlitz, Breslau und weiter nach Polen. Wichtig sind auch die Südrichtung über den Thüringerwald nach Nürnberg, die Böhmische Straße, die über Saalfeld, Plauen und Kaaden die Verbindung nach Prag herstellt, und die Straßen nach Magdeburg bzw. nach Nordhausen, die in den niederdeutsch-hansischen Bereich führen. Im 12. Jahrhundert bahnt sich so etwas wie gemeindliche Selbstverwaltung an. In einer Urkunde aus dem Jahre 1212 stehen erstmals Bürger – „burgenses" – neben Amtsträgern des erzbischöflichen Stadtherrn als Aussteller. Hier liegen die Anfänge eines städtischen Rates, der

sich im Laufe des 13. Jahrhunderts voll entfaltet. Bürgeraufstände in den Jahren 1283 und 1310 führen zu stärkerer Einbeziehung niederer Volksschichten in den Rat, der seinen Wirkungskreis nun immer mehr auszudehnen und den Erzbischof aus vielen seiner Stellungen zu verdrängen versucht.

Das Collegium maius, das Hauptgebäude der alten Erfurter Universität, ist 1945 zerstört worden und wird derzeit wieder aufgebaut (Vorkriegsaufnahme).

Geschichte der Stadt

Das Haus zum Stockfisch in der Johannesstraße ist eines der schönsten Erfurter Patrizierhäuser.

Großkaufleuten aufgekauft, weiterverarbeitet und gewinnträchtig in einen über die deutschen Grenzen hinausgehenden Handel gebracht. Auf dem Waid, „des thüringischen Landes Goldenem Vließ", beruht in erster Linie der Reichtum der Stadt. Dieser Reichtum ermöglicht es dem Rat, ab der Mitte des 13. Jahrhunderts ein umfangreiches Landgebiet zu erwerben, das vom Mainzer Erzbischof ganz unabhängig ist und um 1470 fast 90 Dörfer, Burgen und Vorwerke sowie die Stadt Sömmerda umfaßt. Der Ausbau des Landgebietes soll u. a. das Handelsstraßennetz sichern und den Waidanbau im Mittelthüringischen weitgehend unter Erfurter Kontrolle bringen. Das Mühlengewerbe, das Erfurt über Jahrhunderte prägt, blüht schon im Mittelalter. In der Hochzeit des Gewerbes stehen 60 Mühlen an den vielen, überwiegend künstlich angelegten Armen der die Stadt durchfließenden Gera.

Bier wird in Erfurt seit dem Mittelalter in großer Menge gebraut, doch ist es überwiegend von minderer Qualität. Der bei Erfurt betriebene Weinbau erliegt in der frühen Neuzeit dem Wettbewerb der rheinischen und der fränkischen Weine. Auch wenn nun kaum mehr mit einheimischem Wein gehandelt wird, bleibt Erfurt doch der Mittelpunkt des Weinhandels in Thüringen. Noch Goethe wird seinen Weinbedarf in Erfurt, nicht in Weimar decken. Das 1331 von Kaiser Ludwig dem Bayern für Erfurt ausgestellte Messeprivileg sichert der Stadt für mehr als 150 Jahre die im engeren Mitteldeutschland maßgebliche Stellung im Handel. 1473 verleiht Kaiser Friedrich III. der Stadt eine zweite Messe. Der 1430 aus Furcht vor der Hussitengefahr vollzogene, doch bald wieder aufgekündigte Beitritt zum Goslarer Bund von hansischen Städten führt Erfurt für kurze Zeit in die Reihen der Hanse, ohne daß es darin eine Rolle spielt. Erfurt nimmt an keinem einzigen Hansetag teil.

15 Klöster und Stifte

Ab dem 12. Jahrhundert, vorwiegend in der ersten Hälfte des 13. Jahrhunderts, entfaltet sich in einer merkwürdigen Zellteilung das dichte Netz der 25 Erfurter Pfarreien. Ein dichteres Pfarrnetz hatte keine deutsche Stadt, nicht einmal Köln. Das Bild des „thüringischen Rom" wird jedoch erst durch die 15 Klöster und Stifte und deren Kirchen, von denen sechs allerdings zugleich Pfarrkirchen sind, und mindestens 10 Kapellen vollständig. Im 13. Jahrhundert entwickelt sich an den Erfurter Stiften und am Schottenkloster ein Schulwesen, das in der ersten Hälfte des 14. Jahrhunderts das bedeutendste im gesamten Reich ist. Der Mystiker Meister Eckhart, Erfurter Dominikaner, sei hier als die größte Leuchte des mittelalterlichen Geisteslebens in Erfurt genannt. In der Tradition dieses Schulwesens gründet der Rat der Stadt Erfurt 1392 eine Universität, die fünftälteste im Reich (nach Prag, Wien, Heidelberg und Köln). Der zweite Rektor der Universität, Amplonius Ratingk von Berka (Rheinberg), schenkt dem 1412 von ihm innerhalb der Universität gestifteten Collegium portae coeli seine Bibliothek. Diese späterhin stets vermehrte und noch heute in Erfurt vorhandene Handschriftensammlung ist eine der bedeutendsten Bibliotheken des spätmittelalterlichen Deutschlands. Die Erfurter Universität ist im 15. Jahrhundert die nach Wien meistbesuchte deutsche Universität und trägt den Namen Erfurts weit in die Lande. Nachdem schon die Romanik große künstlerische Leistungen in Architektur (Peterskloster, Reglerstift, Schottenkloster) und Bildnerei hinterlassen hat, werden das 14. Jahrhundert und die erste Hälfte des 15. Jahrhunderts zur Blütezeit der Erfurter Kunst. Es wachsen die großen, stadtbildprägenden Kirchen empor: die des Domstifts St. Marien, die des Severistiftes, die der Prediger, die der Barfüßer, die der Augustinereremiten. Glasmalerei, Tafelmalerei, Bildhauerei stehen in Blüte und schmükken die Innenräume der Kirchen aus.

Die Krämerbrücke, eine beidseitig mit Häusern besetzte Gerabrücke, ist eine der Hauptsehenswürdigkeiten Erfurts. Nach Vorgängern aus Holz ist 1325 eine steinerne Brücke errichtet worden.

Geschichte der Stadt

Durch das Kommandantenhaus führt der Weg in die barocke Zitadelle auf dem Petersberg oberhalb der Stadt.

Nachdem schon 1168 die Kernstadt mit einer Mauer umgeben worden ist, die etwa im Bereich des heutigen Ringes verläuft, wurden ab der zweiten Hälfte des 14. Jahrhunderts auf Beschluß des Rates durch die Anlage einer zweiten Stadtmauer auch die außerhalb des ersten Mauerringes liegenden Vorstädte einbezogen. Diese kostspielige und eine technische Meisterleistung darstellende Ummauerung ist um 1480 abgeschlossen; sie ist ein – wenn auch nicht erstrangiger – Grund für die finanzielle Erschöpfung der Stadt gegen Ende des Mittelalters. Erfurt, das weitgehende Unabhängigkeit vom Stadtherrn, dem Mainzer Erzbischof, errang, hatte es versäumt, sich die Reichsfreiheit vom Kaiser in aller Form verschreiben zu lassen. Am Ende des 15. Jahrhunderts erstarken die Territorialgewalten. Erfurt muß 1483 gegenüber Kurmainz dessen Stadtherrschaft und gegenüber Kursachsen dessen Schutzherrschaft anerkennen, was die Stadt zu großen Geldausgaben verpflichtet. Ein großer Stadtbrand von 1472 und die dem Schutz der Unabhängigkeit dienen sollende Befestigung der Cyriaxburg vertiefen die Verschuldung. Die Krise des Stadtregiments macht das Unruhenjahr 1509/1510 offenbar. Infolge seiner Messeprivilegien von 1497 und 1507 beginnt Leipzig, Erfurt als Messeort zu überflügeln. Um 1500 zählt die Stadt etwa 19.000 Einwohner und gehört damit zu den zehn bevölkerungsreichsten Städten Deutschlands. Der Humanismus erlebt in Erfurt, das seit 1473 Druckort ist, eine Blüte. Erfurt ist in der Reformationszeit – zusammen etwa mit Augsburg, Basel, Nürnberg, Straßburg und Wien – einer der bedeutendsten deutschen Druckorte.

Später wird Leipzig – wie als Messeort und Vereinigungspunkt von Handelsstraßen – auch auf dem Gebiet des Druckgewerbes die Erbin Erfurts. Die Reformation, von Martin Luther – der von 1501 bis 1505 als Student und danach bis 1511 als Augustinermönch in Erfurt gelebt hat – ausgelöst, dringt in Erfurt – vor allem wegen des Einflusses des erzbischöflichen Stadtherrn – nicht durch, zumal die Universität ihren katholischen Charakter weitgehend behält, was sie innerhalb eines rein evangelischen Umlandes isoliert und zum Sinken ihrer Bedeutung beiträgt. 1530 muß der erzbischöfliche Stadtherr die Ausübung des evangelischen Glaubens anerkennen; der zweikonfessionelle Charakter Erfurts wird festgeschrieben. Freilich nimmt die Zahl der Katholiken im 16. Jahrhundert fast bis zur Unmerklichkeit ab und steigt erst mit dem Einsetzen der Gegenreformation wieder an.

Wirtschaftliches Gedeihen im 16. Jahrhundert

Die zweite Hälfte des 16. Jahrhunderts ist noch einmal eine Zeit wirtschaftlichen Gedeihens. Der Waidhandel blüht wie nie zuvor; ein Waidregister von 1579 läßt erkennen, daß in 49 Dörfern des Erfurter Landgebietes Waid angebaut wird. 1582 findet ein Waidmarkt statt „wie seit Menschengedenken nicht". Der neu gewachsene Reichtum läßt viele Bürgerhäuser und kirchliche wie profane Kunstwerke im Renaissance-Stil entstehen. Der rasche Niedergang des Waidhandels infolge

Das barocke Waaggebäude am Anger, seit mehr als 100 Jahren als städtisches Kunstmuseum („Angermuseum") genutzt.

Geschichte der Stadt

In der Augustinerkirche tagte 1850 das Unionsparlament. Der Blick geht hier vom Chor in das Schiff mit den Sitzen des Volkshauses.

des Aufkommens des Färbemittels Indigo und der Dreißigjährige Krieg, der eine 17jährige Besetzung der Stadt durch schwedische Truppen mit sich bringt und alle bereits vorher vorhandenen absteigenden Entwicklungen auf wirtschaftlichem Gebiet verstärkt, machen dieser Blütezeit ein Ende. Erfurt ist aber selbst in dieser Zeit immer noch der einzige Großhandelsplatz in Thüringen, in dem auch die benachbarten fürstlichen Höfe ihren Bedarf decken. Die durch Krieg, Seuchen und wirtschaftlichen Niedergang geschwächte Stadt, die vergeblich gehofft hatte, durch den Friedensschluß von 1648 mittels schwedischer Hilfe doch noch die Reichsunmittelbarkeit zu gewinnen, versinkt in den Jahren nach dem Dreißigjährigen Krieg in inneren Hader und kann dem Ränkespiel des Mainzer Erzbischofs Johann Philipp von Schönborn nichts mehr entgegensetzen. 1664 wird sie von Truppen des Erzbischofs, der sich dabei auch französischer Truppen bedient, gewaltsam bezwungen und auf den Rang einer kurmainzischen Landstadt herabgedrückt. Er beraubt die Stadt auch ihres gesamten Landgebietes und ihrer gemeindlichen Selbstverwaltung. Der „Stadtstaat" Erfurt gehört der Vergangenheit an.

140 Jahre „Kurmainzischer Erfurter Staat"

Der mainzische Landesherr läßt den Petersberg oberhalb der Stadt befestigen und errichtet dort eine Zitadelle. Im Grunde ist dies unnötig, da sich Widerstand unter den Bürgern ohnehin nicht mehr regt. Die konfessionellen Verhältnisse läßt der Erzbischof unangetastet, wenngleich er die Katholiken und den Zuzug von Katholiken fördert. Erfurt und sein ehemaliges Landgebiet werden nun für die nächsten 140 Jahre als „Erfurter Staat", ein Teil des Erzstifts Mainz, von Statthaltern regiert. Von den zwölf Statthaltern lassen sich nur drei das Wohl der Stadt in besonderer Weise angelegen sein: der Reichsgraf von Boineburg (1702-1717), der Reichsfreiherr von Warsberg (1732-1760) und der Reichsfreiherr von Dalberg (1771-1802). Um dem siechenden Wirtschaftsleben aufzuhelfen, fördert die kurmainzische Verwaltung die Errichtung von Manufakturen besonders im Textilbereich – hier ist die später zu großem Reichtum und Einfluß gelangende Familie Lucius zu nennen –, aber auch in der Genuß- und Lebensmittelerzeugung, lockert den Zunftzwang und versucht, neue Rohstoffquellen zu erschließen. 1718 wird eine Fayencemanufaktur gegründet, die bis 1792 Stücke produziert, die über Deutschland hinaus Absatz finden und

Erfurt zum Mittelpunkt der thüringischen Fayencenerzeugung machen. Von größter Bedeutung wird die Neubegründung des Erwerbsgartenbaus. Dieser ist mit dem Namen des in der Ratsverwaltung tätigen Christian Reichart (1685-1775) verbunden. Gartenbau ist in Erfurt schon im frühen 12. Jahrhundert bezeugt. Erfurter Obst und Kräuter sind von jeher weit über Thüringen hinaus bekannt und begehrt gewesen. Reicharts Verdienst besteht darin, daß er viele Gemüsearten auf den Feldern um Erfurt heimisch macht, daß er das im Südwesten der Stadt gelegene Dreienbrunnengelände, wo er selbst den größten Teil seiner Gärten besitzt, planmäßig verbessert und dort den Brunnenkresseanbau planmäßig fördert, daß er neue Fruchtfolgen, neue Arbeitsgeräte und neue Arten von Düngung einführt und der Samenzucht besondere Aufmerksamkeit widmet. 1772 gibt es in Erfurt bereits 75 Kunst- und Handelsgärtnereien; auch die Blumenzucht entwickelt sich allmählich. Gemüse wird für den örtlichen Markt angebaut, Blumen und Sämereien werden Erfurts Namen für zwei Jahrhunderte in viele Länder tragen. Zwecks Belebung der Wirtschaft ruft der Kurfürst 1755 eine Merkantildeputation ins Leben; ihr gehören maßgebliche Beamte der kurmainzischen Regierung zu Erfurt an. Ideengeber ist der Jenaer Professor Joachim Georg Darjes, ein Schwiegersohn Reicharts. Die kameralistische Politik der Deputation scheitert nach wenigen Jahren am Widerstand der Handwerksinnungen, die keine neuen, manufakturmäßig betriebenen Gewerbe in der Stadt dulden wollen, und an den durch den Siebenjährigen Krieg hervorgerufenen Zwängen.

Bauliche Spuren des Barock

Der Barock hinterläßt bauliche Spuren im Stadtbild. Zu Beginn des 18. Jahrhunderts errichtet Kurmainz ein neues, großes Waaggebäude (heute vom städtischen Angermuseum genutzt) und für den Statthalter eine schloßartig ausladende Residenz, für die der Baumeister Maximilian von Welsch Verantwortung trägt. Die Neuwerkskirche wird äußerlich und vor allem innerlich in reichen, barocken Formen neu geschaffen, ähnliches gilt für die Kirche des Kartäuserklosters; reiche Bürger lassen Wohnhäuser in barocken Formen ausführen.
Die Universität hat seit dem Beginn des Glaubenszwiespalts viel von ihrer alten Bedeutung an neugegründete Hochschulen – z. B. Marburg und Jena – verloren, erwirbt sich jedoch im 18. Jahrhundert zumindest auf dem Gebiet der Medizin für einige Zeit wieder größeres Ansehen. Der Statthalter Dalberg versucht, ihr durch Berufung von Männern großen Namens zu neuem Auf-

Mariendom und Severikirche nach einem alten Holzstich um 1860.

schwung zu verhelfen. So wirkt z. B. der Dichter Wieland für drei Jahre als Professor in Erfurt, bevor er 1772 dem Ruf an den Weimarer Herzogshof folgt. Letzten Endes ist alles Bemühen vergebens. 1754 wird als dritte deutsche Akademie nach der Berliner und der Göttinger die „Kurmainzische Akademie nützlicher Wissenschaften zu Erfurt" gegründet. Sie geht auf die Anregung des Medizinprofessors Baumer zurück und soll vor allem die naturwissenschaftlichen und wirtschaftlichen Belange fördern. Der Siebenjährige Krieg stört die günstige Entwicklung, die Erfurt allmählich genommen hat. Bei der schon bald wieder einzuschlafen drohenden Akademie gelingt Dalberg das, was ihm hinsichtlich der Universität nicht gelungen ist, die wirkliche Neubelebung.
In der Dalberg-Zeit fällt dank den Bemühungen des Statthalters ein wenig kultureller Glanz von dem nahen Weimar Goethes, Herders und Wielands, dann auch Schillers auf Erfurt. Dalbergs

Geschichte der Stadt

In dem Erkerzimmer dieses Hauses, das zu dem Komplex „Zur Engelsburg" gehört, trafen sich Mitglieder des zweiten Erfurter Humanistenkreises.

menschenfreundliche Bemühungen, auch auf wirtschaftlichem Gebiet, zeitigen zwar wenig dauernde Früchte, sichern ihm jedoch bei seinem Weggang, der mit dem Beginn der preußischen Herrschaft zusammenfällt, ein freundliches Gedenken.

Ein für lange bleibendes Verdienst Dalbergs ist die gegenseitige Annäherung der christlichen Konfessionen in Erfurt.

1802 – Anschluß an Preußen

Im Vorgriff auf den Reichsdeputationshauptschluß besetzen preußische Truppen am 21. August 1802 Erfurt. Die neue preußische Herrschaft führt segensreiche Veränderungen ein, der schärfere Ton wird von manchen freilich nicht geschätzt. Die preußische Niederlage von Jena und Auerstädt hat 1806 die Besetzung der Stadt durch französische Truppen zur Folge. Erfurt und das Erfurter Gebiet wird domaine réservé de l'empereur; Napoleon gibt das strategisch wichtige, im Herzen Deutschlands liegende Erfurt nicht aus seiner Hand. 1808 sieht die Stadt während des sogenannten Fürstenkongresses den Korsen in seinem größten Glanz. Er ist hier in Erfurt Gastgeber für den russischen Kaiser, für vier Könige und für viele andere deutsche Fürsten, die devot herbeigeeilt sind, um dem Eroberer zu huldigen. Doch gelingt es Napoleon nicht, sich den Russenherrscher gefügig zu machen. Vier Jahre später stehen die beiden im Kriege miteinander, was letztlich im Januar 1814 – nach zweimonatiger Belagerung durch preußische und russische Truppen – zur Befreiung der Stadt von der französischen Herrschaft führt. In den sieben Jahren zuvor ist diese samt ihren Bürgern jedoch gnadenlos ausgesaugt worden. Ein erschöpftes, verarmtes und überschuldetes Erfurt fällt 1814/1815 an Preußen zurück.

1816 wird Erfurt Sitz einer preußischen Regierung innerhalb der Provinz Sachsen. Im selben Jahre wird aufgrund königlicher Kabinettsorder die Universität aufgehoben; die Akademie nützlicher (jetzt: gemeinnütziger) Wissenschaften bleibt jedoch bestehen. Erfurt wird preußische Festung und erhält eine starke Garnison. 1822 erhält die Stadt die gemeindliche Selbstverwaltung zurück, der Magistrat hört auf, eine staatliche Unterbehörde zu sein. Ab 1847 verbindet die Eisenbahn Erfurt mit Halle und Berlin einerseits, mit Eisenach andererseits. Im Gefolge der Revolution von 1848/1849, die in Erfurt am 24. November 1848 zu blutigen Ausschreitungen und zur Verhängung des Ausnahmezustandes führt, tagen im Frühjahr 1850 für sechs Wochen in der Augustinerkirche die von den Bürgern der nord- und mitteldeutschen Staaten – die an einem engeren Deutschen Bund unter Preußens Leitung teilnehmen wollen – gewählten Abgeordneten und beschließen eine Verfassung für ein solches „Kleinstdeutschland". Dieser letztlich gescheiterte Reichstag, auch „Unionsparlament" genannt, erweckt vergebliche Hoffnungen, daß Erfurt deutsche Hauptstadt werden könne. Nach der Reichsgründung nimmt die Stadt voll an den allgemein-deutschen Entwicklungen teil. Sie wird aufgrund Reichsgesetzes vom 30. Mai 1873 mit Wirkung vom 1. Oktober 1873 entfestigt und hat jetzt erst die Gelegenheit, über die bisherigen Wälle hinauszuwachsen. Aus mangelndem Sinn für den Wert und die Schönheit der Zeugnisse der Vergangenheit wer-

Geschichte der Stadt

Die Kurmainzische Statthalterei ist heute Sitz der Staatskanzlei.

den die Stadtmauern spurlos beseitigt, doch entsteht auf dem Gelände des äußeren Walls wenigstens der 1898 vollendete, im Hinblick auf Hochwässer segensreiche Flutgraben. Im Jahre 1906 überschreitet die Einwohnerzahl die 100.000-Grenze, 1911 findet eine erste Eingemeindung statt.

Königliche Gewehrfabrik als staatlicher Betrieb

Die textilerzeugende und -verarbeitende Industrie steht während des 19. Jahrhunderts zunächst im Vordergrund (Bernhardi, Lucius), die metallverarbeitende Industrie gewinnt an Bedeutung; hier sind die 1838 entstandene Metallfabrik J. A. John und die 1857 entstandene Lokomotivenfabrik von Hagans zu nennen. Ein wichtiger Erwerbszweig ist die Handelsgärtnerei (z. B. Platz, Friedrich Adolph Haage, Ernst Benary, F. C. Heinemann, N. L. Chrestensen). Die Schuhfabrikation schiebt sich in den Vordergrund (Böhnert und Münchgesang, Mergenbaum und Metzler, ab 1872 Lingel, später auch L. und M. Heß), ferner die Herstellung von Konfektionskleidung (Mäntel). Erste Aktiengesellschaft in der Stadt wird 1853 die Thuringia-Versicherung, die zunächst der Versicherung von der Eisenbahn obliegenden Schadensleistungen dient, später hauptsächlich Lebensversicherungen abdeckt. 1862 erhält Erfurt mit der Königlichen Gewehrfabrik einen staatlichen Betrieb; es ist das größte Unternehmen in der Stadt. Auch das Salzbergwerk Erfurt auf dem Johannesplatz ist ein Staatsbetrieb; die Qualität des abgebauten Salzes ist jedoch kaum wettbewerbsgeeignet. Die Zahl der Brauereien wächst bis auf 13 um das Jahr 1880. Über den Getreidehandel gelangt die Familie Wolff in die Malzproduktion, worin sie bis 1945 eine führende Rolle spielt. Die Reichsgewerbezählung von 1882 erweist Erfurt als bei den Handelsgärtnereien an erster, bei der Lampenherstellung an dritter, bei der Schuhherstellung an fünfter und bei der Konfektion an achter Stelle stehend.

Nach dem 1. Weltkrieg ist in Erfurt die Metallindustrie bestimmend. Zu den größten Unternehmen zählen hier die aus der Gewehrfabrik hervorgegangenen Deutschen Werke (Schreibmaschinen), Hagans, Topf und Söhne (Speicherbau), Henry Pels (Stanzen, Pressen), die Erfurter Maschinenfabrik Franz Beyer, Erfordia-Maschinenbau AG. Mit der Einweihung eines Flughafens in Erfurt-Nord gewinnt die Stadt 1925 Anschluß an das deutsche Flugnetz. 1931 wird in Erfurt-Süd die Mitteldeutsche Kampfbahn (heute Steigerwald-Stadion) eröffnet. Im 2. Weltkrieg leidet die Stadt schwer unter Bombenangriffen, der erste findet am 17. August 1940, die schwersten finden im November 1944 und im Februar 1945 statt. Insgesamt fallen 1.392 Menschen den Bomben zum Opfer. Dennoch ist der Grad der Zerstörung in Erfurt wesentlich geringer als in anderen deutschen Städten vergleichbarer Größe. Die Stadt wird am 12. April 1945 von amerikanischen Truppen besetzt, ihnen folgen am 3. Juli 1945 sowjetische Truppen. 1945 wird Erfurt zusammen mit dem vormaligen preußischen Regierungsbezirk Erfurt ein Teil des Landes Thüringen. Der Landtag bestimmt es 1948 zur Landeshauptstadt anstelle Weimars. 1950 verlegt der Ministerpräsident seinen Amtssitz von dort nach Erfurt. Im übrigen nimmt Erfurt voll an den Entwicklungen in der SBZ bzw. der DDR teil. Bei der Auflösung der Länder im Jahre 1952 wird Erfurt eine der drei thüringischen Bezirksstädte. In der Wirtschaft nimmt neben dem genossenschaftlichen der volkseigene, d. h. staatseigene Anteil immer mehr zu, nach 1972 ist im Bereich der industriellen Erzeugung eine fast 100prozentige Verstaatlichung erreicht. Profilbestimmend sind die Betriebe Optima (Schreibmaschinen), Funkwerk bzw. Mikroelektronik, Umformtechnik, Meliorationskombinat, Kleiderwerke Erfurt, Möbelwerke Erfurt, Paul Schäfer (Schuhe), Mälzerei- und Speicherbau. Sie alle setzen Unternehmen aus der Zeit vor 1945 fort; besonders das Kombinat Mikroelektronik erreicht eine für das ganze sozialistische Lager bedeutsame Stellung.

Wieder Hauptstadt und Regierungssitz

Die gleichen Erscheinungen wie in der übrigen DDR führen auch in Erfurt zur Wende von 1989. Nach der Wiedervereinigung Deutschlands wird Erfurt 1991 wieder Hauptstadt und Regierungssitz des – neuerstandenen – Landes Thüringen. Die Sanierung der Altstadt, des gründer- und kaiserzeitlichen Wohngürtels und der ab den 60er Jahren des 20. Jahrhunderts entstandenen großen Wohngebiete in Plattenbauweise setzt ein. Die Wirtschaft unterliegt einer einschneidenden und schmerzhaften Umschichtung. So müssen die meisten der obengenannten, profilbestimmenden Betriebe ihre Pforten schließen. 1994 wird eine Universität Erfurt gegründet, die an die 1816 geschlossene Vorgängerin anknüpfen will und 1999 den Lehrbetrieb eröffnen soll. Ebenfalls 1994 wird Erfurt, bis dahin Sitz eines Apostolischen Administrators, Sitz eines katholischen Bistums. Inwieweit es Erfurt gelingen wird, aus seiner Mittelpunktslage im Herzen Deutschlands weiterhin Nutzen zu ziehen, wird die Zukunft weisen.

Inserentenverzeichnis

ALSTOM Energietechnik GmbH
Arnstädter Straße 28
99096 Erfurt
Telefon (03 61) 3 47 89-60
Telefax (03 61) 3 47 89-99

**Bayerische Hypo- und
Vereinsbank AG**
Schlösserstraße 17
99014 Erfurt
Telefon (03 61) 6 72 8-0
Telefax (03 61) 6 72 8-2 02

**BERGAL
Erfurter Flechttechnik GmbH**
Stauffenbergallee 13
99086 Erfurt
Telefon (03 61) 5 98 97-12
Telefax (03 61) 5 98 97-96

E. BREUNINGER GmbH & Co.
Junkersand 4
99084 Erfurt
Telefon (03 61) 55 56-0
Telefax (03 61) 55 56-100

csg Computer Service GmbH
Parsevalstraße 8-10
99092 Erfurt
Telefon (0 18 05) 22 33 00
Telefax (0 18 05) 22 33 40

**De Te Immobilien & Service
GmbH**
Regionalbüro Erfurt
Mühlweg 16
99091 Erfurt
Info-Hotline: (01 80) 2 30 66

**EIB Erfurter Industriebahn
GmbH**
Am Rasenrain 16
99086 Erfurt
Telefon (03 61) 7 42 07-0
Telefax (03 61) 7 42 07-27

Erfurter Verkehrsbetriebe AG
Am Urbicher Kreuz 20
99099 Erfurt
Telefon (03 61) 43 90-0
Telefax (03 61) 43 90-117

HERMANNS EHT Bau GmbH
Zur Alten Ziegelei 20
99091 Erfurt
Telefon (03 61) 74 35-0
Telefax (03 61) 74 35-298

HOCHTIEF AG
Schmidtstedter Straße 30 a
99084 Erfurt
Telefon (03 61) 673 33 03
Telefax (03 61) 673 33 04

IKL Training GmbH
Benaryplatz 2/3
99084 Erfurt
Telefon (03 61) 2 25 90 29
Telefax (03 61) 2 25 90 30

**INVER
Ingenieurbüro für Verkehrsanlagen
GmbH · Beratende Ingenieure**
Alfred-Hess-Straße 23
99084 Erfurt
Telefon (03 61) 22 38-0
Telefax (03 61) 2 25 09 96

Karosseriewerk Erfurt GmbH
Erfurter Straße 57
99195 Erfurt
Telefon (03 62 04) 64-102
Telefax (03 62 04) 64-108

Landesbank Hessen-Thüringen
Bonifaciusstraße 15
99084 Erfurt
Telefon (03 61) 22 2 1-00
Telefax (03 61) 22 2 1-260

Lumm Möbel GmbH
Werner-Uhlworm-Straße 22a
99085 Erfurt
Telefon (03 61) 5 62 63 86
Telefax (03 61) 6 46 11 65

Inserentenverzeichnis

MACON BAU GmbH
Lagerstraße 23/24
99086 Erfurt
Telefon (03 61) 7 30 75-0
Telefax (03 61) 7 30 75-27

Messe Erfurt AG
Gothaer Straße 34
99094 Erfurt
Telefon (03 61) 400-0
Telefax (03 61) 400-11 11

Milchwerke Thüringen GmbH
Leipziger Straße 100
99085 Erfurt
Telefon (03 61) 59 77-0
Telefax (03 61) 59 77-155, -240

Klöckner-Moeller GmbH, Werk Erfurt Moeller Holding GmbH & Co. KG
Hein-Moeller-Straße 7-11
53115 Bonn
Telefon (02 28) 602-0
Telefax (02 28) 602-24 33

ROTUS Rohrtechnik und Service GmbH
Zur Alten Ziegelei 22
99091 Erfurt
Telefon (03 61) 7 79 39-0
Telefax (03 61) 7 79 39-28

Siemens AG Erfurt
Europaplatz 1
99091 Erfurt
Telefon (03 61) 753-0
Telefax (03 61) 753-4000

Siemens AG Elektromaschinenwerk
Grubenstraße
99086 Erfurt
Telefon (03 61) 753-0
Telefax (03 61) 753-1020

Software+Systeme Erfurt GmbH
Fichtenweg 8
99198 Erfurt-Kerspleben
Telefon (03 61) 96-0
Telefax (03 61) 96-333

Thesys Gesellschaft für Mikroelektronik mbH
Haarbergstraße 67
99097 Erfurt
Telefon (03 61) 427 60 00
Telefax (03 61) 427 61 11

THÜRINGEN-PARK ECE-Projektmanagement GmbH
Nordhäuser Straße 73 t
99091 Erfurt
Telefon (03 61) 77 90 70
Telefax (03 61) 77 90 799

THYSSEN SCHULTE GMBH
Mittelhäuser Straße 80
99089 Erfurt
Telefon (03 61) 75 90-0
Telefax (03 61) 75 90-257

UGA GmbH
Blumengroßmarkt Thüringen
Bergrat-Voigt-Straße 7
99087 Erfurt
Telefon (03 61) 748 33 10
Telefax (03 61) 748 33 81

Umformtechnik ERFURT GmbH
Schwerborner Straße 1
99086 Erfurt
Telefon (03 61) 700
Telefax (03 61) 70 33 01

X-FAB Gesellschaft zur Fertigung von Wafern mbH
Haarbergstraße 61
99097 Erfurt
Telefon (03 61) 4 20 53-0
Telefax (03 61) 4 20 53-11

Zeitungsgruppe THÜRINGEN
Gottstedter Landstraße 6
99092 Erfurt
Telefon (03 61) 227-4
Telefax (03 61) 227-50 07

Impressum

Wirtschaftsstandort Erfurt

Verlag	MEDIA TEAM Gesellschaft für Kommunikation mbH
	Geschäftsführender Gesellschafter Christian Kirk
	Eichbergstraße 1-3 in D-64285 Darmstadt
	Telefon (06151) 1770-0
	Telefax (06151) 1770-10
	ISDN Leo (06151) 1770-48
	E-mail verlag@mediateam-gmbh.com
	Internet www.mediateam-gmbh.com
	www.standort-deutschland.com
Herausgeber	MEDIA TEAM GmbH in Zusammenarbeit mit der Landeshauptstadt Erfurt, Stadtverwaltung
Idee & Konzeption	© Christian Kirk
Realisation	Dieses Projekt wurde realisiert unter Mitarbeit der Autoren Franz Schuster, Manfred O. Ruge, Dr. Roland Baudisch, Niels Lund Chrestensen, Lothar Schmidt, Klaus Thomann, Eva-Maria Mach, Eberhard Schubert, Peter Beckus, Hans Jürgen Straub, Konrad Herre, Dr. Richard Brändle, Dr. Dieter Artymiak, Karin Letsch, Klaus Böselt, Gerd Ballentin, Rainer Holzhey, Prof. Dr. Peter Glotz, Prof. Dr.-Ing. habil Wolfgang Storm, Dr. Werner Ungewiß, Daniela Nuber, Albert Schäfer, Daniela Ott-Wippern, Dr. Gunter Sieche, Dr. Carmen Hildebrand, Dr. Eberhard Czekalla, Jürgen Bornmann, Kathrin Paasch, Heinrich Schneider-Sandahl, Jochen Siebenmark, Dr. Rudolf Benl sowie in der Organisation Marianne Apel, Ingo-Wolfram Landmann, Udo Dietzsch, Marion Trachsel, Ute Rühl, Steffen Weber, Karin Christ
Chefredaktion	Heinz-Dieter Krage
Grafik & Satz	Helmut Bessing, Mirko Emde
Bildnachweis	Autoren der Artikel, Stadt- und Regionalbibliothek Erfurt, Sportamt Erfurt, Presseamt Erfurt, Reinhard Lemitz, portraitierte Unternehmen, Volker Brix, Antje Türk, Tourismus GmbH Erfurt
EBV, Litho & Belichtung	digitaltype GmbH, Darmstadt
Druck	Druckhaus Darmstadt GmbH
Papier	Rhein-Main-Papier GmbH & Co.KG, Bochum, Senden, Darmstadt. Papiersorte: EURO ART® matt, 135 gr./m².
Umsetzung für Internet	InMediasRes, Darmstadt
Vervielfältigung & Nachdruck	Alle Rechte vorbehalten. Kein Teil dieses Buches darf ohne schriftliche Genehmigung des Verlages vervielfältigt oder verarbeitet werden. Unter dieses Verbot fällt insbesondere die gewerbliche Vervielfältigung per Kopie, die Aufnahme ins Internet bzw. andere elektronische Datenbanken und die Vervielfältigung auf CD. Verstöße werden rechtlich verfolgt.
ISBN-Nr.	3-932845-05-6, Ausgabe 1999